El libro de las religiones monoteístas

Patrick Rivière

EL LIBRO
DE LAS RELIGIONES
MONOTEÍSTAS

A pesar de haber puesto el máximo cuidado en la redacción de esta obra, el autor o el editor no pueden en modo alguno responsabilizarse por las informaciones (fórmulas, recetas, técnicas, etc.) vertidas en el texto. Se aconseja, en el caso de problemas específicos —a menudo únicos— de cada lector en particular, que se consulte con una persona cualificada para obtener las informaciones más completas, más exactas y lo más actualizadas posible. EDITORIAL DE VECCHI, S. A. U.

Traducción de Sonia Afuera Fernández.

Fotografía de la cubierta: patriarca Abraham © The Bridgeman Art Library/Getty-images.

© Editorial De Vecchi, S. A. 2018
© [2018] Confidential Concepts International Ltd., Ireland
Subsidiary company of Confidential Concepts Inc, USA
ISBN: 978-1-68325-815-5

El Código Penal vigente dispone: «Será castigado con la pena de prisión de seis meses a dos años o de multa de seis a veinticuatro meses quien, con ánimo de lucro y en perjuicio de tercero, reproduzca, plagie, distribuya o comunique públicamente, en todo o en parte, una obra literaria, artística o científica, o su transformación, interpretación o ejecución artística fijada en cualquier tipo de soporte o comunicada a través de cualquier medio, sin la autorización de los titulares de los correspondientes derechos de propiedad intelectual o de sus cesionarios. La misma pena se impondrá a quien intencionadamente importe, exporte o almacene ejemplares de dichas obras o producciones o ejecuciones sin la referida autorización». (Artículo 270)

*A Bouchra, con el fin
de conocer mejor las
tres religiones que
adoran al mismo Dios...*

ÍNDICE

INTRODUCCIÓN	13

PRIMERA PARTE: LA REVELACIÓN
  Y EL MENSAJE DE LAS TRES RELIGIONES DEL LIBRO

EL JUDAÍSMO.	19
Abraham y la «Alianza con Dios».	19
Moisés y la Torá (Ley)	20
El Génesis *(Bereshit)*	23
El Éxodo *(Shemot)*	24
El Levítico *(Vayikra)*	24
Los Números *(Be-Midbar)*	25
El Deuteronomio *(Devarim)*	25
Los otros libros de la Biblia hebraica	26
La noción de «pueblo elegido» de Israel	
(el pueblo de la «Alianza con Dios», el «pueblo guía»).	28
El Talmud	31
El misticismo judaico: la cábala, el hasidismo de Polonia	32
La cábala	32
El movimiento hasídico particular de Polonia	33
Reforma del judaísmo en Occidente.	33
Textos judaicos (extractos).	34
Libro de Isaías	34
Libro de Ezequiel	38
Libro segundo de los Reyes	40

EL CRISTIANISMO	42
Los textos cristianos, del Antiguo al Nuevo Testamento	42
La misión de Jesús de Nazaret a través de los Evangelios	43
La infancia de Jesús	43
El profeta Juan Bautista y el bautizo de Jesús	44
Ministerio de Jesús y predicación de la Buena Nueva	45
La Resurrección de Cristo. De la espera del «Reino de Dios» al establecimiento de la Iglesia primitiva	51
La Iglesia católica romana y la Iglesia ortodoxa de Oriente	56
El Concilio de Nicea	56
Los herejes nestorianos y monofisitas	57
Padres y doctores de la Iglesia. El monaquismo	58
De la Iglesia católica y romana a la Reforma protestante	60
De la Contrarreforma católica a la actualidad	62
Textos cristianos (extractos)	63
San Pablo, Carta a los Hebreos	63
El Apocalipsis de San Juan	67
EL ISLAM	69
Mahoma y la revelación del Libro	69
La «ascensión extática nocturna»	71
La hégira	72
El Corán	75
La sucesión del profeta Mahoma y la expansión del islam	78
La expansión geográfica del islam	80
El sunnismo mayoritario	81
El chiismo	83
El sufismo (*taçawwuf*)	85
Textos coránicos (extractos)	90
Al-Ikhlâç (el «monoteísmo puro»)	90
Muhammad	90
Al-Ma'ârij («las vías de ascensión»)	92
Al-Jinn («los genios»)	93
Al-Insân («el hombre»)	95
Al-Baqarah («la vaca»)	96
Al-Hadîd («el hierro»)	97
Al-'Imrân («la familia de Imran»)	97

SEGUNDA PARTE: RITOS Y PRÁCTICAS RELIGIOSAS

LA VIDA RELIGIOSA JUDÍA	101
La sinagoga	101
Ritos y fiestas del calendario judío	105
La caridad	105
La circuncisión (Brith-Mila)	106
La ceremonia de la Bar Mitswa o de la mayoría de edad religiosa	106
La familia y el matrimonio	106

La muerte, rito funerario, eventual resurrección	107
Las reglas alimentarias: la norma *kasher*	108
El ciclo anual de las fiestas judías	108
La fiesta de Pascua (*Pessah*, el pasaje)	109
La fiesta de las Semanas (*Shabuot*)	110
La fiesta de los Tabernáculos (*Souccouth*)	110
La fiesta del Año Nuevo judío (*Rosh Hashanah*)	111
El Gran Perdón (*Yom Kippur*)	112
La fiesta de las Luces (*Hannucah*) y *Purim*	113
LA VIDA RELIGIOSA CRISTIANA (CATÓLICA, ORTODOXA, PROTESTANTE)	115
La Iglesia	115
El oficio divino: la santa misa	116
Los sacramentos cristianos	120
El bautismo	120
La confirmación	121
La eucaristía	121
La penitencia	121
La unción de los enfermos y la extremaunción	121
La ordenación	122
El matrimonio	122
Oraciones cotidianas y fiestas cristianas del calendario litúrgico	122
Las oraciones diarias	122
El calendario litúrgico cristiano	124
LA VIDA RELIGIOSA MUSULMANA	127
La mezquita	127
La circuncisión	128
Los «cinco pilares» (*arkân*) del islam	128
El testimonio de fe (*shahâda*)	129
Las cinco oraciones diarias (*çalât*)	129
La práctica de la limosna (*zakât*)	129
La práctica del ayuno (*çawm*) durante el ramadán	130
El peregrinaje a La Meca (*Hajj* o *Hadj*)	130
Las fiestas religiosas musulmanas	132
La fiesta de la Ruptura del Ayuno (*'id al-Fitr*)	132
La fiesta del Sacrificio del *'id al-Kabîr*	132
Conmemoración de la hégira, el 1 de *muharram*	132
La fiesta del Nacimiento del Profeta (*Mawlid al-Nabî*)	133
La noche del «Viaje celestial nocturno» (*Mi'râj*) del Profeta	133
La «noche del Destino» (*Laylat al-qadr*)	133
La «noche de la Remisión de los Pecados» (*Laylat al-barâ*)	133
El matrimonio y la mujer en la sociedad musulmana	133
Las obligaciones alimentarias en el islam	134
La muerte y el devenir póstumo	135

TERCERA PARTE: COMPARACIÓN ENTRE LAS TRES RELIGIONES MONOTEÍSTAS: CONVERGENCIAS Y DIVERGENCIAS DOGMÁTICAS

El mismo «Dios» con percepciones diferentes 139
La Trinidad cristiana y su cuestionamiento por el islam y el judaísmo . 139
Abraham, Moisés, María y Jesús, vistos por el judaísmo y el islam 140
    Abraham 140
    Moisés 141
    María 141
    Jesús 142
La llegada del Mesías de Israel y del Mahdí para el islam 145
    El Mesías según el judaísmo 145
    El Mesías en el cristianismo 146
    La llegada del Mahdí en el islam 147
Los ángeles en el judaísmo, el cristianismo y el islam 149
    Los ángeles en el judaísmo 149
    Los ángeles en el cristianismo 150
    Los ángeles en el islam 152
Las «tribulaciones apocalípticas», el Juicio Final,
    el devenir y las condiciones últimas del ser 153
    Visión escatológica judaica 153
    Visión escatológica cristiana 155
    Visión escatológica islámica 158

¿Enfrentamiento religioso o reconocimiento mutuo?
    Hacia un ecumenismo utópico o una reconciliación
    real de las tres religiones del Libro 161
Relaciones judeo-cristiano-musulmanas a través de la historia 161
    Relaciones entre cristianismo e islam 161
    Relaciones entre judaísmo y cristianismo 164
    Relaciones entre judaísmo e islam 165
La cuestión de Jerusalén, la ciudad santa,
    corazón de las tres religiones del Libro 167

Bibliografía 171

Introducción

Si se ha convertido en norma común el hecho de vincular, al menos desde el punto de vista teológico, si no histórico, la paternidad del «monoteísmo» al patriarca Abraham, es porque, en efecto, tanto la Biblia, como el Evangelio y el Corán hacen referencia a ello.

No obstante, los tres textos sagrados revelados de las tres religiones que hacen alusión al «Dios único», el judaísmo, el cristianismo y el islam, dejan entrever diferencias dogmáticas que han costado a la humanidad muchos conflictos desde hace siglos.

Sin embargo, auténticas convergencias de opinión siguen siendo susceptibles de acercar a estos «tres pueblos del Libro», que adoran y veneran, en suma, al mismo Dios.

El humilde anhelo de esta obra consiste en compartir con el lector la «fe» de estas tres grandes religiones, su historia, sus ritos y sus tradiciones, así como su distribución y difusión por el mundo, en todo aquello que tienen en común o en lo que las diferencia, absteniéndose de dar lugar a cualquier polémica partidista en este sentido.

En la época de Abraham, es decir, hace aproximadamente unos cuatro mil años, unos nómadas o seminómadas convertidos en pastores veneraban ya lo que se ha acordado en llamar el «dios del padre», el dios de sus propios padres, de sus antepasados.

Es este dios quien los acompaña y los protege en sus peregrinajes. Como apuntó acertadamente Mircea Eliade,[1] esta expresión («dios de mi/tu/su padre») será por otra parte citada a menudo en el Génesis bíblico.

---

1. Mircea Eliade, *Historia de las creencias y de las ideas religiosas*, Barcelona, Herder, 1999.

En *From the Stone Age to Christianity. Monotheism and the Historical Process*, W. F. Albright escribe: «(...) las tradiciones bíblicas que afectan al dios de los Padres no son, como se ha dicho desconsideradamente, de origen secundario, sino el reflejo de las ideas religiosas de los hebreos premosaicos. El "dios de Abraham"; el padre *(pahad)* de Isaac; el "campeón" *(abhîr)* de Jacob; la traducción corriente de la palabra arcaica *pahad* por "terror" comportó muchas dificultades, dado que, sin duda, había que traducir por "pariente, padre", como se haría más tarde en el Palmireno. La tradición hebraica representa a cada patriarca eligiendo a su propio dios, y escogiendo una manifestación diferente de Yahvé, el futuro dios de Israel».

Por otra parte, la influencia del poderoso dios, cabeza del panteón cananeo, *El*, tuvo que notarse en el Génesis bíblico: *El Shaddaï*, «El (Dios) de la Montaña»; *El 'Olam*, «El que es eterno»; *El Ro'î*, «El que ve»; *'Elyon*, «El que es educado»..., tantos calificativos para designar finalmente al mismo Dios, Yahvé (YHWH).

Mircea Eliade afirma lo siguiente sobre ello: «En todo caso, una vez identificado El, el "dios del padre" obtuvo la dimensión cósmica que no podía tener como divinidad de familias y clanes. Se trata del primer ejemplo, atestiguado históricamente, de una síntesis que enriquece la herencia patriarcal. Y no será el único».

Sin olvidar de ningún modo el aspecto profundamente místico de la Revelación divina y de la «Alianza» (o pacto) concedida por Dios a Abraham, cabe reconocerle a este último el mérito de haber conseguido efectuar esta «síntesis» que le permitió ganarse en seguida fieles a su alrededor, que rezaban al fin al Dios único, convertido en Yahvé.

En cuanto al cristianismo, ¿fue el origen de un simple intento de cumplimiento o, incluso, de reforma del judaísmo, antes de que la influencia de San Pablo lo convirtiera en una religión propiamente dicha, la de Cristo resucitado, redentor de la humanidad?

En este sentido, la importancia que se concede a la concepción teológica de la «Trinidad» iba a constituir un tema suplementario de discordia y de intensa oposición por parte de los judíos y, más tarde, de los musulmanes, en consideración con la noción de monoteísmo.

En lo que respecta al islam, que se beneficia ya de la anterioridad de las dos religiones monoteístas precedentes, parece además haber heredado una forma embrionaria y original de «monoteísmo» en la Arabia preislámica, cuyos émulos, filósofos, poetas y visionarios («hanafitas») aparecen evocados (ocho veces) en el Corán con el término de *hanîf*. Esto no resta nada de importancia, de nuevo, a la Revelación divina recibida esta vez por Mahoma en la forma del Corán.

Cabe destacar que los cien nombres que designan a Alá (el centésimo de los cuales es impronunciable) sugieren los diferentes calificativos aplicados a Yahvé y citados más arriba.

A todo esto hay que añadir que los creyentes de estas tres religiones del Libro, a pesar de todo, son llamados a convivir juntos en paz y armonía. ¿Acaso no comparten el mismo legado común, a través de Abraham, a quien apelan y cuyo nombre (de *ab, abba*), de origen semítico, designa al Padre? Muchos religiosos y teólogos son partidarios de un diálogo interreligioso y de una nueva forma de ecumenismo ampliado.

Con relación a este tema, meditemos sobre las palabras del escritor Julien Green, recogidas en su *Journal*: «Así pues, ¿cuándo se convertirán al fin las religiones en lazos entre los seres, y dejarán de ser justificaciones suplementarias para exterminarse?».

Primera parte

♦

LA REVELACIÓN Y EL MENSAJE DE LAS TRES RELIGIONES DEL LIBRO

EL JUDAÍSMO

ABRAHAM Y LA «ALIANZA CON DIOS»

Según la tradición bíblica, el hebreo Abram —convertido luego en Abraham— fue elegido por Dios (Yahvé, Jehová o Elohim), de ahí el término *Alianza*, para convertirse en el antepasado del pueblo de Israel. Sus descendientes, tan numerosos como las estrellas del firmamento, según los textos, rendirán culto al «Dios único», sellando así la alianza con El Shaddaï (con el nombre de Yahvé): «Deja tu tierra, y tu parentela, y la casa de tu padre, y vete a la tierra que te mostraré. Y yo haré de ti una nación grande, y te bendeciré, y ensalzaré tu nombre, y tú serás bendición. Bendeciré a los que te bendigan (...), y serán benditos en ti todos los pueblos de la tierra» (Génesis 12, 1-3).

Dios se reveló a Abraham durante el II milenio a. de C., prodigándole estas promesas. Probablemente fuera entre los siglos XVII y XVIII a. de C. cuando Abraham, de cuya historicidad no se puede dudar, por ser legítima, abandonó la ciudad caldea de Ur para dirigirse a Harran, al noroeste de Mesopotamia. Luego fue hacia el sur, a Sichem, donde se alojó, antes de conducir sus caravanas entre Palestina y Egipto (Génesis 13, 1-3). En efecto, se trata de tribus nómadas que, por otra parte, más tarde darían origen a las «doce tribus de Israel».

Como hemos apuntado en la introducción, conviene precisar que Abraham no tuvo ninguna dificultad en reunir a su alrededor a los pastores nómadas, familiarizados con el «dios del padre», dios del antepasado que los precede, una especie de «dios único» tutelar pero sin santuario, vinculado al grupo tribal de hombres al que acompaña y protege durante sus incesantes peregrinaciones.

El Shaddaï (con el nombre de Yahvé) había hablado así al patriarca hebreo: «Yo soy, y mi pacto será contigo, y vendrás a ser padre de muchos pueblos. Y desde hoy tu nombre no será Abram, sino que serás llamado Abraham [*ab ḥamôn*: «padre de multitud»], porque te tengo destinado ser padre de muchos pueblos. Yo te haré crecer hasta lo sumo, y te constituiré cabeza de pueblos, y reyes descenderán de ti. Y estableceré un pacto entre tú y yo, y tu posteridad en la serie de sus generaciones, con alianza sempiterna: para ser yo el Dios tuyo, y de la posteridad tuya, después de ti. A este fin te daré a ti y a tus descendientes la tierra en que estás como peregrino, toda la tierra de Canaán en posesión perpetua, y seré el Dios de ellos» (Génesis 17, 4-8).

Sara, esposa de Abraham, al ser estéril no había podido darle ningún hijo. Abraham lo obtuvo de su unión con su sierva egipcia Agar. Este niño llevó el nombre de Ismael. Sin embargo, más tarde, gracias a la promesa sobre este tema y a las bendiciones recibidas de El Shaddaï (con el nombre de Yahvé), Sara acabó dando a luz un niño llamado Isaac, sobre el que reposaría la descendencia establecida por Dios.

Abraham tuvo que llevar a cabo sacrificios en honor a su Dios; el primero, que sellaba la Alianza con El Shaddaï (con el nombre de Yahvé), comportaba partir una becerra, un carnero y una cabra, pero a ese sacrificio animal, en suma banal, tenía que seguir el holocausto del propio hijo del Patriarca, el joven Isaac, todavía niño. Y, a pesar de la abominación del acto que se le pedía que cometiera, Abraham se disponía a sacrificar a su hijo cuando, en el último instante que precedía a ese cruel asesinato, Dios detuvo su brazo y sustituyó al niño por un carnero cuyos cuernos acababan de quedar enganchados en un matorral vecino (Génesis 22, 1-19).

Así se expresó la «fe abrahámica», fe ciega y sin condiciones en el Dios supremo, aun cuando este exigía realizar una acción aparentemente incomprensible e injustificada, puesto que se trataba de un infanticidio, en este caso de su propio hijo. Dios había salvado a Isaac, pero Abraham había sido probado en su fe, que se había mantenido, a pesar de todo, firme, y había así superado con éxito la prueba de la duda para con su Dios.

La descendencia de los Patriarcas se establecería así, de Isaac a Jacob-Israel, hasta José, que fue virrey de Egipto. Luego llegó la época en que los egipcios oprimían a los israelitas (judíos), que fueron sometidos progresivamente a la esclavitud.

Moisés y la Torá (Ley)

Fue trascurriendo el tiempo hasta el siglo XIII antes de nuestra era en que un bebé hebreo fue salvado milagrosamente de las aguas del Nilo por la hija del faraón. Su nombre se debe a este hecho, ya que fue llamado Moshé (de *mâshâ*, «sacar... del río»), Moisés. La princesa lo crió y lo trató como a su propio hijo. Cuando alcanzó la edad adulta, Moisés se revolvió contra la condición a la que estaban sometidos sus hermanos los hebreos. Escapando de la furia del faraón, se refugió en el desierto del Sinaí.

En el pozo de Madián, mantenido por su futuro suegro, Jetró, pensó seriamente en la liberación de su pueblo.

Luego, en el monte Horeb, Dios decidió manifestarse bajo la apariencia de un matorral ardiendo que no se consumía. Después de revelarle su nombre divino, «Soy El que es» *('ehyèh 'àser 'ehyèh)*, Yahvé (YHWH) renovó con Moisés la promesa hecha a Abraham, en estos términos: «Ve y reúne a los ancianos de Israel, y les dirás: "El Señor Dios de vuestros padres se me apareció, el Dios de Abraham, el Dios de Isaac, el Dios de Jacob, y me dijo: Yo he venido a visitaros a propósito y he visto todas las cosas que os han acontecido en Egipto. Y tengo decretado el sacaros de la opresión que en él padecéis y trasladaros al país del cananeo, y del heteo, y del amorreo, y del fereceo, y del heveo, y del jebuseo, a una tierra que mana leche y miel". Y escucharán tu voz, e irás tú con los ancianos de Israel hasta el rey de Egipto, y le dirás: "El Señor Dios de los hebreos nos ha llamado; permítenos peregrinar tres días por el desierto para ofrecer sacrificio al Señor Dios". Yo ya sé que el rey de Egipto no querrá dejaros ir, sino forzado por una mano poderosa. Por esto extenderé yo mi brazo y heriré a los pueblos de Egipto con toda suerte de prodigios que haré en medio de ellos, después de lo cual os dejará partir» (Éxodo 3, 16-20).

Dios habló de nuevo a Moisés con el propósito de convencerle de su misión para con los hebreos. Le dijo: «Yo soy Yahvé (YHWH). Me manifesté a Abraham, a Isaac y a Jacob con el nombre de El Shaddaï, pero no me di a conocer a ellos con mi nombre de Yahvé (YHWH). Hice pacto con ellos de darles la tierra de Canaán, tierra de su peregrinación, donde estuvieron como extranjeros. Yo he oído los gemidos de los hijos de Israel por la opresión que sufren por parte de los egipcios, y he tenido presente mi pacto. Por tanto, di a los hijos de Israel: Yo soy Yahvé, y os sacaré de debajo del yugo de los egipcios, os liberaré de la esclavitud, y os rescataré levantando mi brazo y descargando terribles golpes. Yo os adoptaré por pueblo mío, y seré vuestro Dios. Y conoceréis que yo soy Yahvé, vuestro Dios, que os habrá sacado del yugo de los egipcios. Y luego os introduciré en la tierra que tengo jurado dar a Abraham, a Isaac y a Jacob, porque a vosotros os daré la posesión de ella, yo que soy Yahvé» (Éxodo 6, 2-8).

De esta manera la misión de Moisés quedó establecida. Por tanto, se dirigió a Egipto, seguido de Aarón, y las predicciones de Yahvé se cumplieron. Ante la negativa del faraón, los egipcios vieron caer sobre ellos las famosas plagas, en forma de calamidades diversas, como el agua tornada en sangre, el granizo, la mortandad del ganado, nubes de langostas, una lluvia de ranas, la muerte de los primogénitos, etc.

Luego, los hebreos unificados tuvieron que huir de Egipto, con los ejércitos del faraón pisándoles los talones. Guiados por su dios Yahvé, en forma de una columna de fuego por la noche y de una columna de nube durante el día, se libraron de sus perseguidores al atravesar el mar Rojo, seco, a pie. Los egipcios, por su parte, se adentraron en el mismo, pero fueron engullidos por las aguas.

Los hebreos erraron luego durante mucho tiempo por el desierto, alimentados y mantenidos por un maná providencial que Yahvé les ofreció en abundancia. Cuando les faltaba el agua, esta brotaba milagrosamente del suelo por los golpes asestados por el bastón pastoral de Moisés.

De este modo, los hebreos llegaron finalmente a Madián y alcanzaron la falda del macizo montañoso del Sinaí.

Moisés subió a la montaña y encontró a Dios, que renovó la promesa de la Alianza hecha a Abraham: «Ahora bien, si escucháis mi voz y observáis mi pacto, seréis para mí entre todos los pueblos la porción escogida, ya que mía es toda la tierra. Y seréis vosotros para mí un reino sacerdotal y una nación santa» (Éxodo 19, 5-6).

Al día siguiente, el pueblo permaneció en el valle y Moisés subió de nuevo al Sinaí, desde donde Yahvé se dirigió a él con truenos, antes de entregarle su Ley en forma de «diez mandamientos», o prescripciones (el decálogo):

«Yo soy Yahvé, tu Dios, que te ha sacado de la tierra de Egipto, de la casa de la esclavitud.

»No tendrás otros dioses delante de mí. [Exaltación del "monoteísmo"].

»No harás para ti imagen de escultura ni figura alguna de las cosas que hay arriba en el cielo, ni abajo en la tierra, ni de las que hay en las aguas debajo de la tierra. [Prohibición de la idolatría].

»No te postrarás ante ellas, no las servirás, pues yo, Yahvé, tu Dios, soy un Dios celoso que castigo la maldad de los padres en los hijos hasta la tercera y cuarta generación de aquellos que me aborrecen.

»Y que uso de misericordia hasta la milésima generación con los que me aman y guardan mis mandamientos.

»No tomarás en vano el nombre de Yahvé (YHWH), tu Dios, porque no dejará Yahvé sin castigo al que tomare en vano su nombre. [Prohibición del perjurio y de la ligereza de invocar el nombre divino].

»Acuérdate del día del sábado [día festivo, inhábil] para santificarlo.

»Trabajarás durante seis días y harás todas tus obras.

»Pero el séptimo día es un sabbat, consagrado a Yahvé, tu Dios. No harás obra alguna, ni tú, ni tu hijo, ni tu hija, ni tu siervo, ni tu sierva, ni tus animales, ni el extranjero que resida en tu casa.

»Porque en seis días hizo Yahvé los cielos y la tierra, y el mar y cuanto en ellos se contiene, y el séptimo día descansó; por eso Yahvé bendijo el día del sabbat y lo consagró.

»Honra a tu padre y a tu madre, para que vivas largos años en la tierra que Yahvé, tu Dios, te da.

»No matarás.

»No cometerás adulterio.

»No robarás.

»No levantarás falso testimonio contra tu prójimo.

»No desearás la casa de tu prójimo, ni la mujer de tu prójimo, ni su siervo, ni su buey, ni su asno: nada de cuanto le pertenece».

(Éxodo 20, 2-17)

La Alianza divina quedaba así sellada con el retorno de la *Shekhina* o presencia de Dios en la tierra: «En el principio, la *Shekhina* estaba en efecto sobre la tierra. Cuando Adán pecó, se elevó hasta el firmamento próximo. Cuando Caín pecó, ascendió hasta un segundo firmamento. Cuando llegó el turno de la generación de Enoch [que cayó en la idolatría], ascendió al tercero. Cuando la generación del Diluvio pecó, se elevó hasta el cuarto. Cuando llegó la generación de la dispersión entre los pueblos [la que había intentado levantar la torre de Babel], se elevó hasta el quinto firmamento. Cuando pecaron los hombres de

Sodoma, subió al sexto. La maldad de los egipcios en tiempos de Abraham hizo que la Shekhina se retirara al séptimo cielo, el más alejado.

»Los justos produjeron un efecto opuesto al anterior: Abraham llevó la Shekhina al sexto firmamento; Isaac, al quinto; Jacob hizo que descendiera al cuarto; Levi, al tercero; Kehath, al segundo, y Amram, al primer firmamento. Moisés la devolvió de los cielos a la tierra» (Génesis Rabbah 19, 7).

Los diez mandamientos grabados con el dedo de Yahvé en las tablas de piedra esculpidas por Moisés, la Ley divina, habían sido levantados por el pueblo hebreo. A continuación siguieron las prescripciones relativas al culto propiamente dicho: el tabernáculo y su mobiliario, el arca de la alianza, la mesa de los panes de oblación, el candelabro de siete brazos, las telas, el velo del santuario, etc. (Éxodo 25 y 28).

En el decálogo se hace alusión a los «seis días de la Creación», lo que nos lleva a considerar el Génesis, uno de los cinco libros que constituyen el Pentateuco en la Biblia, esto es, la Torá (Ley) hebraica escrita.

El Génesis (Bereshit)

En este primer libro del Pentateuco se encuentran los orígenes del universo y de la humanidad. Asistimos así a dos relatos de la Creación.

En el primero se ve a Dios (Elohim) crear sucesivamente en seis días: el Cielo y la Tierra, el reino vegetal, el día y la noche, los animales acuáticos y terrestres, y luego al hombre y la mujer, a su imagen divina, exhortándolos a crecer y multiplicar su especie dominando los reinos anteriormente creados. El séptimo día fue un día de descanso bendecido y santificado por Dios.

En el segundo relato, después de crear el Cielo y la Tierra y, luego, un mar brotando de esta, haciéndola fértil, Yahvé modeló al primer hombre, a partir del barro del suelo *(adâma)* —de ahí su futuro nombre, Adán—, y le insufló la vida por los orificios nasales, dando lugar así a la humanidad, que debía sucederle. Yahvé creó luego el paraíso (Edén), como un magnífico oasis oriental, y plantó en él el Árbol de la Vida, que representaba la inmortalidad; Adán tenía como misión cultivar y cuidar este magnífico jardín. Dirigiéndose a él, Yahvé le hizo este mandamiento: «De todos los árboles del paraíso puedes comer, pero del Árbol de la Ciencia del bien y del mal no comas, porque el día que de él comieres, ciertamente, morirías» (Génesis 2, 16-17).

Más tarde, con el fin de que el hombre no estuviera solo, Yahvé creó a todas las especies animales, que Adán debía nombrar. Y le concedió a este una compañera, la futura Eva, que extrajo de una de sus costillas, «carne de su carne» (en hebreo, al hombre se le llama *îsh*, y a la mujer, *Ishsha*).

La serpiente, el animal más astuto que creó Yahvé, intentó seducir a la mujer, despertando en ella el deseo de probar el fruto prohibido del Árbol del Conocimiento del bien y del mal, y se justificó diciendo que Yahvé había mentido y que si el hombre y la mujer comían de él, sus ojos se abrirían y se volverían semejantes a los dioses, que distinguen el bien y el mal. Eso es lo que hizo la mujer, dando también de comer al hombre. Ambos, al cometer así el «pecado original», supieron que iban desnudos e intentaron ocultarse de la vista de Yahvé, pero este se dio cuenta de su desobediencia; ese fue el principio de su «caída». Para castigarlos, Yahvé los expulsó del paraíso, condenándolos a una muerte terrenal, al sufrimiento físico y a la dura tarea diaria de ganarse la vida. Luego colocó delante del Edén a unos querubines (ángeles) y la llama de la fulgurante espada para guardar el camino que llevaba al Árbol de la Vida (Génesis 3).

Adán y Eva engendraron a Caín, y luego a Abel. Más tarde, el primero se dedicó a cultivar la tierra, mientras que el segundo se hizo pastor. Las ofrendas vegetales de Caín fueron rechazadas por Yahvé, mientras que el holocausto del primer cordero nacido del rebaño de Abel fue agradecido por la divinidad. Caín, celoso, mató a su hermano. Yahvé lo maldijo y lo condenó a errar, pero aun así le aseguró una descendencia.

Adán y Eva tuvieron otro hijo, Set, que reemplazó al difunto Abel. Set tuvo una larga descendencia que invocó a Yahvé, hasta llegar a Noé, que engendró a Sem, Cam y Jafet. Sin embargo, «los hijos de Dios conocieron a las hijas de los hombres», y, a causa de los malos propósitos de estos, Yahvé decidió borrar su Creación, con excepción del patriarca Noé, que fue el único que halló la gracia a sus ojos.

Yahvé encargó a Noé la misión de construir un arca, que salvaría a su familia y a todas las especies animales del Diluvio que había destinado a la Tierra. Las aguas inundaron la Tierra, pero luego se retiraron y la inundación tuvo su fin en la decrecida. Entonces, Dios bendijo a Noé y a sus hijos, y les dijo: «Procread y multiplicaos, y llenad la tierra» (Génesis 9, 1), y concluyó así la primera alianza con la humanidad, simbolizada por un arco iris a modo de testimonio. Sem, Cam y Jafet tuvieron una larga descendencia que pobló la tierra, hasta la llegada de Abraham, y, más tarde, de Moisés.

El Éxodo (Shemot)

El segundo libro del Pentateuco (la Torá) narra la historia de Moisés, la salida de Egipto y la Alianza que Yahvé hizo con él y los hebreos, al entregarle el decálogo, como hemos visto anteriormente.

El Levítico (Vayikra)

El tercer libro, como su nombre indica, concierne a las prescripciones litúrgicas que se dedican a los levitas (de la tribu de Levi), casta de sacerdotes en el judaísmo. Los objetos litúrgicos más importantes son citados en este libro, como las *teraphim* (imágenes sagradas) y los *ephodes* (hábitos para cubrir las imágenes). Los rituales de los sacrificios incluyen holocaustos de ganado ovino y bovino y las oblaciones de panes ácimos (sin levadura). Los sacrificios de comunión y para el perdón de los pecados aparecen luego.

Además, la investidura de los sacerdotes levitas, después de Aarón, es llevada a cabo por Moisés según las prescripciones divinas que le fueron dictadas por Yahvé. Lo mismo ocurre con las reglas relativas a la pureza y la impureza de tipo sexual o referentes a determinadas enfermedades, a los animales, etc. Luego siguen prescripciones de tipo moral y cultual, que preceden a las fiestas anuales, de las que hablaremos más adelante, como la Pascua y los Ácimos, la fiesta de las Semanas, el día de las Expiaciones o la fiesta de los Tabernáculos.

Los Números (Be-Midbar)

En este cuarto libro, según la exhortación de Yahvé, Moisés procede al recuento de toda la comunidad de Israel, compuesta por doce tribus. Los levitas obtienen un estatus particular de sacerdotes a disposición de Aarón y de la «Morada (Tabernáculo) del Testimonio», futuro templo de Israel, que acoge el «Arca de la Alianza», que contiene las Tablas de la Ley. Luego viene la enumeración de leyes de tradición sacerdotal relativas a la pureza, las ofrendas de los jefes y la consagración de los levitas. El texto evoca a continuación la celebración de la Pascua en el desierto del Sinaí y el inicio del viaje de los hebreos hacia la Tierra prometida: «Cuando la Nube se alzaba del Tabernáculo, partían los hijos de Israel; y en el lugar en que la Nube se paraba, allí acampaban los hijos de Israel. A la orden de Yahvé partían los hijos de Israel, y a la orden de Yahvé sentaban campamento» (Números 9, 17-18). Hubo una larga travesía por el desierto antes de la llegada a la tierra de Canaán.

El Deuteronomio (Devarim)

Es el quinto y último libro del Pentateuco que constituye la Torá. Se inicia con el discurso que Moisés dirigió a Israel, más allá del Jordán, en el país de Moab. Resumiendo todas las pruebas, las dudas y las revueltas a las que tuvieron que enfrentarse los hebreos durante su éxodo y la interminable travesía por el desierto, Moisés les entregó el siguiente mensaje: «Circuncidad, pues, vuestros corazones y no endurezcáis vuestra cerviz, porque Yahvé, vuestro Dios y el Dios de los dioses, Señor de los señores, el Dios grande, fuerte y terrible, que no es aceptador de personas ni se corrompe con regalos, hace justicia al huérfano y la viuda, ama al extranjero y le alimenta y le viste. Amad también vosotros al extranjero, porque extranjeros fuisteis en tierra de Egipto» (Deuteronomio 10, 16-19).

A continuación sigue el Código deuteronómico, relativo a las leyes, las costumbres y las observancias religiosas, como los sacrificios, el sacerdocio levítico y la «ley del talión», que exige reciprocidad en el castigo a los culpables: «Vida por vida, ojo por ojo, diente por diente, mano por mano, pie por pie» (Deuteronomio 19, 21).

El Deuteronomio acaba con la misión de Josué, que pasa el Jordán conduciendo a los hebreos hasta la tierra de Canaán, y la muerte de Moisés, en el monte Nebo, en la actual Transjordania: «Subió Moisés desde los llanos de Moaba al monte Nebo, a la cima del Fasga, que está frente a Jericó; y Yahvé le mostró toda la tierra, desde Galaad hasta Dan; todo Neftalí, la tierra de Efraím y de Manasés, toda la tierra de Judá, hasta el mar Occidental; el Negueb y todo el campo de Jericó, la ciudad de las palmas, hasta Segor; y le dijo Yahvé: Ahí tienes la tierra que juré que entregaría a Abraham, Isaac y Jacob, diciéndoles "A tu descendencia se la daré"; te la hago ver con tus ojos, pero no entrarás en ella» (Deuteronomio 34, 1-4).

Así se realizaba la promesa de Yahvé hecha a los Patriarcas.

Los otros libros de la Biblia hebraica

Los siguientes libros de la Biblia hebraica tienen en cuenta datos mucho más históricos, que evocan la historia de Israel y del pueblo hebreo. El Libro de Josué expone la conquista de la tierra prometida de Canaán: el paso del Jordán, la toma de Jericó, los tratados, la muerte de Josué y del príncipe de los sacerdotes Eleazar, hijo de Aarón. A continuación, vienen el Libro de los Jueces (guías espirituales y guerreros), el Libro de Rut y el Libro de Samuel, personaje que vivió hacia el año 1050 a. de C. y que, como juez y visionario dotado de una especial sabiduría, nombró a Saúl rey de Israel, a fin de combatir a los filisteos que se habían apoderado del Arca de la Alianza. El sucesor de Saúl fue el rey David, que venció al gigante Goliat y reinó sobre Judá —tribu del sur que lo había nombrado— y toda Israel. Tras pacificar la región, transformó Jerusalén en ciudad santa, sede del Arca de la Alianza.

El Libro de los Reyes se inicia con la llegada del rey Salomón (961-922 a. de C.), que sucede a su padre David. Su legendaria sabiduría fue demostrada durante todo su reinado y, según la tradición, mandó construir el Templo de Jerusalén siguiendo las prescripciones divinas para albergar suntuosamente el Arca de la Alianza y las Tablas de la Ley: «Llegaron de todos los pueblos para comprobar la sabiduría de Salomón, y este recibió un tributo de todos los reyes de la tierra, que habían oído hablar de su sabiduría» (1 Reyes 4, 34).

Tras la muerte del soberano que había construido la morada de Yahvé, el Estado se dividió en dos reinos: el de Israel, al norte, y el de Judea (Judá), al sur.

El profeta Elías apareció luego en el monte Carmelo, durante una gran sequía, y, exhortando al pueblo a servir sólo a Yahvé y alejarse de Baal y las creencias cananeas, obró varios milagros, como la «resurrección del hijo de la viuda», «el descenso de fuego del cielo» y su propia retirada por Dios en un «carro de fuego» *(véase más abajo)*. Antes de desaparecer, entregó su manto a su sucesor, el profeta Eliseo, que también haría muchos milagros durante las guerras moabita y aramea.

Varios reyes se sucedieron durante el siglo siguiente al de Ezequías. En el año 722 a. de C., el Imperio asirio se apoderó de Israel (reino del Norte) y el profeta Isaías predijo a Ezequías (Libro segundo de los Reyes) la cautividad de los hebreos en Babilonia, que se produciría en el 587-586 a. de C. El emperador babilonio Nabucodonosor, después de invadir el reino de Judea, destruyó el Templo de Jerusalén y deportó efectivamente a la mayor parte de la población a Babilonia. Esta cautividad y el exilio de los hebreos, vividos alternadamente como un abandono y un castigo divinos, marcarían especialmente toda la historia del pueblo judío.

En el año 539 a. de C., el emperador de Persia, Ciro, invadió Mesopotamia y liberó a los hebreos. Permitió el retorno de los exiliados a Palestina. No obstante, algunos se quedaron en Babilonia, constituyendo una comunidad judía que marcaría el inicio de la diáspora.

Tras el edicto de Ciro, en el año 538 a. de C., los exiliados que regresaron a su tierra se agruparon en torno al escriba Esdras (*Ezra*, en hebreo), considerado en cierto modo el «primer rabino» o doctor de la Ley. Y es que Esdras restablecería el servicio del segundo Templo que acordó reconstruir, bajo la autoridad de Zorobabel; renovó solemnemente la Alianza divina e instituyó la lectura pública de los textos de la Torá, cuyas prescripciones tenían que ser estrictamente respetadas a partir de ese momento por los judíos, rechazando toda noción de idolatría babilonia, consiguiente al sincretismo religioso debido al exilio.

Después del Libro de las Crónicas, que evoca las genealogías reales de la historia de las tribus, el Libro de Esdras, que exalta la Ley mosaica, y el Libro de Nehemías se dedican a resumir el retorno del exilio y la reconstrucción del segundo Templo, así como la organización de la comunidad judía por Esdras y Nehemías. Seguidamente vienen los Libros de Tobías, de Judit y de Ester (que salvó al pueblo judío de la masacre).

Tras la muerte de Alejandro Magno, acaecida en el año 323 a. de C., los Tolomeos que este había puesto en el trono de Egipto (la diáspora contaba con una comunidad judía en Alejandría) extendieron también su soberanía por Judea, que, en el año 198 a. de C., pasó a formar parte del imperio de los Seleúcidas. Luego, en el año 167 a. de C., la Ley judía fue abolida por Antíoco IV Epífanes, que saqueó el Templo de Jerusalén y lo profanó instalando en él una estatua del dios Zeus. Como reacción, se produjo la revuelta de los Macabeos, que ocuparon el Templo, lo purificaron y lo dedicaron de modo diverso (*hanukka*) oficialmente en el año 164 a. de C. Simón, el último de los hermanos Macabeos, fue proclamado en el año 140 a. de C. príncipe de los sacerdotes y caudillo (etnarca) de la comunidad hebraica.

Los Libros de los Macabeos, textos apócrifos, no incluidos en la Biblia hebraica, hablan de esta página importante de la historia del pueblo judío.

A continuación, vienen los que la Biblia ha calificado de «libros sapienciales», obras piadosas que transmiten una gran sabiduría (*hokmâ*): el Libro de Job, los Salmos reales (David) y mesiánicos (150 himnos y plegarias), los Proverbios, que traducen el origen divino de la sabiduría evocando sus cualidades, el poético Cantar de los Cantares —canto de amor relacionado con Salomón y cuya interpretación rabínica lo considera la unión de Dios e Israel—, el Libro de la Sabiduría y el Eclesiastés (el *Qohelet*). Son los *Kentubim* o escritos varios que datan de épocas distintas, hasta el siglo II a. de C.

Por último, los libros proféticos siguientes cierran el libro santo: Isaías, Jeremías, Ezequiel, Daniel, Oseas, Joel, Amós, Miqueas, Habacuc, Sofonías, Zacarías y Malaquías.

En Isaías encontramos la afirmación del «monoteísmo más absoluto», en que Yahvé es el único Dios: «Yo soy el primero y el último; y no hay otro Dios fuera de mí» (Isaías 44, 6). Los dioses babilonios se ven suplantados porque no tienen más existencia que la de ídolos inertes. Este mensaje se ve tanto más reforzado cuanto que fue redactado durante el exilio en Babilonia, cuando se vivía con la esperanza de que Ciro destruyera la ciudad y liberara a los hebreos. La Alianza con Dios se hallaba entonces reforzada por la expiación de sus pecados y los tormentos sufridos durante su cautividad.

En Jeremías (25, 1-14) es proclamada la caída de Babilonia, así como la liberación de Israel. Y si, en las Lamentaciones, el poeta visionario expresa la deshonra atribuida a Sión: «Jerusalén ha pecado gravemente; se ha tornado cosa impura. Todo aquel que la honraba, ahora la desprecia: han visto su desnudez. Ella gime y vuelve atrás su rostro» (Lamentaciones 1, 8), asistimos a la exaltación de la ciudad santa en Jeremías: «En aquel tiempo, será llamada Jerusalén trono de Yahvé; en ella se congregarán todos los pueblos; y no seguirá la obstinación de su perverso corazón» (Jeremías 3, 17).

Con Zacarías (1, 1-6; 8, 14-15), la separación entre la era antigua y la nueva era marcada por el regreso a Sión (Jerusalén) reviste una importancia primordial.

En Joel (4, 2-3, 12; 4, 18-21), el mensaje escatológico se afirma; después de haber vencido a los pueblos hostiles (Gog, Magog) y culpables para con Yahvé e Israel, vendrá al fin un periodo de paz y de prosperidad, y el pueblo se volverá santo *(kadosch)*.

En Ezequiel, la gloria de Yahvé adopta la forma de un extraño «carro de fuego» *(merkabah)* (Ezequiel 1) para aparecerle, y más lejos (Ezequiel 37), la «visión de los huesos secos» lleva al profeta a anunciar que «los muertos resucitarán». Es la prefiguración de la «Resurrección».

La espera de un rey mesiánico, el «Mesías» (en hebreo, *Masiah*: «Ungido por Yahvé»), se hace notar en Zacarías, que describe la entrada en Jerusalén de un rey dotado de un poder temporal y espiritual «justo y victorioso, humilde y montado en un asno» (Zacarías 9, 9-16), pero la noción de Redención sigue estando irremediablemente vinculada a la obra de Yahvé, y sólo a Él.

En el profeta Daniel, vemos aparecer las visiones apocalípticas, fuertemente influenciadas por los mitos babilonios y por la civilización helenística,[2] como el sueño prestado al rey Nabucodonosor (Daniel 4), el sueño del propio profeta (Daniel 7) o su visión de un carnero y un chivo (Daniel 8), todo acentuado por la aparición de ángeles y demonios, hasta el mismo Adversario, Satanás. Pero la justicia divina triunfará: «Y el reino y el imperio y la majestad de todos los reinos de debajo del cielo serán ofrecidos al pueblo de los santos del Altísimo» (Daniel 7, 27). El Más Allá y el destino del ser después de la muerte[3] aparecen además como preocupaciones principales en Daniel, que evoca la existencia de dos «ángeles» o de dos «reinos»: el de este mundo, aquí y ahora *(hic et nunc)*, y el otro, el escatológico, que espera a cada ser después de la muerte *(post mortem)*.

LA NOCIÓN DE «PUEBLO ELEGIDO» DE ISRAEL
(EL PUEBLO DE LA «ALIANZA CON DIOS», EL «PUEBLO GUÍA»)

Israel, como comunidad de los primeros creyentes monoteístas, aparece a menudo en la Biblia y en los comentarios rabínicos como el «pueblo elegido» por Dios (el pueblo de la «Alianza con Dios», el «pueblo guía»):

---

2. Véase P. Rivière, *El gran libro de las civilizaciones antiguas*, Editorial De Vecchi, 2004.
3. Véase P. Rivière, *Réflexions sur la mort*, obra colectiva, Éditions De Vecchi, 2002.

«Porque eres un pueblo santo para Yahvé, tu Dios, porque te ha elegido para ser el pueblo de su propiedad entre todos los pueblos que hay sobre la faz de la tierra. Si Yahvé se ha fijado en vosotros y os ha elegido, no es por ser vosotros los más en número entre todos los pueblos, pues sois el más pequeño de todos. Sino que es por amor hacia vosotros, y porque ha querido cumplir el juramento que hizo a vuestros padres, y por eso Yahvé os ha sacado de Egipto con mano poderosa y os ha liberado de la casa de Egipto. Has de saber, pues, que Yahvé, tu Dios, es Dios fiel, que guarda la alianza y la misericordia hasta mil generaciones a los que le aman y guardan sus mandamientos, pero castiga a quien le aborrece: hace que perezca sin dilación quien le aborrece, le hace sufrir un castigo personal. Guarda, pues, sus mandamientos, las leyes y estatutos que prescribe hoy, poniéndolos por obra» (Deuteronomio 7, 6-13).

«No por tu justicia ni por la rectitud de tu corazón vas a entrar en posesión de esa tierra, sino por la maldad de esos pueblos que Yahvé expulsa ante ti, para cumplir la palabra que con juramento dio a tus padres, Abraham, Isaac y Jacob» (Deuteronomio 9, 5).

«El pueblo de Israel es valioso para Dios, porque llama a sus gentes Sus hijos. Son particularmente valiosos porque han sido informados, como está escrito: Sois hijos de Yahvé, vuestro Dios...» (Deuteronomio 14, 1). *«El pueblo de Israel es valioso para Dios, porque es a sus gentes a quien les dio el instrumento bendito [la Torá]. Son particularmente valiosos porque han sido informados del don de este instrumento loado por el que el mundo fue creado, como está escrito "Porque es un buen precepto el que os entrego; no abandonéis mi Torá"»* (Proverbios 4, 2) (Mischna Avot 3, 14).

«Hoy has hecho que Yahvé te diga que Él será tu Dios, pero con la condición de que guardes sus leyes... y que seas su pueblo, como te ha dicho...» (Deuteronomio 26, 17-18). *«El Dios santo, alabado sea, dice a Israel: me habéis hecho único en el mundo, y Yo os haré únicos en el mundo. Me habéis hecho único, como está escrito: Escucha, Israel, a Yahvé, nuestro Dios, Yahvé, el único»* (Deuteronomio 6, 4), *«y yo os hago únicos, como está escrito: ¿Hay sobre la tierra una sola nación que sea como tu pueblo, Israel, cuyo Dios fuese a rescatar...?»* (1 Crónicas 17, 21) (Berakhot, 6a).

«El Dios santo, alabado sea, dijo a Israel: "Os he concedido mi amor porque cuando os confiero la grandeza, os hacéis pequeños [es decir, humildes] frente a mí. He conferido grandeza a Abraham y él dijo: 'Yo no soy más que polvo y cenizas'"» (Génesis 18, 27); *«a Moisés y Aarón, y dijeron: "¿Qué somos?"»* (Éxodo 16, 7); *«a David, y dijo: "Yo soy un gusano, no un hombre..."»* (Salmos 22, 7). *«Pero los demás pueblos del mundo no son como vosotros. Concedí la grandeza a Nemrod y dijo: "Vamos a edificarnos una ciudad y una torre cuya cúspide llegue a los cielos"»* (Génesis 11, 4); *«al Faraón, y dijo: "¿Quién es Yahvé?"»* (Éxodo 5, 2); *«a Nabucodonosor, y dijo: "Subiré sobre las cumbres de las nubes y seré igual al Altísimo"»* (Isaías 14, 14) (Hullin, 89a).

Después de los Macabeos se estableció la dinastía hasmonea. Todavía mantenía una función religiosa bajo protectorado romano, en el año 60 a. de C. Luego, Herodes, hijo de Antipater, administrador de Judea para los romanos, fue proclamado, en el año 40 a. de C., rey de los judíos. En el año 6 d. de C., fue un prefecto quien administró directamente Judea antes de que lo hiciera un procurador romano. Y en el año 66, como consecuencia de las provocaciones del procurador Florus, el pueblo se rebeló alentado por los zelotes, o patriotas judíos, que nunca dudaban en utilizar la violencia contra los judíos romanizados, como los saduceos. Convertido en emperador de Roma el año 69, el general Vespasiano encargó a su hijo Tito la misión de acabar la campaña de Judea. Al año siguiente, el 70, exactamente el 28 de agosto, Tito se hizo con Jerusalén, destruyó el segundo Templo incendiándolo y poco después saqueó la ciudad, que acabó totalmente arrasada. El último foco de resistencia se replegó en la fortaleza de Massada, pero en vano, ya que sucumbió el año 74. En el año 133 estalló, a pesar de todo, una revuelta desesperada, encabezada por el «mesías» Bar Kocheba, bajo la autoridad religiosa de Rabbi Akiva. La reacción de los romanos fue terrible y dio lugar a una feroz represión. La consecuencia directa de ello fue una devastación de Judea por parte de su población judía, lo cual tuvo importantes consecuencias en la distribución de la diáspora, que, como hemos visto anteriormente, había empezado muchos siglos antes.

Con relación a los textos que constituían la Torá, conviene subrayar que surgen en épocas diferentes: los textos yahveístas datan principalmente del siglo X a. de C.; los textos llamados elohistas (del plural Elohim), del siglo VIII a. de C.; la redacción del Deuteronomio, del año 622 a. de C., por un grupo de sacerdotes, en el origen mismo de la base del Levítico y de otros muchos textos.

Es la traducción griega de las Setenta (número de traductores-redactores) efectuada por los judíos de Alejandría, que acabó de ordenar, en el siglo II-I a. de C., la Biblia hebraica. Además de los textos citados, esta versión de las Setenta contenía textos «apócrifos» que el canon bíblico ordenado por los masoretas se negaría a reconocer. Cabe señalar, además, la traducción aramea de la Biblia (el Targum), que matiza el antropomorfismo de esta y proporciona una interpretación tradicional.

Sin embargo, desde el siglo III a. de C, la religión hebraica se había enriquecido con numerosos textos apocalípticos nacidos de la piedad judía *(hassidim)*, como hemos visto más arriba en lo que concierne a Ezequiel y su visión del «carro divino»; la literatura de los Hekhalot, que evocan la «mística de la *merkabah*», describía los palacios celestiales *(hekhalot)* que el místico atraviesa antes de llegar al Trono de Dios. De igual forma, hay que añadir las ascensiones celestiales de los Libros de Henoc, de Esdras y de Baruc. Los ciento veinte miembros de la Gran Asamblea *(Knesseth Haguedola)*, convertida en sanedrín después de la conquista de Alejandro, consideran que la Biblia hebraica está formada por veinticuatro libros.

Un judaísmo helenístico toma cuerpo en los escritos del filósofo Filón de Alejandría (siglo I d. de C.), que intenta acercar y armonizar la Biblia y las enseñanzas platónicas. No obstante, para los fariseos, la Torá (la Ley) sigue siendo el valor supremo, y los judíos tienen que servirla en la acción, aun cuando la Biblia puede prestarse a múltiples interpretaciones, en ocasiones divergentes. Tanto, que existe en realidad una «doble Torá» revelada: la Torá escrita *(Tôrah shebikhtab)*, que constituye el texto bíblico, y la Torá oral *(Tôrah she be'al peh)*, conjunto de tradiciones transmitidas de generación en generación desde Moisés y que explicitan la Torá escrita. Por tanto, se imponía una gran disciplina y una codificación moral escrita de las normas de vida que convenía agregar a los libros santos.

El Talmud

Así pues, se hizo necesario hacer frente a las dificultades evocadas, a las que se sumaban las de una transmisión oral unificada de las reglas, a causa de la dispersión de las poblaciones judías, o de las persecuciones. El patriarca Judá el Santo decidió así codificar lo que había sido enseñado en Palestina. Así fue como surgió la *Mischná* (principios del siglo III d. de C.), que se prosiguió hasta el siglo V en Tiberíades y también en Sura y Pumbedita, dos grandes academias babilonias situadas bajo la autoridad de «gaonim» (dirigentes). Los comentarios de la *Mischná* constituyeron la *Guemará*. Había nacido el Talmud.

Se trata de una obra impresionante de unos veinte volúmenes, que constituyen el código legislativo, moral y religioso en el que se apoyan fielmente la mayoría de los judíos practicantes.

Hay opiniones muy distintas y libres al respecto, con muchas digresiones, hasta el punto de que se ha podido hablar de «mar del Talmud». Tanto es así, que el propio Talmud afirma que «la Torá posee setenta caras». Además, existen dos versiones del Talmud: la de Jerusalén y la de Babilonia.

La *Mischná* se presenta más como una obra legalista *(halakhah)* que como una obra teológica *(haggadah)*. Finalizada a principios del siglo III y redactada por maestros (los *tannaim*), contiene un mínimo de sesenta y tres tratados que incluyen seis secciones *(sedarim)*: Semillas *(Zeaim)*, Festividades *(Moed)*, Mujeres *(Nashim)*, Daños *(Nezikim)*, Objetos sagrados *(Kdoshim)* y Pureza *(Teharot)*. Además, se añade a la *Mischná* un suplemento de nombre *Tosefta*, acabado hacia el año 400 d. de C., que incluye otras tradiciones y reglas *(beraitot)*. Todo aparece sembrado con abundantes comentarios que constituyen la *Guemará*. Los mandamientos de la Torá son 613 (365 prohibiciones y 248 preceptos) que el Talmud ha dividido en dos categorías: los deberes para con Dios y las obligaciones para con el prójimo.

La redacción por parte de esos maestros (los *amoraim*) del Talmud de Jerusalén acabó a principios del siglo V, mientras que la del Talmud de Babilonia es más reciente (siglo V-finales del VI d. de C.). Esta última versión es tres veces más voluminosa y menos tosca que la anterior. Se insiste aquí en la cuestión de la santificación y de la salvación, haciendo alusión a la redención de Israel por un «Mesías» dotado, por definición, de una gran sabiduría.

El corpus legalista del Talmud constituye tan sólo una parte de la literatura rabínica; la otra está constituida por *Midrashim* (de *midrash*: «exégesis») alegóricas en forma de parábolas, de tipo teológico o legalista. Estas últimas hacen referencia al Éxodo, al Levítico, a los Números y al Deuteronomio. Las *Midrashim* de tipo teológico *(haggadah)* constituyen numerosas colecciones de comentarios de épocas diversas y a veces recientes, hasta el siglo XIII de nuestra era. Los más importantes son: el *Gran Midrash (Midrash Rabbah)*, que contiene el comentario del Génesis *(Bereshit Rabbah)*, la literatura litúrgica *(Pesikta de Rav Kahana)*, el *Midrash Tanhuma*, que emana de un rabino palestino del siglo IV, etc. Los exegetas fueron muy abundantes, como los célebres rabinos Ibn Ezra y Rashi.

Así, gracias a la importante literatura talmúdica, que cubre casi un milenio de historia religiosa y que, en realidad, se adapta a las transformaciones de la civilización, el judaísmo pudo mantener una notable unidad, a pesar de algunas disensiones internas inevitables y, sobre todo, a pesar de la amplitud de la diáspora por el mundo. La codificación de las leyes talmúdicas (*Sulhan Arukh*) de Joseph Caro (en 1965), universalmente adoptada, marcó la unidad religiosa judía.

EL MISTICISMO JUDAICO: LA CÁBALA, EL HASIDISMO DE POLONIA

Como hemos visto más arriba, ya la visión del profeta Ezequiel llevó al planteamiento de una «mística del trono divino», o *merkabah*, contemplada como recompensa última para quien haya recorrido con éxito el periplo iniciático a través de los siete palacios (*hekhalot*) poblados de seres celestiales. Entre estos, el ángel Metatron, asimilado a Enoch (Génesis 5, 18-24), reviste un papel esencial, y las etapas del «viaje místico» son asimiladas a un éxtasis.

Dejemos a un lado la cuestión de los esenios, que citaremos más tarde a propósito del cristianismo. Por el momento, destaquemos simplemente que esta comunidad mística se había establecido en el desierto de Judea, en el siglo II antes de nuestra era, y que se mantuvo allí hasta su destrucción por el ejército romano, probablemente el año 68 d. de C., poco antes de la caída de Jerusalén.

La cábala

La tradición rabínica y mística había estudiado ya los trece atributos divinos. La cábala (*kabbalah*: «tradición»), por su parte, incluye un conjunto de doctrinas de carácter esotérico, fruto de especulaciones sobre el sentido oculto de los textos sagrados y el simbolismo de los números que se le vinculan, pero también sobre visiones extáticas de connotación profundamente mística. El *Sefer Yetzirá* o *Libro de la Creación* constituye su primera enseñanza escrita y data aproximadamente del siglo III d. de C. En él se presenta un esquema cosmológico: diez *sephiroth* o diez cualidades o diez modalidades son dispuestas según tres columnas (que constituyen el «árbol cabalístico»), tres por tres (más una); las veintidós vías que las reúnen corresponden a las veintidós letras del alfabeto hebreo. La Creación, por tanto, se produce por medio de estos treinta y dos elementos primordiales inundados por la Luz divina, asimilables a las destacadas «treinta y dos vías de la Sabiduría».[4] Además, hay que considerar cuatro «mundos»: *atsilut*, *beriyá*, *yetsirá* y *asiyá*.

Es en la Edad Media, en Provenza, donde surge el *Sefer ha-Bahir* o *Libro de la Claridad*, en el que los *sephiroth* revisten el aspecto de modalidades o atributos divinos. El primer místico judío provenzal que conoció y practicó el *Sefer ha-Bahir* fue Isaac el Ciego (1160-1235), hijo del rabino Abraham ben David de Posquières (1120-1198). A partir de ahí, la cábala se propagó por Cataluña con los rabinos Ezra ben Solomon, Azriel y el famoso Moisés ben Nahman (1195-1279); luego, por Castilla, con los hermanos Jacob e Isaac Cohen. Fue en este momento

---

4. Véase la bibliografía, al final del libro, y consúltese también P. Rivière, *Le Graal: histoire & symboles*, Éditions du Rocher, 1990.

cuando los cabalistas elaboraron sus sistemas de permutación y combinación de letras del alfabeto hebreo, así como su numeración de vocación mística: *guematria*, *temurá* y *notarikon*.

En el terreno de la cábala extática, en el siglo XIII, el gran místico judío Abraham ben Samuel Abulafia se planteó el *devekut* o unión mística con Dios. En esa misma época aparece otra obra clave de la cábala: el *Sefer ha-Zohar* o *Libro del Esplendor*, atribuido a Simeón bar Yohai y en realidad compilado por el castellano Moisés de León (1240-1305). Su contenido sigue siendo complejo y parece derivar de principios neoplatónicos, al igual que los sistemas de *gematria*, *temurá* y *notarikon* se asemejan a las técnicas helenistas (al poseer las letras griegas sus correspondencias numéricas). Isaac Luria proporcionará al Renacimiento una síntesis apreciable de la cábala.

El movimiento hasídico particular de Polonia

Fue en Polonia donde, en el siglo XVIII, el hasidismo, procedente de Alemania, realizó una de las más ricas síntesis del misticismo judío. Su fundador fue Israel ben Eliezer, más conocido con el nombre de Baal Shem Tov (Besht), acompañado del profeta Dov Baer.

El movimiento tomo rápido impulso, a pesar de la reacción de las autoridades judías establecidas. Aunque fue calificado con el mismo nombre, a diferencia de los judíos píos *(hassidim)* que practicaban una ascesis rigorista, este movimiento preconizaba vivir en la alegría de la omnipresencia de Dios, perdiéndose en la unión divina *(devekut)* por la ascensión del alma *(aliyat haneshamah)*, bañada por la Luz eterna, sin fustigar en absoluto al mundo, la carne y los placeres naturales.

Muchas leyendas llenas de razón, que relatan sus tradiciones, siguen existiendo. Los *hassidim* más místicos utilizan la práctica de cantos y danzas extáticas en las que se pierden en el gozo de la contemplación divina, antes de «volver a descender» *(yeridah le-tsorekh aliyah)* para «levantar a la comunidad en su objetivo de la ascensión».

REFORMA DEL JUDAÍSMO EN OCCIDENTE

A finales del siglo XVIII, en el contexto de la filosofía de las Luces, el filósofo alemán Moisés Mendelssohn (1729-1786), aunque era profundamente religioso, propuso una adaptación de los valores culturales judaicos a los valores culturales occidentales. Esta especie de compromiso recibió el nombre de *Haskala*.

Sus ideas, que abrían la vía a la emancipación, surcan su obra, como demuestra su introducción a la versión alemana de los *Vindiciae Judeorum*, del Rabí de Amsterdam, Manasse ben Israel. Esta sigue siendo considerada el texto fundador de la *Haskala*. Hace una distinción muy clara entre los ámbitos religioso y civil. El respeto de las leyes civiles en vigor entre los judíos, en los países occidentales en que viven, sigue siendo esencial, al igual que su participación efectiva en la cultura occidental.

Esto es así por un doble motivo: en primer lugar, como ostentación del antijudaísmo larvario y también ¡porque era conveniente ser «un buen judío en casa y un buen ciudadano en la calle»!

En seguida tomó un gran impulso todo un movimiento de reforma profunda del judaísmo, en sus ritos religiosos, con Abraham Geiger (1810-1874), con el objetivo de adaptarse a las reglas del modernismo occidental del siglo XIX. Este, si bien sedujo a los medios intelectuales alemanes y americanos, fue profundamente rechazado por las masas populares. Por tanto, no tardó mucho en suscitar una viva reacción por parte de la ortodoxia judía, con la pluma de Samson Raphael Hirsch (1808-1888), en *Neunzehn Briefe über Judentum* (Diecinueve cartas sobre el judaísmo), obra en la que se esfuerza por «re-hebraizar» el pensamiento judío y preconiza el seguimiento de la *halakha*. Los conservadores judíos, por su parte, se situaron a medio camino entre los ortodoxos y los reformadores moderados dentro de las ideas de las «Luces» *(maskilim)*, representadas por Moisés Mendelssohn.

TEXTOS JUDAICOS (EXTRACTOS)

Libro de Isaías

• *Sobre el «monoteísmo absoluto»*
Así habla el Señor, rey de Israel, y su Redentor, el Señor de los ejércitos: Yo soy el primero, y el último, y fuera de mí no hay otro dios.

¿Quién como yo? Que se adelante, que hable, que lo diga y se compare conmigo. ¿Quién anuncia el futuro desde el principio? Que anuncie lo que ha de suceder.

No temáis ni os conturbéis: Yo he sido el que desde el principio te lo hice saber a ti, y te lo predije: vosotros sois mis testigos.

¿Hay por ventura otro dios fuera de mí, u otro hacedor de las cosas a quien yo no conozca?

(Isaías 44, 6-8)

• *Sátira contra la idolatría*
Todos son forjadores de ídolos; no son nada, y sus obras favoritas son inútiles. Sus siervos no ven nada ni comprenden nada. Por ello quedarán cubiertos de vergüenza.

¿Quién forja a un dios y funde una estatua para nada?

He aquí que los devotos de la estatua quedarán cubiertos de vergüenza, y sus artesanos se avergonzarán también. Que se junten y aparezcan todos: quedarán cubiertos de espanto y vergüenza.

Un herrero trabaja sus brasas y forja su obra con martillo. Trabaja con brazos vigorosos. Está hambriento y agotado. No bebe agua y se cansa.

El escultor de la madera toma medidas, dibuja la imagen con tiza, trabaja el cincel y sigue el dibujo con el compás. Hace la estatua con proporciones humanas, conforme al rostro de un hombre, para que habite en un templo. La madera procede del cedro, o bien ha sido tomada del ciprés o del roble, y se la ha adjudicado de entre los árboles del bosque, o bien ha plantado un cedro que la lluvia ha hecho crecer. Para la gente, son buenos para ofrecer fuego.

El hombre la toma para calentarse. También enciende fuego para cocer su pan. Pero él fabrica con ella a un dios ante el que postrarse, lo convierte en un ídolo ante el cual inclinarse. Ha quemado el fuego la mitad; sobre sus brasas asa carne, y se sacia comiéndola. Luego se calienta, y dice: Ah, me caliento y miro la lumbre.

Con el resto se hace un dios, un ídolo ante el cual se inclina y se postra, y a quien adora diciendo: ¡Sálvame, porque eres mi dios!

No saben y no entienden. Sus ojos están cerrados a cualquier visión, y sus corazones, a cualquier razón.

No reflexionan, no tienen conocimiento ni inteligencia para decir: He quemado la mitad al fuego; sobre sus brasas he cocido el pan, he asado la carne que me he comido, y con el resto haré algo abominable. ¡Me inclinaré ante un trozo de madera!

El amante de cenizas, con el corazón engañado, se extravía. No salvará su alma ni dirá nunca: ¿No es una mentira, lo que tengo en mi mano?
(Isaías 44, 9-20)

- **Oráculo de salvación**

Yo soy Yahvé, no tengo igual;
Yo creo la luz y las tinieblas,
Yo doy gozo y creo desdicha,
soy yo, Yahvé, quien hace todo esto.

¡Gotead, cielos, la victoria como un rocío!
¡Y que las nubes hagan llover!
Que la tierra se abra
para producir el fruto de la salvación.
Que haga también germinar la justicia,
que yo, Yahvé, voy a crear.
(Isaías 45, 7-8)

- **Yahvé es el Dios universal**

¡Reuníos, venid, acercaos todos juntos,
supervivientes de los pueblos!
No saben nada, todos los que transportan
ídolos de madera,
ni los que ruegan a un dios
incapaz de salvar.

Proclamad, exponed vuestras pruebas,
mantened un consejo juntos:
¿quién había anunciado esto antes
y lo había revelado desde ese momento?
¿No soy yo, Yahvé?
No hay más dios que Yo,
Dios justo y Salvador,
y ningún otro fuera de Mí.
¡Volveos hacia mí para ser salvados,

*confines todos de la tierra,
porque soy el Dios sin igual!*

*Lo juro por mí mismo;
lo que sale de mi boca es la verdad,
una palabra irrevocable:
ante mí se dobla toda rodilla,
y por mí jura toda lengua,
diciendo: ¡Sólo en Yahvé
tengo victoria y fuerza!
A Él vendrán, cubiertos de ignominia,
todos los levantados contra Él.
Por Yahvé será victoriosa y gloriosa
toda la raza de Israel.*
(Isaías 45, 20-25)

- **La clamorosa resurrección de Jerusalén**

*¡Levántate y resplandece, pues ha llegado tu luz,
y la gloria de Yahvé alborea sobre ti,
mientras las tinieblas se extienden sobre la tierra,
y la oscuridad, sobre el pueblo!*

*Por encima de ti se yergue Yahvé,
y su gloria aparece sobre ti.
Los pueblos caminan hacia tu luz
y los reyes hacia tu naciente claridad.*

*Alza tus ojos y mira:
todos se reúnen y acuden a ti.
Llegan de lejos tus hijos,
y tus hijas son traídas en brazos.*

*Ante esta vista, estarás radiante,
tu corazón se henchirá de emoción,
porque hacia ti llegarán las riquezas del mar,
las riquezas de los pueblos en ti se juntarán.*

*Multitudes de camellos te cubrirán,
dromedarios de Madián y de Efa.
Todos vendrán de Saba,
trayendo oro e incienso,
y cantando alabanzas a Yahvé.*

*Todos los rebaños de Cedar en ti se reunirán;
los carneros de Nabayot estarán a tu servicio.
Subirán para ser aceptados en mi altar,
para embellecer el Templo con mi Esplendor.*

*¿Quiénes son aquellos que vuelan como nubes,
como palomas a su palomar?
Sí, se reúnen para mí las naves,
con los navíos de Tarsis en cabeza,*

*para traer de lejos a tus hijos,
con su plata y su oro,
a causa del nombre de Yahvé, tu Dios,
a causa del Santo de Israel, que te ha embellecido.*

*Los hijos del extranjero reconstruirán tus murallas
y sus reyes serán tus siervos,
pues si en mi ira te herí,
en mi clemencia he tenido piedad de ti.*

*Y tus puertas estarán siempre abiertas,
no se cerrarán ni de día ni de noche,
para traerte los bienes de los pueblos,
y para que sus jefes los traigan.
Porque la nación y el reino que no te sirvan perecerán,
y los pueblos serán exterminados.*

*La gloria del Líbano vendrá hasta ti,
con el ciprés, el plátano y el boj,
para embellecer el lugar de mi Santuario,
para glorificar el lugar en el que me encuentro.*

*Hacia ti vendrán, humillados, los hijos de tus opresores;
a tus pies se postrarán todos los que te despreciaron.
Te llamarán ciudad de Yahvé,
Sión del Santo de Israel.
De abandonada que eras,
odiada y sin viandantes,
te haré eterno prodigio,
motivo de gozo para todos los siglos.*

*Mamarás la leche de los pueblos,
las riquezas de los reyes.
Y sabrás que yo, Yahvé, soy tu Salvador,
tu Redentor, el Fuerte de Jacob.*

*En vez de cobre traeré a ti oro;
en vez de hierro, traeré plata;
en vez de madera, bronce;
y en vez de piedra, hierro.
Te daré por magistrado la Paz,
y por soberano, la Justicia.*

*No se hablará más de violencia en tu tierra,
ni de saqueos ni de ruinas en tu territorio.
Tus muros serán llamados salud,
y tus puertas, alabanza.*

*No tendrás más el sol por luz, de día,
ni te iluminará ya la claridad de la luz,
sino que Yahvé será tu luz eterna,
y tu Dios será tu esplendor.*

*Tu sol no se pondrá nunca más,
ni menguará tu luna,
porque Yahvé será tu eterna luz,
y los días de luto acabarán.*

*Tu pueblo será un pueblo de justos,
que poseerán la tierra para siempre,
renuevos de las plantaciones de Yahvé.
Serás la obra de mis manos, hecha para ser bella.
El más pequeño en ti será un millar,
y el más insignificante, una poderosa nación.
Yo, Yahvé, he hablado;
a su tiempo actuaré.*
(Isaías 60, 1-22)

Libro de Ezequiel

• *Visión del «carro de Yahvé» (merkabah)*
Y entonces fue cuando la mano de Yahvé cayó sobre mí. Yo miraba: hubo un viento de tormenta, procedente del norte, con una gran nube rodeada de un esplendor, un fuego del que brotaban resplandores, y en medio de todo esto brillaba algo de color bermejo.

En el centro pude ver algo así como cuatro animales, cuyo aspecto era el siguiente: tenían forma humana, pero presentaban cada uno cuatro rostros y cuatro alas. Sus piernas eran rectas y sus pies parecían pezuñas de buey, y brillaban como el bronce pulido.

Bajo las alas surgían unas manos humanas; sus caras, las de los cuatro, estaban giradas hacia las cuatro direcciones.

Sus alas estaban una unida a la otra; no se volvían al caminar; iban de cara hacia adelante.

En cuanto al aspecto de sus caras era el siguiente: una era de hombre, y los cuatro tenían una cara de león a la derecha; y los cuatro tenían una cara de toro a la izquierda, y todos tenían una última cara de águila. Sus alas estaban desplegadas hacia arriba; cada uno de ellos tenía dos alas que se tocaban y dos alas que les cubrían el cuerpo; e iban todos hacia adelante; iban allí donde los llevaba el espíritu; no se giraban al caminar.

En medio de los animales aparecían como unas brasas, semejantes a antorchas, que iban y venían entre las bestias; y el fuego les lanzaba su resplandor, y del fuego salían chispas. Y los animales iban y venían, como un rayo.

Yo, mirándolos, descubría junto a cada uno de ellos una rueda. Esas ruedas parecían poseer el brillo de la crisolita. Las cuatro tenían el mismo aspecto y parecían haber sido constituidas una dentro de la otra. Avanzaban en cuatro direcciones y no se giraban al caminar. Su circunferencia parecía de gran tamaño, mientras que yo las miraba, y su circunferencia, la de las cuatro, estaba llena de ojos, a todo alrededor. Y cuando los animales avanzaban, las ruedas avanzaban cerca de ellos, y cuando los animales se erguían del suelo, las ruedas se elevaban con ellos. Allí donde iba el espíritu, las ruedas iban también, y se levantaban también, porque el espíritu del animal estaba en las ruedas. Cuando ellos avanzaban, ellas también lo hacían, y cuando se detenían, ellas también, y cuando se elevaban del suelo, las ruedas se elevaban también, porque el espíritu del animal estaba en ellas. Y lo que estaba en las cabezas del animal parecía una bóveda brillante como el cristal, tendida por encima de sus cabezas, y bajo la bóveda había dos alas, extendidas una hacia la otra; cada animal tenía dos, que le cubrían el cuerpo.

Y entonces oí el ruido de las alas como un ruido de río caudaloso, como la voz de Shaddaï, cuando caminaban, como estruendo de tormenta, como ruido de campamento; cuando se detenían, plegaban sus alas, y se producía un ruido.

La voz me dijo: «Hijo del hombre, ponte en pie, voy a hablarte». El espíritu entró en mí como me había dicho y me hizo tener en pie, y escuché a alguien que me hablaba. Me dijo: «Hijo del hombre, te envío hacia los hijos de Israel, hacia el pueblo rebelde que se ha levantado contra mí; ellos y sus padres se han levantado contra mí hasta hoy. Los hijos son de cabeza dura y corazón insensible; a ellos te envío para que les digas: "Así habla el Señor, Yahvé". Acaso te escuchen, o tal vez no, porque son gente rebelde, pero sabrán que hay un profeta entre ellos. Tú, hijo del hombre, no les temas, no tengas miedo de lo que dicen: "Te envolverán las zarzas y estarás sentado entre escorpiones". No temas sus palabras, no temas sus miradas, porque son gente rebelde. Les transmitirás mis palabras; acaso las escuchen, o tal vez no, porque son gente rebelde. Y tú, hijo del hombre, escucha lo que voy a decirte, no seas rebelde como esa gente. Abre la boca y come lo que te voy a dar».

Yo miraba; había una mano tendida hacia mí, sosteniendo un rollo. A continuación, lo desenrolló ante mí: estaba escrito por delante y por detrás; decía: «Lamentaciones, gemidos y quejas». Me dijo: «Hijo de hombre, aliméntate y sáciate con este rollo que te ofrezco». Me lo comí, y lo noté en mi boca con un sabor dulce como la miel.

Entonces me dijo: «Hijo del hombre, dirígete a la casa de Israel y llévales mis palabras. No eres enviado ante pueblos numerosos, de oscura habla y lengua bárbara, sino a la casa de Israel. No es de pueblos numerosos, de oscura habla y lengua bárbara, de quienes no escucharás palabras —si te enviara a ellos, te escucharían—, sino de la casa de Israel, que no quiere escucharte porque no quiere escucharme. Toda la casa de Israel presenta una frente dura y un corazón insensible. Pero yo te doy un rostro tan duro como el de ellos, tan duro como el diamante y el pedernal. No les temas, no muestres miedo ante ellos, porque no son más que gente rebelde».

Luego me dijo: «Hijo del hombre, guarda todas las palabras que voy a decirte en tu corazón, escúchalas con atención y vete hacia los exiliados, hacia tus compa-

triotas, para hablarles. Les dirás: "Así habla el Señor, Yahvé", acaso te escuchen, o tal vez no».

Entonces me arrebató el espíritu, y oí tras de mí un estruendo de fuerte tumulto: «Bendita sea la gloria de Yahvé, en su morada». Era el ruido que hacían las alas de los

> Por encima de la bóveda que estaba sobre sus cabezas, había algo así como una piedra de zafiro, en forma de trono, y sobre esa forma de trono, por encima, muy arriba, había un ser con apariencia humana. Entonces vi que había un brillo bermejo, y cerca había algo así como un fuego, alrededor, que surgía de lo que parecía ser su cintura, y por encima; y desde lo que parecía ser su cintura, y por abajo, vi algo así como un fuego, y un resplandor alrededor, parecido al arco que aparece entre las nubes, los días de lluvia, así era el resplandor, alrededor. Era algo que parecía la gloria de Yahvé. Yo miré y puse mi rostro hacia el suelo, cuando escuché una voz que hablaba.

animales cuando se daban una contra otra, y el ruido de las ruedas cerca de ellos, así como el ruido de un gran tumulto. Y el espíritu me arrebató y me elevó, y yo me fui, medio amargado y medio malhumorado mi corazón, y la mano de Yahvé pesaba fuertemente sobre mí. Llegué a los deportados de Tel-Abib, que habitaban la ribera del río Kebar, y estuve allí con ellos siete días, como atónito.
(Ezequiel 1, 4-28. 2. 3, 1-15)

Libro segundo de los Reyes

• *La ascensión de Elías, que tiene a Eliseo como sucesor*
Aconteció que, cuando quiso Yahvé arrebatar al cielo a Elías en un torbellino, salió Elías de Gálgata con Eliseo, y dijo a Eliseo: «Quédate aquí, te ruego, pues Yahvé me manda ir a Bétel». Pero Eliseo respondió: «Tan cierto como que vive Yahvé y vives tú, que no te dejaré». Bajaron ambos a Bétel. Los hermanos profetas que había en Bétel salieron al encuentro de Eliseo y le dijeron: «¿Sabes tú que Yahvé alzará hoy a tu señor sobre tu cabeza?». Él respondió: «Sí, lo sé; callad». Elías le dijo: «Eliseo, quédate aquí, te lo ruego, pues Yahvé me manda ir a Jericó». Él respondió: «Tan cierto como que vive Yahvé y vives tú, que no te dejaré». Y llegaron a Jericó. Los hermanos profetas que residen en Jericó se acercaron a Eliseo y le dijeron: «¿Sabes tú que Yahvé alzará hoy a tu señor sobre tu cabeza?». Dijo: «Ya lo sé; ¡silencio!». Elías dijo: «Quédate aquí, te lo ruego, pues Yahvé me manda ir al Jordán», pero él respondió: «Tan cierto como que vive Yahvé y vives tú, que no te dejaré», y se fueron los dos.

Cincuenta hermanos profetas acudieron y se detuvieron a distancia, de lejos, mientras que los dos se acercaban a la orilla del Jordán. Entonces, Elías tomó su manto, lo enrolló y tocó las aguas, que se partieron en dos, y ambos atravesaron sin mojarse. Cuando hubieron pasado, Elías dijo a Eliseo: «Dime, ¿qué puedo hacer por ti antes de ser alzado hoy y separado de ti?», y Eliseo respondió: «¡Que me llegue una doble parte de tu espíritu!», a lo que Elías dijo: «Me pides algo muy difícil: si me ves cuando sea elevado y alejado de ti, ocurrirá; si no, no ocurrirá». He aquí que mientras caminaban conversando, un carro de fuego con caballos de fuego se interpuso entre ambos, y Elías subió al cielo en un torbellino. Eliseo lo vio y gritó: «¡Padre mío! ¡Padre mío! ¡Carro de Israel y auriga suyo!». Luego ya no vio nada y, cogiéndose la túnica, la rompió en dos. Recogió el manto de Elías, que se le había caído, y volvió a la orilla del Jordán...».

(2 Reyes 2, 1-13)

El cristianismo

Es en Palestina, en la provincia romana de Judea, y en el contexto religioso del judaísmo, donde nace el cristianismo, estableciendo con el nacimiento de su profeta, Jesús de Nazaret, el inicio histórico de la era cristiana sobre la que se calcará de manera casi general el calendario del mundo occidental. Y esto, aunque sigue habiendo una franja dudosa entre los años 7 y 4 a. de C. acerca del nacimiento efectivo de Jesús, hijo de José y de María, en Belén, según las Escrituras.

La Iglesia cristiana nacerá, en realidad, hacia el año 30, después de la desaparición de Jesús, por impulso de los apóstoles (sus discípulos y testigos directos) y, sobre todo, luego, de Pablo (Saulo), después de la revelación y la iluminación que experimentó en el camino de Damasco. Tras proclamar la muerte, la Resurrección y la Ascensión de Jesús, Cristo (*Christos*, en griego: «Ungido por el Señor»), los apóstoles, en Pentecostés, recibirían el Espíritu Santo (o Paráclito), que les guiaría en la elaboración de lo que llegaría a ser el cristianismo, divulgando desde ese momento entre los judíos y los «gentiles» (los no judíos) la Buena Nueva del Evangelio.

Los textos cristianos, del Antiguo al Nuevo Testamento

La canonicidad de los textos cristianos necesitará casi cuatro siglos para constituirse. Tras excluir un determinado número de escritos como apócrifos, el canon del cristianismo descansaría en veintisiete textos llamados «del Nuevo Testamento», en oposición a la Tanakh judaica o Antiguo Testamento.

En primer lugar, aparecen los tres Evangelios sinópticos —porque se parecen en el fondo y en la forma— de los apóstoles Marcos, Mateo y Lucas, a los que se suma

EL CRISTIANISMO

el Evangelio de Juan. El de Marcos parece haber sido redactado hacia el año 70 d. de C.; los otros tres se extienden hasta finales del siglo I. El de Juan, que se expresa de manera diferente y está influenciado por las teorías platónicas y helenísticas,[5] es el último, y dará lugar más tarde a una determinada mística gnóstica cristiana.

Luego vienen los Hechos de los Apóstoles, atribuidos al redactor del Evangelio según San Lucas, las catorce Cartas de San Pablo (los textos más antiguos del cristianismo, ya que datan de los años 50-60 d. de C.), la Epístola de Santiago, las dos Epístolas de Pedro, las tres Epístolas de Juan, la Epístola de Judas y, por último, el Apocalipsis de San Juan, cuyo nombre, *apocalipsis*, significa «revelación» (del «Juicio Final» y de la «Parusía»).

Con el fin de constituir la Biblia cristiana, el canon se apoya también en el Antiguo Testamento —aunque Marción de Sínope se opone a ello muy pronto (en el siglo II)— y extrae de la tradición hebraica todo lo que de manera alegórica y profética anuncia la llegada del Mesías (*Masiah*, en hebreo: «Ungido por Dios»), que para los cristianos no puede ser más que el propio Jesucristo. El Antiguo Testamento canónico cristiano reúne cuarenta y seis libros bíblicos (históricos, poéticos, sapienciales y proféticos).

LA MISIÓN DE JESÚS DE NAZARET A TRAVÉS DE LOS EVANGELIOS

La infancia de Jesús

Según los Evangelios, Jesús nació en un simple establo en Belén. Su padre, José, era un modesto carpintero —aunque, según los evangelistas Mateo y Lucas, su genealogía lo hace descender de Abraham y David— y su madre, María, concibió a su hijo conservando su pureza virginal, de ahí el dogma proclamado más tarde de la «Inmaculada Concepción» mariana:

> «*Jesucristo fue concebido de la siguiente manera. Estando desposada su madre María con José, antes de que conviviesen, se halló que había concebido en su seno por obra del Espíritu Santo. Pero José, su esposo, que era justo y no quería denunciarla públicamente, deliberó repudiarla en secreto. Estando él en este pensamiento he aquí que un ángel del Señor se le apareció en sueños, diciendo: "José, hijo de David, no temas recibir a María tu esposa, porque lo que se ha engendrado en ella es obra del Espíritu Santo; y dará a luz un hijo, a quien pondrás por nombre Jesús, pues él salvará a su pueblo de sus pecados". Todo lo cual se hizo en cumplimiento de lo que había dicho el Señor por el profeta, que dice: Sabed que la virgen concebirá y parirá un hijo, a quien pondrán por nombre Emmanuel [Isaías 7, 14], que traducido significa "Dios con nosotros". Con eso, José, al despertarse, hizo lo que el ángel del Señor le había ordenado, y recibió a su esposa. Y, sin haberla conocido, ella dio a luz a su hijo primogénito, y le puso el nombre de Jesús*» (Mateo 1, 18-25).

---

5. Véase P. Rivière, *El gran libro de las civilizaciones antiguas*, Editorial De Vecchi, 2004.

San Lucas (1, 27-31), por su parte, evoca la concepción virginal de María mediante la intervención de la Anunciación del ángel Gabriel, que le predijo, acerca de Jesús: «"Este será grande, y será llamado Hijo del Altísimo, al cual el Señor Dios dará el trono de su padre David, y reinará en la casa de Jacob eternamente. Su reino no tendrá fin". Pero María dijo al ángel: "¿Cómo ha de ser esto?, pues yo no conozco varón". El ángel, en respuesta, le dijo: "El Espíritu Santo descenderá sobre ti, y la virtud del Altísimo te cubrirá con su sombra. Por cuya causa el santo que de ti nacerá será llamado Hijo de Dios"» (Lucas 1, 32-35).

De este modo quedó establecido de entrada el destino mesiánico de Jesús.

La tradición cristiana exige que después de que los pastores acudieran a adorar al Niño Jesús en su cuna (Lucas 2, 1-20), tres Reyes Magos procedentes de Oriente y guiados por una estrella vinieran a rendir homenaje a quien consideraban el futuro rey de los judíos, caudillo y pastor de Israel (Mateo 2, 1-6). Sin embargo, frente a la amenaza de un nacimiento así, el rey Herodes decidió exterminar a todos los recién nacidos hasta la edad de dos años: fue la «matanza de los inocentes».

Por fortuna, avisado previamente en sueños por el ángel del Señor, José había tomado la decisión de marchar inmediatamente a Egipto (fue el episodio bíblico de «la huida de la Sagrada Familia a Egipto») hasta la muerte de Herodes. Cuando regresaron, se instalaron en Nazaret, en Galilea.

En conformidad con la tradición judaica, Jesús recibió la circuncisión el octavo día después de su nacimiento (Lucas 2, 21) y le fue confirmado su nombre (*Ieshuah*, en hebreo: «salvador»).

De igual modo, como niño recién nacido, fue presentado en el Templo de Jerusalén, donde el profeta Simeón vio en él la «luz que ilumine las naciones y la gloria de tu pueblo» (Lucas 2, 32). Al verlo, la profetisa Ana glorificó a Dios; asimismo, habló del Niño Jesús a todos los judíos que esperaban la liberación de Jerusalén (Lucas 2, 36-39).

En su duodécimo año, la Sagrada Familia celebraba la Pascua en Jerusalén, como de costumbre. Jesús permaneció en el Templo mientras sus padres lo buscaban: «Y al cabo de tres días lo hallaron en el templo, sentado en medio de los doctores [de la Ley], a quienes ora escuchaba, ora les preguntaba. Y cuantos le oían quedaban pasmados de su sabiduría y de sus respuestas» (Lucas 2, 41-47).

El profeta Juan Bautista y el bautizo de Jesús

Si bien los cuatro evangelistas —Mateo, Marcos, Lucas y Juan— evocan a Juan Bautista, hijo de Zacarías e Isabel, es San Lucas quien especifica que era primo de Jesús. Tocos coinciden en describirlo en la edad adulta («el año quince del principado de Tiberio César, cuando Poncio Pilato era gobernador de Judea») como un asceta que lleva una vida de eremita, «la voz del que clama en el desierto» (Juan 1, 23), recorriendo el valle del Jordán y «predicando un bautismo de penitencia para la remisión de los pecados; como está escrito en el libro de las palabras del profeta Isaías: Preparad el camino del Señor...» (Lucas 3, 3).

En sus *Antigüedades judías* (18, V, 2, §§ 116-119), el historiador Flavio Josefo lo describe como un hombre honesto que exhortaba a los judíos a practicar la virtud, la justicia y la piedad. Además, profetizaba la llegada inminente del Reino de Dios y declaraba: «Yo en verdad os bautizo con agua, pero está por venir otro más poderoso que yo, al cual no soy yo digno de desatar la correa de sus zapatos; él os bautizará con el Espíritu Santo y con el Fuego» (Lucas 3, 16).

Entre la multitud que acudía de toda Palestina para recibir el bautizo de Juan Bautista en las aguas del Jordán estaba un día Jesús de Nazaret. «"Yo debo ser bautizado por ti, ¿y tú vienes a mí?". A lo cual respondió Jesús, diciendo: "Déjame hacer ahora, que así es como conviene que nosotros cumplamos toda justicia". Entonces Juan accedió. Bautizado pues Jesús, al instante que salió del agua se le abrieron los cielos y vio bajar al Espíritu de Dios en forma de paloma, y posarse sobre él. Y oyóse una voz del cielo que decía: "Este es mi Hijo amado, en quien tengo puesta mi complacencia"» (Mateo 3, 14-17).

San Juan, por su parte, pone las siguientes palabras en boca del profeta Juan Bautista: «Yo lo he visto, y por eso doy testimonio de que él es el Hijo de Dios» (Juan 1, 34).

Estos dos últimos versículos revelan la dignidad mesiánica que se atribuye a Jesús. Sin embargo, Juan Bautista lo había recibido ya como el Mesías de Israel, llegado para bautizar en el Espíritu Santo y el Fuego, como había profetizado antes (Lucas 3, 16).

«Después de esto se fue Jesús con sus discípulos a Judea, y allí moraba con ellos y bautizaba. Juan, asimismo, proseguía bautizando en Ennón, junto a Salim, porque allí había mucha abundancia de aguas, y concurrían las gentes, y eran bautizadas» (Juan 3, 22-23).

A partir de ese momento, Juan Bautista conocería un final muy triste, ya que acabó siendo apresado por las autoridades, y luego decapitado según el deseo de Salomé, hija de Herodías, a quien el tetrarca Herodes Agripa entregó la cabeza del profeta a cambio de sus voluptuosos encantos.

Sin embargo, Jesús «fue conducido al desierto por el Espíritu, para ser tentado por el Diablo (Satanás)» según especifica el Evangelio (Mateo 4, 1; Marcos 1, 12; Lucas 4, 1). Permaneció allí cuarenta días, resistiendo todas las seducciones y tentaciones de orgullo que le presentaba el demonio: primero le pidió que realizara milagros («Ordena que estas piedras se conviertan en panes»); luego que se lanzara al vacío, desde el tejado del Templo de Jerusalén («Si eres Hijo de Dios, lánzate»); y, por último, le ofreció el poder absoluto sobre todas las cosas («Todos los reinos del mundo con su gloria») con la condición expresa de que se postrara ante él.

Ministerio de Jesús y predicación de la Buena Nueva

Al enterarse del arresto de Juan Bautista, Jesús regresó a Galilea y, dejando Nazaret, se estableció en Cafarnaum, a orillas del mar. San Marcos escribe: «Él proclamaba en estos términos la Buena Nueva de Dios: "Se ha cumplido ya el tiempo, y el reino de Dios está cerca; haced penitencia y creed en la Buena Nueva"» (Marcos 1, 15). La esperanza del Evangelio (*euaggelion*, en griego) que proclamaba la llegada inminente del «Reino de Dios» respondía a la escatológica de los profetas de la tradición bíblica del Antiguo Testamento.

Jesús recluta a sus primeros discípulos entre los pescadores: Simón, su hermano Andrés, Santiago y su hermano Juan.

Inicia su predicación en la sinagoga de Cafarnaum y realiza un exorcismo, curando a un hombre que estaba poseído por un espíritu impuro (Mateo 1, 23-28). Seguirán otras curaciones milagrosas, de las que el Nuevo Testamento será testimonio con frecuencia: la suegra de Pedro (Mateo 8, 14; Marcos 1, 29-31; Lucas 4, 38); el hijo de un funcionario real en Caná (Juan 4, 43-54); un leproso (Mateo 8, 2-4; Marcos 1, 40-45; Lucas 5, 12-16); el paralítico de Cafarnaum (Mateo 9, 1-8; Marcos 2, 1-12; Lucas 5, 17-26); el hombre de la mano consumida (el día del sabbat) (Mateo 12, 9-13; Marcos 3, 1-5; Lucas 6, 6-10); la hemorroísa (Mateo 9, 20-22; Marcos 5, 24-34; Lucas 8, 43-48); dos ciegos (Mateo 9, 27-31); el paralítico de la piscina (el día del sabbat) (Juan 5, 1-18); un sordo tartamudo (Marcos 7, 31-37); el ciego de Betsaida (Marcos 8, 22-26); el ciego de nacimiento (el día del sabbat) (Juan 9, 1-40); un hidrópico (el día del sabbat) (Lucas 14, 1-6); diez leprosos (Lucas 17, 11-19); un ciego en Jericó (Mateo 20, 29-34; Marcos 10, 46-52; Lucas 18, 35-43); la oreja del criado del príncipe de los sacerdotes (Lucas 22, 50), a los que se suman las curaciones múltiples: en Galilea, enfermos y poseídos (Mateo 4, 23 s.; 8, 16 s.; 12, 15; Marcos 1, 32-34. 39; 3, 10; Lucas 4, 40 s.; 6, 18 s.); las buenas acciones del Mesías (Mateo 11, 2-6; Lucas 7, 18-23); todo tipo de enfermos (Mateo 14, 14; 15, 30 s.; 19, 2; Lucas 14, 35 s.; Marcos 6, 55 s.); a la entrada del Templo de Jerusalén (Mateo 21, 14), así como la liberación de los poseídos: un ciego y mudo (Mateo 12, 22; Lucas 11, 14); el endemoniado de Gerasa (Mateo 8, 28-34; Marcos 5, 1-20; Lucas 8, 36-39); un mudo (Mateo 9, 32-34); la hija de la cananea (Mateo 15, 21-28; Marcos 7, 24-30); un epiléptico (Mateo 17, 14-21; Marcos 9, 14-29; Lucas 9, 37-43); la mujer encorvada (el día del sabbat) (Lucas 13, 10-17).

Es con el Espíritu de Dios como expulsa los demonios (Mateo 12, 23-28; Marcos 3, 22-26; Lucas 11, 15-20). Por otra parte, Jesús, «habiendo convocado a sus doce discípulos, les dio potestad para expulsar los espíritus inmundos y curar todo tipo de dolencias y enfermedades. Los nombres de los doce apóstoles [literalmente, «enviados»] son estos. El primero, Simón, por sobrenombre Pedro, y Andrés, su hermano; Santiago, hijo de Zebedeo, y Juan, su hermano; Felipe y Bartolomé, Tomás y Mateo el publicano, Santiago, hijo de Alfeo, y Tadeo. Simón, el cananeo, y Judas Iscariote, el mismo que lo vendió» (Mateo 10, 1-4). Para la lista de apóstoles, consúltese también Marcos 3, 16-19 y Lucas 6, 13-16.

Jesús, después de abandonar Cafarnaum, recorrió Galilea en busca de todo tipo de judíos, «predicando en sus sinagogas y expulsando a los demonios» (Marcos 1, 39). El Maestro (Rabí) enseñaba también al aire libre; se refería a los profetas y a la historia bíblica en general, bajo la forma alegórica de numerosas parábolas: «Acercándose después sus discípulos, le preguntaban: "¿Por qué les hablas con parábolas?". A lo cual respondió: "Porque a vosotros se os ha dado conocer los misterios del Reino de los Cielos, mas a ellos no se les ha dado. (...) Por eso les hablo con parábolas: porque ellos, viendo, no miran, y oyendo, no escuchan, ni entienden. De manera que viene a cumplirse en ellos la profecía de Isaías, que dice:

Oiréis con vuestros oídos, y no entenderéis,
y por más que miréis con vuestros ojos, no veréis.
Porque ha endurecido este pueblo su corazón,
y ha cerrado sus oídos, y tapado sus ojos,
a fin de no ver con ellos,
ni oír con los oídos,
ni comprender con el corazón,
por miedo de que, convirtiéndose,
yo le dé la salud.
Dichosos vuestros ojos, porque ven, y dichosos vuestros oídos, porque oyen. Pues en verdad os digo que muchos profetas y justos ansiaron ver lo que vosotros veis y no vieron, y oír lo que oís, y no oyeron» (Mateo 13, 10-17).

Además, la parábola de la «sal de la tierra» concierne a los propios apóstoles, al establecer su futura misión de evangelización: «Vosotros sois la sal de la tierra. Y si la sal se hace insípida, ¿con qué se le devolverá el sabor? Para nada sirve ya, sino para ser arrojada y pisada por las gentes. Vosotros sois la luz del mundo. No se puede encubrir una ciudad edificada sobre un monte; ni se enciende la lámpara para ponerla debajo de un celemín, sino sobre un candelero, a fin de que alumbre a todos los de la casa. Brille así vuestra luz ante los hombres, de manera que vean vuestras buenas obras y glorifiquen a vuestro Padre, que está en los cielos» (Mateo 5, 13-16).

Jesús había pronunciado antes su «sermón de la montaña», que hablaba de las «ocho bienaventuranzas», prodigadas a quienes creen en Dios, en él y en la «Buena Nueva» del Evangelio:

«Bienaventurados los pobres de espíritu, porque de ellos es el Reino de los Cielos.
Bienaventurados los humildes, porque ellos heredarán la tierra.
Bienaventurados los que lloran, porque ellos serán consolados.
Bienaventurados los que tienen hambre y sed de justicia, porque ellos serán saciados por Dios.
Bienaventurados los misericordiosos, porque ellos alcanzarán misericordia.
Bienaventurados los limpios de corazón, porque ellos verán a Dios.
Bienaventurados los pacíficos, porque ellos serán llamados "hijos de Dios".
Bienaventurados los que padecen persecución por causa de la justicia, porque de ellos es el reino de los cielos.
Bienaventurados seréis cuando por mi causa os maldijeren, os persiguieren y dijeren toda suerte de calumnias contra vosotros. Alegraos y regocijaos, porque será grande vuestra recompensa en los cielos, pues del mismo modo persiguieron a los profetas que fueron antes que vosotros» (Mateo 5, 1-12; Lucas 6, 20-23).

Jesús insiste aquí en las virtudes de la simplicidad, la dulzura, la pureza, la misericordia, la humildad, la justicia y la paz, que deben manifestarse en todo aquel que cree en él.

El candor que radica en una disposición de espíritu así se halla evocada a propósito de la actitud que adopta para con los niños a fin de ilustrar el camino que debe seguirse: «Le presentaron a unos niños para que los tocase, pero los discípulos los reprendían. Viéndolo Jesús, se enojó y les dijo: "Dejad que los niños vengan a mí y no los estorbéis, porque de los que se asemejan a ellos es el reino de Dios. En verdad os digo: quien no reciba el reino de Dios como un niño, no entrará en él". Y, abrazándolos, los bendijo imponiéndoles las manos» (Marcos 10, 13-16).

La caridad y la humildad pueden observarse aquí, al igual que la simplicidad en el versículo siguiente: «Por aquel tiempo tomó Jesús la palabra y dijo: "Yo te alabo, Padre, Señor del cielo y de la tierra, porque ocultaste estas cosas a los sabios y discretos y las revelaste a los pequeñuelos"» (Mateo 11, 25; Lucas 10, 21-22).

Además, Jesucristo sustituyó la «ley del talión», de reciprocidad, del Antiguo Testamento, de manera general, por la «ley del Amor», que prevalece hacia y contra todo: «Habéis oído que se dijo: "Ojo por ojo y diente por diente". Pero yo os digo: "No resistáis al mal, y si alguno te abofetea en la mejilla derecha, dale también la otra; y al que quiera litigar contigo para quitarte la túnica, déjale también el manto, y si alguno te requisara para una milla, vete con él dos. Da a quien te pida y no vuelvas la espalda a quien desea de ti algo prestado. Habéis oído lo que fue dicho: Amarás a tu prójimo y aborrecerás a tu enemigo. Pero yo os digo: Amad a vuestros enemigos y orad por los que os persiguen, para que seáis hijos de vuestro Padre, que está en los cielos, que hace salir el sol sobre los malos y buenos y llueve sobre justos e injustos. Pues si amáis a los que os aman, ¿qué recompensa tendréis? ¿No hacen esto también los publicanos? Y si saludáis solamente a vuestros hermanos, ¿qué hacéis de más? ¿No hacen eso también los gentiles? Sed, pues, perfectos, como perfecto es vuestro Padre celestial"» (Mateo 5, 38-48; Lucas 6, 27-36).

Jesús enseña, además, a ayunar en secreto, a practicar discretamente la caridad, sin ostentación, y a rezar en secreto: «Tú, cuando ores, entra en tu cámara y, cerrada la puerta, ora a tu Padre, que está en lo secreto; y tu Padre, que ve en lo escondido, te recompensará» (Mateo 6, 6). Luego, Jesús enseña la oración de Dios, el padrenuestro *(véase más abajo)*.

Jesús predica por otra parte la «vida eterna» para todos los que se acomodan a la voluntad de Dios y siguen los preceptos de Cristo: «A la manera que Moisés levantó la serpiente en el desierto, así es preciso que sea levantado el Hijo del hombre, para que todo el que creyere en Él tenga la vida eterna» (Juan, 14-15), así le es dicho a Nicodemo.

Al tiempo que traía la Buena Nueva, Jesucristo realizaba múltiples milagros, relacionados no sólo con las curaciones físicas o espirituales, sino también con los elementos astrales.

San Juan narra, al principio de su Evangelio, las bodas de Caná, a las que Jesús y María, su madre, fueron invitados. El vino de las bodas pronto se acabó. Jesús hizo llenar seis jarras de agua y la transformó en vino (Juan 2, 1-11).

Jesús, con su presencia, permitió a Simón Pedro efectuar una verdadera «pesca milagrosa» en el lago de Genesaret (Lucas 5, 1-11). Por último, Jesús permitió a los apóstoles una segunda «pesca milagrosa» en el lago de Tiberíades, después de su resurrección (Juan 21, 3-14).

Jesús calmó una tormenta que se había levantado en el mar, para gran estupefacción de los discípulos, que sentían una gran admiración por él (Mateo 8, 23-27; Marcos 4, 35-41; Lucas 8, 22-25).

Jesús realizó por primera vez la «multiplicación de los panes». De cinco panes y dos peces iniciales, obtuvo una cantidad suficiente para saciar a la numerosa multitud que había acudido al lugar (Mateo 14, 13-21; Marcos 6, 30-44; Lucas 9, 10-17; Juan 6, 1-13).

Jesús efectuó una segunda «multiplicación de los panes». A fin de saciar el hambre de la multitud que había acudido a escucharlo por tres días enteros, Jesús tomó siete panes y unos peces y multiplicó los alimentos después de dar gracias a Dios (Mateo 15, 32-38; Marcos 8, 1-10).

Jesús «caminó sobre las aguas» y llegó hasta la barca en la que estaban sus discípulos (Mateo 14, 22-23; Marcos 6, 45-52).

Jesús hizo que se secara una higuera llena de hojas que había en su camino (Mateo 21, 18-21; Marcos 11, 12-14).

Jesús hizo también el prodigio o misterio glorioso de la «transfiguración», apoyándose siempre en la Ley y la palabra de los profetas, según sus propias palabras: «No penséis que he venido a abrogar la Ley o los Profetas; no he venido a abrogarla, sino a consumarla» (Mateo 5, 17). «Tomó Jesús a Pedro, a Santiago y a Juan, su hermano, y los llevó aparte, a un monte alto. Y se transfiguró ante ellos; brilló su rostro como el sol y sus vestidos se volvieron blancos como la luz. Y se les aparecieron Moisés y Elías hablando con él. Tomando Pedro la palabra, dijo a Jesús: "Señor, ¡qué bien estamos aquí! Si quieres, haré aquí tres tiendas: una para ti, una para Moisés y otra para Elías". Aún estaba él hablando, cuando los cubrió una nube resplandeciente, y salió de la nube una voz que decía: "Este es mi Hijo amado, en quien tengo mi complacencia; escuchadle". Al oírla, los discípulos cayeron sobre su rostro, sobrecogidos de gran temor. Jesús se acercó, y tocándolos dijo: "Levantaos, no temáis". Alzando ellos los ojos, no vieron a nadie, sino sólo a Jesús. Al bajar del monte, les mandó Jesús, diciendo: "No deis a conocer a nadie esta visión hasta que el Hijo del hombre resucite de entre los muertos". Le preguntaron los discípulos: "¿Cómo, pues, dicen los escribas que Elías tiene que venir primero?". Él respondió: "Elías, en verdad, está para llegar, y restablecerá todo. Sin embargo, yo os digo: Elías ha venido ya, y no le reconocieron; antes hicieron con él lo que quisieron; de la misma manera el Hijo del hombre tiene que padecer de parte de ellos". Entonces entendieron los discípulos que les hablaba de Juan el Bautista» (Mateo 17, 1-13; Marcos 9, 2-8; 9, 9-13; Lucas 9, 28-36).

Jesucristo había regresado a Judea después de recorrer Galilea y Samaria, y los fariseos y los saduceos desconfiaban de él a causa de su notoriedad, adquirida por los numerosos milagros que se le atribuían. Los primeros le reprochaban, además, las libertades que parecía tomarse para con la Torá; los segundos temían problemas, o un levantamiento de la población que aclamaba a su Mesías, que había llegado para liberarla de la opresión romana, a la manera de los zelotes revolucionarios.

Antes de su entrada en Jerusalén, San Juan evoca el pasaje de Jesús en Betania y la «resurrección de Lázaro» (Juan 11, 1-44), que llevó a cabo milagrosamente, al igual que había realizado anteriormente la de la hija de Jairo (Mateo 9, 18. 23-26) y la del hijo de la viuda de Naím (Lucas 7, 11-17). Estas resurrecciones prefiguran la suya misma, que Jesucristo había anunciado ya en varias ocasiones (Mateo 16, 21; 17, 9. 22).

Jesús decidió penetrar en la ciudad santa, en conformidad con las profecías de Isaías (62, 11) y Zacarías (9, 9), subrayando la humildad pacífica que posee el soberano Mesías: «Decid a la hija de Sión: aquí viene tu Rey a ti, modesto, montado en una burra, y un borriquillo, cría de una bestia de carga». La gente, reunida en multitudes, se postraba y extendía sus mantos sobre el camino, y blandía ramas en signo de aclamación. Así fue como aquel en quien las autoridades religiosas no veían más que un eventual promotor de disturbios acababa de hacer entrada en Jerusalén.

Además, Jesús expulsó a los vendedores y cambiadores de moneda del Templo, a los que calificó de comerciantes y ladrones sacrílegos: «Escrito está: "Mi casa será llamada casa de oración, pero vosotros la habéis convertido en cueva de ladrones". Llegáronse a Él ciegos y cojos en el templo y los sanó. Viendo los príncipes de los sacerdotes y los escribas las maravillas que hacía y a los niños que gritaban en el templo y decían "¡Hosanna al Hijo de David!", se indignaron y le dijeron: "¿Oyes lo que estos dicen?"» (Mateo 21, 13-16).

A ello Jesucristo añadió también críticas referentes a la hipocresía y la vanidad de los escribas y los fariseos: «En la cátedra de Moisés se han sentado los escribas y los fariseos. Haced, pues, y guardad lo que os digan, pero no los imitéis en las obras, porque ellos dicen y no hacen» (Mateo 23, 2-3). «No os hagáis llamar doctores, porque uno solo es vuestro Doctor, el Mesías. El más grande de vosotros sea vuestro servidor» (Mateo 33, 10-11).

Siguieron luego siete maldiciones contra los escribas y los fariseos: «¡Ay de vosotros, escribas y fariseos, hipócritas, que cerráis a los hombres el Reino de los Cielos! Ni entráis vosotros ni permitís entrar a los que querrían entrar» (Mateo 23, 13-14; Lucas 11, 39-48. 52).

Mientras los judíos, bajo dominio romano, se preparaban para celebrar la Pascua, el sumo sacerdote Caifás urdió un complot con la intención de hacer que se detuviera a Jesús de Nazaret como un falso profeta impostor que se proclamaba Mesías «rey de los judíos», porque lo creían en el fondo un agitador que ponía en duda la autoridad romana del emperador Tiberio, delegada en el procurador Pilato para Judea, como un activista político cercano a los zelotes. La expresión utilizada por Jesús de «restauración del Reino» estaba entendida políticamente aquí como referente al reino de Israel.

Jesús evocaba el «Juicio Final» con los siguientes términos: «Cuando el Hijo del hombre venga en su gloria y todos los ángeles con Él, se sentará sobre su trono de gloria, y se reunirán en su presencia todas las gentes, y separará a unos de otros, como el pastor separa a las ovejas de los cabritos, y pondrá las ovejas a su derecha y los cabritos a su izquierda. Entonces dirá el Rey a los que están a su derecha: "Venid, benditos de mi Padre, tomad posesión del reino preparado para vosotros desde la creación del mundo"» (Mateo 25, 31-34).

Este tema escatológico será retomado en el Apocalipsis de San Juan. Luego, notando su fin próximo y adivinando que Judas, uno de los doce, iba a traicionarlo, se apresuró a celebrar la Pascua la noche antes con sus apóstoles, con el fin de sustituir místicamente su cuerpo y su sangre por el tradicional pan ácimo y el cordero pascual. Después de lavar él mismo los pies a los apóstoles como símbolo de humildad, procedió a la celebración eucarística de la Cena, durante la cual «tomó pan, lo bendijo, lo partió y, dándoselo a los discípulos, dijo: "Tomad y comed; este es mi cuerpo". Y, tomando un cáliz y dando gracias, se lo dio, diciendo: "Bebed de él todos, que esta es mi sangre de la alianza, que será derramada por muchos para remisión de los pecados. Yo os digo que no beberé más de este fruto de la vid hasta el día en que lo beba con vosotros de nuevo en el Reino de mi Padre"» (Mateo 26, 26-29; Marcos 14, 22-25).

San Lucas, por su parte, insiste en la institución sacramental eucarística de la «Nueva Alianza» con Dios y su conmemoración futura planteada por el «haced esto en memoria mía» (Lucas 22, 19-20).

Después de haber rezado y meditado en compañía de los apóstoles dormidos, en el jardín de Getsemaní, en el monte de los Olivos: «Triste está mi alma hasta la muerte; quedaos aquí y velad conmigo» (Mateo 26, 38), Jesús fue arrestado por las autoridades tras la traición de Judas. Fue conducido ante el sanedrín judío, donde el sumo sacerdote Caifás lo interrogó así: «"Te conjuro por Dios vivo a que me digas si eres tú el Mesías, el Hijo de Dios". Díjole Jesús: "Tú lo has dicho. Y yo os digo que un día veréis al Hijo del hombre sentado a la diestra del Poder y venir sobre las nubes del cielo"» (Mateo 26, 63-64). A esto Caifás replicó que era un blasfemador y Jesús fue llevado ante el gobernador de Judea, Poncio Pilato. Este lo interrogó sobre el punto principal: «"¿Eres tú el rey de los judíos?". Respondió Jesús: "¿Por tu cuenta dices eso o te lo han dicho otros de mí?". Pilato contestó: "¿Soy yo judío, por ventura? Tu nación y los pontífices te han entregado a mí; ¿qué has hecho?". Jesús respondió: "Mi reino no es de este mundo; si de este mundo fuera mi reino, mis ministros habrían luchado para que no fuese entregado a los judíos; pero mi reino no es de aquí"» (Juan 18, 33-36).

Y a pesar de estas declaraciones altamente místicas que no implicaban ningún carácter político ni reivindicaban ninguna subversión de tipo zelote, Jesús fue condenado a muerte por Pilato, por sedición, bajo la presión de los judíos, según los Evangelios.

Su «pasión» se inició en la aurora: pasó por el sufrimiento de la flagelación y de la corona de espinas, así como por humillaciones por parte de sus verdugos; Jesús llevó la cruz hasta el calvario y acabó sucumbiendo atrozmente a un suplicio después de su crucifixión, en el Gólgota.

La Resurrección de Cristo. De la espera del «Reino de Dios» al establecimiento de la Iglesia primitiva

Al día siguiente de la crucifixión, «reunidos los príncipes de los sacerdotes y los fariseos ante Pilato, le dijeron: "Señor, recordamos que ese impostor, vivo aún, dijo: 'Después de tres días resucitaré'. Manda, pues, guardar el sepulcro hasta el día tercero, no sea que vengan sus discípulos, lo roben y digan al pueblo: 'Ha resucitado de entre los muertos'. Y será la última impostura peor que la primera"» (Mateo 26, 62-64).

Pilato accedió a su petición y mandó proteger y sellar con una gran piedra el sepulcro, que según San Mateo (Mateo 27, 57-59) pertenecía al rico José de Arimatea, miembro del sanedrín judío, pero también discípulo en secreto de Jesús, que había llegado a reclamar el cuerpo del divino Maestro para sepultarlo, junto con Nicodemo, que poseía cien libras de áloe y mirra para embalsamar el cuerpo del difunto, según las costumbres funerarias judías (Juan 19, 39-40).

El tercer día, a la aurora, María Magdalena se dirigió a la tumba y constató que la piedra que obstruía la entrada había sido desplazada. Entonces corrió en busca de Simón, Pedro y Juan para comunicárselo. Estos acudieron a la tumba con ella y de inmediato descubrieron que estaba vacía, y que sólo quedaban dentro el sudario y las fajas, en el suelo. Sin embargo, se le aparecieron dos ángeles a María Magdalena, que sollozaba, y le dijeron: «"¿Por qué lloras, mujer?". Ella les dijo: "Porque han tomado a mi Señor y no sé dónde lo han puesto". Diciendo esto, se volvió para atrás y vio a Jesús que estaba allí, pero no conoció que fuese Jesús. Le dijo Jesús: "Mujer, ¿por qué lloras? ¿A quién buscas?". Ella, creyendo que era el hortelano, le dijo: "Señor, si te lo has llevado tú, dime dónde lo has puesto, y yo lo tomaré". Díjole Jesús: "¡María!". Ella, volviéndose, le dijo en hebreo: "¡Rabboni!", que quiere decir Maestro. Jesús le dijo: "No me toques, porque aún no he subido al Padre"» (Juan 20, 13-17). María Magdalena marchó en seguida a anunciar la Resurrección de Cristo a sus discípulos, a los que, por otra parte, según San Juan, Jesús se apareció esa misma noche, llenándolos de gozo. Él les dijo entonces: «"Como me envió mi Padre, así os envío yo". Diciendo esto, sopló y les dijo: "Recibid el Espíritu Santo; a quien perdonéis los pecados, les serán perdonados por Dios; a quienes se los retengáis, les serán retenidos por Dios"» (Juan 20, 21-23).

Este testimonio de la Resurrección de Cristo es asegurado por sus discípulos, a pesar de las versiones algo diferentes que se leen en los otros evangelistas, principalmente en San Mateo, donde Jesús se encuentra a los apóstoles en Galilea, ya que los ha precedido (Mateo 28, 16-20), y en San Lucas, donde Cristo resucitado se aparece a los «Peregrinos de Emaús» (Lucas 24, 13-34). Además, según este Evangelio, Jesucristo deja a los apóstoles llevando a cabo su «Ascensión»: «Los llevó hasta cerca de Betania, y levantando sus manos les bendijo, y mientras los bendecía se alejaba de ellos y era llevado al cielo» (Lucas 24, 50-52). El Evangelio según San Marcos también hace alusión a la Ascensión de Cristo (Marcos 16, 19), al igual que el primer capítulo de los Hechos de los Apóstoles.

Jesucristo había anunciado a los apóstoles, el día anterior a su Pasión, la llegada inminente del Espíritu Santo (el Paráclito) después de su marcha: «(...) os conviene que yo me vaya. Porque si no me fuere, el Abogado no vendrá con vosotros; pero si me fuere, os lo enviaré» (Juan 16, 7). En los Hechos de los Apóstoles, atribuidos a San Lucas, este nos comunica que después de la desaparición de Jesucristo, el día de Pentecostés, los discípulos estaban reunidos esperando la llegada inminente del «Reino de Dios», cuando «se produjo de repente un ruido, proveniente del cielo, como el de un viento que sopla impetuosamente, que invadió toda la casa en que residían. Aparecieron, como divididas, lenguas de fuego, que se posaron sobre cada uno de ellos, quedando todos llenos del Espíritu Santo; y comenzaron a hablar en lenguas extrañas (...)» (Hechos de los Apóstoles 2, 1-4).

Fue el hecho fundador de la Iglesia (del griego *ekklesia*: «asamblea») de Cristo. De todos los apóstoles, fue San Pedro quien asumiría la dirección, según la palabra de Cristo: «Tú eres Pedro *(Cephas)*, y sobre esta piedra edificaré yo mi Iglesia» (Mateo 16, 18); y los Hechos de los Apóstoles narran el establecimiento de la Iglesia cristiana, siempre a la espera del «Reino de Dios» y de la segunda llegada o el regreso de Cristo (la Parusía), como la anunciaron dos ángeles, después de su Ascensión: «(...) Ese Jesús que ha sido arrebatado de entre vosotros al cielo, vendrá como le habéis visto ir al cielo» (Hechos de los Apóstoles 1, 10-11).

Al igual que la secta judía mesiánica y apocalíptica contemporánea de los esenios de Qumram —de la que ahora sólo se conservan algunos textos fundamentales desde el descubrimiento en 1947 de los manuscritos del mar Muerto, que deben sumarse al testimonio de Flavio Josefo—, los apóstoles de Jesucristo proclamaban la «Nueva Alianza» con Dios, ponían todos sus bienes en común, practicaban el bautizo, exaltaban la Luz divina *(véase San Juan)*, a pesar de las grandes diferencias esenciales que no podemos exponer en la presente obra. La comunidad cristiana de Jerusalén, bajo la égida de Pedro y Santiago, el hermano de Jesús, conmemora la Cena por la «partición del pan» (el ágape), bautiza y divulga la enseñanza de Jesucristo, pero se organiza en el marco y el respeto de la Ley mosaica, practicando la circuncisión de los niños, las purificaciones rituales, el reposo el día del sabbat y las oraciones en el Templo. A pesar de ello, suscita cierta hostilidad por parte de los saduceos y de los príncipes de los sacerdotes del Templo. Pedro y Juan serán arrestados y tendrán que comparecer ante el sanedrín; luego, todos los apóstoles; al final serán puestos en libertad. La actitud de los fariseos para con ellos fue más suave. En efecto, distinguían entre ellos a los convertidos a la fe cristiana de raíz jerusalemita (los hebreos), respetuosos de la Ley mosaica, que toleraban como una secta judaica, de los judíos o prosélitos convertidos relacionados con la diáspora judía (los helenistas, que hablaban griego), que rechazaban alejarse de la Torá y del Templo. Esteban, que pertenecía a estos últimos y que deploraba la muerte de los profetas, preconizaba que debían tomarse distancias con el Templo, de modo que fue lapidado en el año 36, convirtiéndose así en el primer mártir cristiano; ese mismo día, los helenistas fueron expulsados de Jerusalén, a los campos de Judea y Samaria. Mientras que los hebreos más legalistas se mostraban más como «judeocristianos» —Pedro vinculaba sin cesar la Buena Noticia de Cristo a las profecías del Antiguo Testamento—, los helenistas eran más sensibles a una cristología de influencia platónica espiritual —relacionada con los arquetipos—, donde más tarde el Verbo divino *(véase San Juan, Prólogo)* se asociaría a la noción de *logos* de los griegos.

Y fue en este clima de tensión surgido entre las dos corrientes donde un judío de la diáspora, de nombre Saulo, originario de Tarso, discípulo del fariseo Gamaliel y que había aprobado la lapidación de Esteban y las primeras persecuciones, tuvo una visión fulgurante de camino a Damasco. Cayó al suelo y escuchó una voz que le decía: «"Saulo, Saulo, ¿por qué me persigues?". Él contestó: "¿Quién eres, Señor?". Y Él: "Yo soy, Jesús, a quien tú persigues. Levántate y entra en la ciudad, y se te dirá lo que has de hacer". Los hombres que le acompañaban quedaron atónitos oyendo la voz, pero sin ver a nadie. Saulo se levantó de tierra, y con los ojos abiertos, nada veía. Lo llevaron de la mano y lo introdujeron en Damasco, donde estuvo tres días sin ver y sin comer ni beber». Finalmente, Saulo recuperó la vista gracias a Ananías, inspirado por Cristo, que le impuso las manos. «Al punto (...) fue bautizado, tomó alimento y se repuso» (Hechos de los Apóstoles 9, 3-5. 18-19; véanse también 22, 4-21; 26, 12-20). Convertido en Pablo, reivindicó ser apóstol de Cristo resucitado, glorificado por su Resurrección, aunque no había conocido a Jesús vivo. Emprendió la redacción de catorce Cartas[6] hacia el año 50 d. de C., cartas que son los documentos más antiguos que relatan la historia del cristianismo, puesto que los Hechos de los

---

6. Algunas cartas, especialmente las dirigidas a los efesios y a los colosenses, parecen no ser suyas, sino haber sido compuestas por un continuador, respetando el sentido de la inspiración paulina.

Apóstoles, atribuidos a Lucas, que narran también la actividad misionera de Pablo (15 de los 28 capítulos), datan de la siguiente generación.

San Pablo desarrolla en sus *Cartas* una cristología de la Resurrección y de la Redención: Dios ha enviado a su Hijo, el Mesías anunciado por los profetas, para liberar a la humanidad del pecado y la muerte. Es la proclamación *(kerygma)* de «la vida eterna en nuestro Señor Jesucristo» (Romanos 6, 23). Además, San Pablo se dedica a la conversión de los «gentiles» (los no judíos) y realiza varios viajes con este fin, partiendo de Antioquía, donde sería fundada la Iglesia por Pedro.

Después de pasar dos años en Asia Menor, hacia el año 48 embarca con rumbo a Europa. Con sus compañeros y, principalmente, con Bernabé, constituirá las comunidades de Filipos, Tesalónica y Corinto. Predica al Resucitado que se expresa en él (2 Corintios 13, 3; 1 Corintios 2, 16). Por el bautizo (en el Santo Espíritu), el convertido es sepultado en Jesucristo y reviste al Cristo resucitado con una vida nueva (2 Corintios 5, 17). El valor sacramental es aquí diferente al de la simple purificación que podríamos encontrar, por ejemplo, en el bautizo de los esenios. Igualmente, en el sacramento de la eucaristía, el cristiano, por la comunión con el pan y el vino consagrados, accede al cuerpo y la sangre místicos de Cristo (1 Corintios 10, 16-17). Mediante la identificación mística con Cristo tiene lugar la salvación, que, por otra parte, es un don gratuito de Dios, que procura «la vida eterna en nuestro Señor Jesucristo» (Romanos 6, 23). En esta carta, San Pablo desarrolla la teología de la «gracia» (Romanos 3, 24; 6; 14, 23) y la redención del género humano a través de la Cruz. Los helenistas hallaban en ello rienda suelta a sus esperanzas.

Y todo esto mientras la corriente de los judeocristianos hebreos inscribía al cristianismo en el estricto respeto del judaísmo representado por las prescripciones de la Torá y las obligaciones del Templo. Así, para Pedro y Santiago, cuando organizaron en el año 49 la reunión de la comunidad cristiana, considerada en ocasiones el primer Concilio de Jerusalén, la cuestión era saber si los paganos deseosos de convertirse al cristianismo tenían que hacerse circuncidar y conformarse con una alimentación *kasher* para poder celebrar «la partición del pan», considerando que la confesión cristiana no era, a fin de cuentas, más que una rama de la religión mosaica. Se llegó a un acuerdo (sin duda en ausencia de Pablo) para un retorno al régimen de los preceptos de tiempos de Noé, según los cuales los paganos convertidos sólo estaban obligados a abstenerse de «carnes inmoladas a los ídolos, de sangre y de lo ahogado, y de la fornicación». En cuanto a la circuncisión, San Pablo impuso su punto de vista al rechazar su necesidad para convertirse en cristiano, y que, al no ser más que el signo de una conversión interior, la «circuncisión del corazón» es substituida aquí por la Fe *(véase Gálatas)*.

De este modo, el cristianismo adquirió mayor impulso entre los paganos convertidos que entre los judíos jerusalemitas o de la diáspora. Procurando respetar una teología bíblica, San Pablo desarrolló fácilmente su concepción de los «carismas» recibidos del Espíritu Santo: dones de curación, de profecía, de lenguas, de obrar milagros, de gracia y caridad absoluta, etc., conformes a la búsqueda del *enthusiasmos* en las poblaciones helenísticas, al igual que la del «hombre físico» inferior al ser espiritual *(neumático)* que conviene alcanzar, hasta el «Cuerpo de Gloria» *(aurae gloriae)* del que las almas quedarán revestidas después de la Resurrección de los muertos.

Después de evangelizar en Corinto, Éfeso, Macedonia y Grecia, San Pablo se dirigió a Jerusalén y recorrió la cuenca mediterránea antes de ir a Roma, hacia el año 60, donde lo había precedido Pedro. Poco tiempo más tarde, ambos sufrirían el martirio, por parte del emperador Nerón (autor de las posteriores persecuciones de los primeros cristianos). De hecho, ese sería el funesto destino de los Apóstoles, como Santiago, que representaba a la Iglesia de Jerusalén y acabaría lapidado por orden del sanedrín en el año 62 d. de C.

A la espera de la llegada del «Reino de Dios», los primeros cristianos se organizaron en comunidades. Tras una revuelta de los judíos potenciada por los zelotes, ocurrida en el año 66, los romanos iniciaron la represión, que se terminaría con la destrucción del Templo el año 70, con la llegada de Tito, que saqueó la ciudad santa. Con la pérdida del Templo, los fariseos se vieron obligados a reorganizar de inmediato la comunidad judía a través del rabinismo (Rabí Jochanan ben Zaccai), mientras que los cristianos quedarían excluidos, separándose del destino nacional de Israel. Los miembros de la Iglesia de Jerusalén, fundada por Santiago, el hermano del Señor, se desplazarán hacia Oriente, hasta Siria, Asia Menor y Arabia. Su emancipación, iniciada por San Pablo, iba a permitirle sobrevivir, o incluso extenderse considerablemente gracias a la conversión de muchísimos paganos. Sin embargo, esta separación no permitiría inducir más que la filiación original: judaísmo-cristianismo era contranatural. De hecho, ¿no llegó el apologista Justino (en el siglo II) a pretender que el cristianismo es «el auténtico Israel» *(Verus Israel)*, reconociendo en Jesús de Nazaret al Mesías de Israel esperado, conforme a la Torá y predicado por los profetas? Cabe decir que para Justino también se trataba de oponerse —victoriosamente, por otra parte— al cristiano gnóstico Marción de Sínope, quien, en su concepción teológica, había llegado a separar el Antiguo Testamento del Nuevo Testamento, afirmando que el primero hacía alusión a un «Dios celoso y rencoroso», mientras que el segundo evocaba a un «Dios de amor», pareciendo ambas nociones irreductibles. Por otra parte, además de estas consideraciones bíblicas, para los primeros Padres de la Iglesia se trataba de conciliar una «teología pobre» (la corriente judaizante) y una «teología rica» (la corriente platónica) sobre el telón de fondo de los debates de Antioquía. La cristología «pobre» parece estar vinculada al propio Pedro (Hechos de los Apóstoles 2, 22-36; 10, 38) hasta los ebionitas, que niegan asimismo la teología de Pablo y ven en Jesús sólo un hombre. Tres textos del obispo Teófilo de Alejandría lo ilustran *(Pour Autolycos)*. Esto estaría en la base de lo que sería denunciado más tarde con el título de «adopcionismo»,[7] según el cual Jesús había nacido como hombre y no sería adoptado como Hijo de Dios hasta el momento de su bautismo en el Jordán. Por el contrario, la cristología «rica» de influencia platónica alejandrina, vinculada al concepto de *Logos*, exaltaba la divinidad de Cristo y está representada por Ignacio y Tatiano.

Además, la Iglesia en gestación se veía obligada a condenar por herejía de los diferentes movimientos «dualistas» concepciones a veces muy sofisticadas, que cubrían el término de *gnósticas*, cuya lista había inaugurado Marción, después de

---

7. El adopcionismo fue considerado herejía, y por tanto condenado, en la persona de Pablo de Samosata, obispo de Antioquía (264-268).

que Simón el Mago hubiera sido ya combatido por Pedro (en los Hechos de los Apóstoles), pasando por Valentín, Basílides, y llegando más tarde hasta el maniqueísmo. Ireneo de Lyon (siglo II) e Hipólito de Roma (siglo III) hicieron frente al gnosticismo y rechazaron estos diferentes movimientos por considerarlos heréticos *(Adversus Haereses)*. No obstante, Clemente de Alejandría no dudó en reivindicar una cierta «gnosis cristiana» constituida por conocimientos místicos transmitidos oralmente por Jesucristo a los apóstoles y perpetuados tradicionalmente desde entonces: «El Señor nos ha permitido comunicar estos misterios divinos y esta sagrada luz a quienes sean capaces de recibirlos» (Stromates, I, I, 13).

Fuertemente impregnado del neoplatonismo floreciente en Alejandría, Orígenes es el alumno de Clemente de Alejandría, cuyas concepciones comparte. Ordenado sacerdote en Cesarea, se opone al gnosticismo, pero cree en la preexistencia de las almas, mientras que es el «traducionismo» de Tertuliano el que prevalece en la Iglesia, esto es, una nueva alma está generada por la copulación física de los padres. Es más, está en el origen del principio de «apocatástasis», que defiende la reintegración de todas las almas al final de los tiempos.[8] Además, evoca la unión mística y extática con Dios. Y si bien la obra teológica y catequística de Orígenes se reveló considerable y aclaró todos los puntos de la doctrina, siendo, por otra parte, autor de un excelente tratado sobre la plegaria, sería condenada en el año 231 por Demetrio, el obispo de Alejandría.

LA IGLESIA CATÓLICA ROMANA Y LA IGLESIA ORTODOXA DE ORIENTE

El Concilio de Nicea

A pesar de las persecuciones que vivieron en Roma los primeros cristianos, por Nerón, Septimio Severo, Decio, porque se negaban a celebrar el culto imperial, las conversiones iban a buen paso. Fuerte con sus mártires y confesores, la Iglesia, que gozaba de un periodo de calma (260-303), extendía su tradición apostólica, que ya no se apoyaba exclusivamente en los textos canónicos (los Evangelios y los Hechos de los Apóstoles), sino también en textos como *El Evangelio de la Verdad, El Evangelio de Tomás, El Evangelio del seudoMateo, Los Hechos de Pedro, Los Hechos de Juan*, etc., algunos de los cuales serían considerados más tarde como apócrifos y que enriquecían la gnosis cristiana, suscitando nuevas conversiones. La primera persecución, la más sangrienta, fue la de Diocleciano (303-305), pero esta vez la opción pública se mostró menos hostil con los cristianos, ya que se había dejado influenciar por Aureliano (270-275), que deseaba integrar el pasado prestigioso de Roma en el marco de una religión solar (*Sol Invictus*, el sol triunfante) de estructura monoteísta y universal, federadora. El emperador Constantino (306-337) consideró que este «sol invencido» no podía ser más que un símbolo que manifestaba la omnipotencia del Dios supremo. Según Lactancio y Eusebio de Cesarea, tuvo entonces una visión mística en la que el *labarum* (crisma que constituía la cruz) se le apareció. Y mientras que en Antioquía y Alejandría la comunidad de

---

8. Véase P. Rivière, *Réflexions sur la mort* (obra colectiva), Éditions De Vecchi, 2002.

cristianos se afirmaba como la más importante, Constantino, que se convirtió posteriormente, decidió convertir el cristianismo en la religión oficial del Imperio romano (lo cual tendría lugar bajo Teodosio, en el año 380), representada por el sucesor de San Pedro, obispo de Roma (entonces «primero entre sus pares»), como origen del papado futuro que expresa la soberanía pontificia.

Constantino convocó, además, el primer concilio ecuménico, celebrado en Nicea, en Asia Menor, del 19 al 25 de agosto del año 325. Participaron 318 obispos, con el fin de establecer la ortodoxia de la religión católica (del griego *katholikhos*: «universal»). De él salió el credo (profesión de fe), en que se afirma la divinidad plena de Cristo: «Dios de Dios (...) engendrado, no creado, consustancial *(homoousios)* al Padre».

El arrianismo, movimiento profesado por Arrio de Alejandría, se vio por tanto condenado como herejía. Este rechazaba la unidad y la consustancialidad de las tres hipóstasis (personas) de la Trinidad, ya que el Hijo era considerado muy inferior al Padre (de hecho, igual que el Espíritu Santo). La condena del arrianismo se vería confirmada por el Concilio de Constantinopla, celebrado en el año 381. Sin embargo, se convertiría en la doctrina oficial del Imperio de Oriente y se implantaría incluso en el Occidente romano cuando los godos convertidos lo invadieron a principios del siglo V.

No obstante, el patriarca de Alejandría, San Atanasio —considerado Padre de la Iglesia—, que había contribuido fervientemente a hacer condenar el arrianismo en el Concilio de Nicea, había resumido, en un texto claro, la concepción canónica de la Santísima Trinidad: «La fe católica es que veneremos a un solo Dios en la Trinidad, y a la Trinidad en la unidad; sin confundir las personas ni separar las sustancias. Porque una es la persona del Padre y el Hijo y otra (también) la del Espíritu Santo; pero el Padre y el Hijo y el Espíritu Santo tienen una sola divinidad, gloria igual y coeterna majestad. Cual el Padre, tal el Hijo, increado (también) el Espíritu Santo; increado el Padre, increado el Hijo, increado (también) el Espíritu Santo; inmenso el Padre, inmenso el Hijo, inmenso (también) el Espíritu Santo; eterno el Padre, eterno el Hijo, eterno (también) el Espíritu Santo. Y, sin embargo, no son tres eternos, sino un solo eterno, como no son tres increados ni tres inmensos, sino un solo increado y un solo inmenso. (...) Así, Dios es el Padre, Dios es el Hijo, Dios es el Espíritu Santo; y, sin embargo, no son tres dioses, sino un solo Dios. (...) El Padre, por nadie fue hecho ni creado ni engendrado. El Hijo, fue por sólo el Padre, no hecho ni creado, sino engendrado. El Espíritu Santo, del Padre y del Hijo, no fue hecho ni creado, sino que procede. (...) y en esta Trinidad, nada es antes ni después, nada mayor o menor, sino que las tres personas son entre sí coeternas e iguales, de suerte que, como antes se ha dicho, en todo hay que venerar lo mismo la unidad de la Trinidad que la Trinidad en la unidad».

Los herejes nestorianos y monofisitas

En el año 431, el Concilio de Éfeso condena la enseñanza teológica del patriarca de Constantinopla, Nestorio, que distingue en Jesucristo dos naturalezas separadas: la divina y la humana, Jesús nacido de la Virgen María y Jesús muerto en la cruz. La controversia nacería alrededor del término *Theotokos/Mater Dei* («Madre de Dios») y opondría a Cirilo, obispo de Alejandría y promotor del dogma, y Nestorio, que lo rechazaba. La mayoría de los nestorianos se negaban a someterse, tanto en Siria como en Persia, donde los reyes los protegían; además, en seguida fundaron misiones hasta en la India y China. En lo que concierne a la cuestión teológica de las dos naturalezas, divina y humana, de Jesucristo, la amalgama sostenida por Cirilo fue confirmada por el Concilio de Calcedonia, en el año 451. En cuanto a María, el dogma de la *Theotokos* (Madre de Dios) seguiría existiendo. Es más, la mariología la convertiría en la que intercede por los humanos ante Dios y Cristo *(ad Jesus per Mariam)*. Sería situada jerárquicamente por encima de los santos, por el segundo Concilio de Nicea (en el año 787).

El problema de la «doble naturaleza» de Cristo surgiría de nuevo con el monofisismo —nacido en Alejandría y sostenido principalmente por Apolinar de Laodicea y Eutiques—, que afirmaba la unidad divino-humana de Cristo, en «una sola naturaleza»: su divinidad absorbería totalmente su humanidad, que, por otra parte, no era más que aparente *(Eutiques)*. Lo que el docetismo ampliaría al afirmar que su cuerpo no era realmente de carne, sino de esencia divina.

El Concilio Ecuménico de Calcedonia, reunido en el año 451, zanjó el asunto considerando herejes a los monofisitas e imponiéndoles el dogma de las dos naturalezas, humana y divina, reunidas en Jesucristo, «sin confusión y sin separación» (diofisismo). La Iglesia monofisita perduró, sin embargo, en Oriente, gracias a Severo de Antioquía, y se extendió por Egipto, Palestina, Siria, Asia Menor y Armenia. La controversia era tan intensa que el emperador Justiniano I tuvo que convocar el segundo Concilio de Constantinopla, en el año 553, a fin de confirmar el dogma. Asimismo, condenó el origenismo, producto de la extrapolación o de una interpretación muy libre del pensamiento de Orígenes.

Padres y doctores de la Iglesia. El monaquismo

A finales del siglo IV, San Jerónimo tradujo la Biblia al latín *(Vulgata)* y Agustín, después de haber sido seducido por las concepciones maniqueas, consideradas heréticas, tal como evocó en sus *Confesiones*, se volvió hacia el cristianismo ortodoxo y pronto llegó a ser obispo de Hipona (en Argelia). Excelente orador, de enorme influencia, se opuso encarecidamente a los donatistas de África del Norte, que exigían una gran pureza moral de los sacerdotes, la única capaz, según ellos, de validar el santo sacrificio (la eucaristía). Les objetó la validez adquirida simplemente por la mera fuerza de la acción del sacerdote en la fe. Igualmente, criticó al monje Pelagio, que predicaba el concepto del «libre albedrío» humano. Según este monje y los teólogos que siguieron su doctrina (pelagianismo), la naturaleza humana es naturalmente buena y puede hacer el bien, aun sin el auxilio de la gracia. San Agustín opuso a esto el pecado original que cometió Adán, arrastrando consigo a la humanidad, que es heredera de su degradación. Desde entonces, sólo queda la gracia divina para devolver la elección libre de practicar el bien, y sólo las almas predestinadas la reciben, según él. Esta posición agustiniana de la doble predestinación (del bien y del mal) sería rechazada por el Concilio de Quierzy en el año 853. Además, frente a la caída del Imperio romano, en la Ciudad de Dios, San Agustín preconiza una total independencia de la Iglesia para con este o cualquier otra forma de Estado.

Los Padres capadocios (de la actual Turquía) contribuyeron también a la formación de la ortodoxia religiosa cristiana, en el siglo IV. Basilio de Cesarea, Gregorio de Nisa y Gregorio Nacianceno participaron activamente en ella, en especial con relación al tema del lugar que ocupa la Virgen María y al dogma de la Santísima Trinidad, formulado de manera definitiva en el Concilio de Constantinopla, en el año 381. De igual modo, Evagrio Póntico, Juan Clímaco y Máximo el Confesor exaltaron en el Imperio bizantino la belleza de la «oración del corazón» (filocalia). El sentido eremítico de estos acerca de la sobriedad y el despojo del alma les valdría el calificativo de Padres népticos (de *nêpsis*, en griego), que lleva a la noción de silencio meditativo y ejercicio místico (el hesicasmo), preconizado más tarde por Gregorio Palamas. La vida de los anacoretas cristianos en el desierto, como Antonio y Pacomio en Egipto, llevó al monaquismo y a la fundación de las primeras comunidades de monjes dedicados a la soledad y a la vida cenobítica, principalmente tras la caída del Imperio romano, en el año 476 d. de C.

Benito de Nursia fundó, en primer lugar, la orden monástica de los benedictinos y el monasterio de Montecasino, con una regla elaborada que establecía la vida de las comunidades que sigue siendo la referencia ejemplar para el monaquismo occidental. Los monasterios constituyeron auténticas sedes de cultura para la elite intelectual, pasando por Clodoveo, hasta su apogeo con Carlomagno (año 800) y la llegada del Imperio carolingio, bajo los auspicios del papado, cuyos sólidos cimientos habían sido establecidos por Gregorio el Grande. El emperador, en efecto, recibiría en su corte a los religiosos más eruditos de Occidente, como su consejero Alcuino de York, abad mitrado de la abadía de San Dionisio. Tanto más cuanto que esta cultura elaborada, que incluía la enseñanza de las artes liberales, podía hacer frente al islam conquistador que se había impuesto ya en España desde hacía casi un siglo. Las cruzadas por la reconquista de Jerusalén y de la Tierra Santa verían más tarde oponerse a las dos religiones: el cristianismo y el islam. No obstante, mientras que la Iglesia de Occidente se apoyaba en la autoridad del Papa de Roma, la Iglesia de Oriente marcaba sus diferencias, dependiendo más del Patriarca de Constantinopla y de los metropolitas (que tenían autoridad en las metrópolis de Oriente) que del papado. No obstante, respetaron su supremacía, al menos hasta el surgimiento de la polémica iconoclasta, relativa a la aceptación o el rechazo de las imágenes santas para su destrucción (iconoclasia), aprobada por el Concilio de Constantinopla (754), bajo pretexto de idolatría rechazada por el judeocristianismo. A pesar del octavo Concilio de Nicea (año 787), que decidió esta vez a favor de los iconos, la polémica siguió existiendo, y la Iglesia de Roma se negó a reconocer la elección de Focio, antiiconoclasta, como Patriarca de Constantinopla (año 863). Ante esta situación, los orientales condenaron, como contrapartida, en el año 867, el uso del término *filioque*, añadido en el credo latino (*a Patre Filioque procedit*), que significa que «el Espíritu Santo procede del Padre y del Hijo», porque, según ellos, el Espíritu Santo no puede proceder más que del Padre, aunque sea enviado al mundo por el Hijo. Y a pesar de que Focio fue reinstalado en su función con el asentimiento del papa Nicolás I, en el año 879, la controversia siguió existiendo y desembocaría dos siglos más tarde en el gran cisma de Oriente (en el año 1054), que separó definitivamente a la Iglesia ortodoxa de Oriente de la Iglesia católica y romana de Occidente. Más tarde hubo dos intentos de reconciliación, en el Concilio de Lyon (1274) y en Florencia (1439), pero sólo resultaron efímeros. La toma de Constantinopla por los turcos en el año 1453 pondría de nuevo en duda la autoridad del Patriarca de Constantinopla en beneficio de Iglesias ortodoxas autónomas (autocéfalas) nacionales para el futuro. El primado, con frecuencia patriarca, sería elegido por el clero (obispos) y la asamblea de fieles. Así aparecerían patriarcados en Rusia, Rumanía, Bulgaria, Grecia, etc.

DE LA IGLESIA CATÓLICA Y ROMANA A LA REFORMA PROTESTANTE

Las comunidades monásticas, con sus reglas y sus particularidades, se habían organizado en Occidente desde el siglo V, como la de San Columbano (Columkil), la de San Patricio y la de los monjes culdeos en tierra celta de Irlanda y Escocia.[9] La orden de los benedictinos fue reformada en el siglo XVII por el abad de Rancé, dando origen a los trapenses. La orden eremítica de los cartujos apareció en el año 1084 en el macizo de la Gran Cartuja, en los Alpes, bajo el impulso de San Bruno. Cabe añadir las órdenes mendicantes de los carmelitas (del monte Carmelo) y de los franciscanos, vinculados a San Francisco de Asís, así como los dominicos, a Santo Domingo, y los premonstratenses, a San Norberto. Todas estas órdenes cristianas se entregaban a la vida contemplativa, a veces incluso respetando la norma del silencio (cartujos y trapenses). Además, se constituyeron comunidades de mujeres en conventos vinculados a determinadas congregaciones, con hermanas que estaban bajo la autoridad de una madre superiora, la abadesa.

Con el auge de la Edad Media, las catedrales góticas magnificaron a la Virgen María y su lugar con relación a la Santísima Trinidad. Es más, fue en este periodo cuando se asistió a un florilegio de visiones apocalípticas[10] del infierno y del paraíso, y cuando nació el concepto intermedio de purgatorio, como demostró magistralmente Jacques Le Goff (en *El nacimiento del Purgatorio*), que daría lugar a *La Divina Comedia* de Dante.

El Concilio de Letrán, en 1215, precisó que en la misa, durante la celebración conmemorativa de la Cena del Señor y la consagración eucarística, las especies del pan y del vino cambiaban realmente de sustancia, si bien no cambiaban de apariencia. El término de *transubstanciación* fue confirmado de este modo. Mientras que el gran teólogo Santo Tomas de Aquino redactaba su *Suma teológica*, la Inquisición institucionalizaba tribunales y verdugos contra los movimientos heréticos o considerados como tales: los cátaros de Occitania, los valdenses de Lyon o los monjes caballeros templarios, sanjuanistas, todos ellos acusados de herejía, con motivo justificado o sin él. Asimismo, nacerían congregaciones religiosas, como la de los jesuitas, bajo el impulso de San Ignacio de Loyola (siglo XVI), que ejercería una acción apostólica y misionera en el seno de la Iglesia —principalmente en el momento de la Reforma protestante— y en tierras extranjeras del mundo —África, Asia, América del Sur—, que se entregaban a un proceso de aculturación.

9. Véase P. Rivière, *La religion des celtes*, Éditions De Vecchi, 2000.
10. Véase P. Rivière, *Réflexions sur la mort* (obra colectiva), Éditions De Vecchi, 2002.

Después de la llegada de la escolástica, que pretendía aclarar todos estos temas de orden teológico mediante el sistema racional y filosófico aristotélico, se asistió a un nuevo cuestionamiento formulado por el franciscano Jean Duns Scot y por Guillermo de Occam, con el término de *nominalismo*. Su influencia llegaría hasta la Universidad de la Sorbona, en París, divulgando entre otras cosas la idea de que el universo es infinito y la Tierra ocupa la posición central. Estas ideas, aunque fueron refutadas, serían retomadas y agregadas al sincretismo platónico desarrollado un siglo más tarde por Marsilio Ficino, Pico della Mirandola y Giordano Bruno, incluyendo el cristianismo en una perspectiva de continuidad de sabiduría, iluminada por el neoplatonismo de Plotino *(Enéadas)*, la cábala judía, el estudio del hebreo, del arameo, del griego y del latín, o incluso del árabe, con el fin de reinterpretar las fuentes literarias.

En otro orden de ideas, frente a la riqueza y al lujo indecente desplegados sin cesar por el papado de Roma y la Iglesia en general, y aunque sus quejas fueran escuchadas por los franciscanos, los pobres se sublevaban por todas partes. El movimiento de los lolardos, iniciado por un profesor de Oxford, Jean Wycliffe, en el siglo XIV, comportaba modificaciones que afectaban a la jerarquía eclesiástica, negando el sacramento de la eucaristía y poniendo en duda el celibato de los sacerdotes. Se acusaría erróneamente, hasta el martirio, al místico Jean Hus de ser un discípulo de Wycliffe, aunque predicaba un movimiento de independencia de Bohemia frente a los alemanes. Lo cierto es que el fasto exhibido por la Iglesia y su institución, aparentemente indispensable para alcanzar la salvación, chocaba a algunos religiosos.

Así, el monje agustiniano Martín Lutero (1483-1546), profesor de teología de la Universidad de Wittenberg de Alemania, se sublevó contra la autoridad papal y puso en duda la eficacia de los sacramentos, el celibato de los sacerdotes (los pastores), la utilidad de la intercesión de la Iglesia, la práctica de la fe apoyándose en la necesidad de las buenas obras, etc. Defendería sus 95 tesis (mostradas en el pórtico de la catedral de Wittenberg) en 1517 ante el cardenal Cayetano, legado pontificio, y luego concedería, bajo la influencia de su amigo el humanista Felipe Schwarzerd (Melanchthon), numerosas concesiones tanto acerca de puntos doctrinales, como sobre la práctica religiosa. Después de escribir sus textos fundadores, Lutero redactó en 1529 un *Pequeño Catecismo* y un *Gran Catecismo*. Su amigo Schwarzerd (Melanchthon) escribiría al año siguiente la *Confesión de Augsburgo*, que se inscribe perfectamente en la obra luterana. Lutero emprendió luego la traducción de la Biblia en lengua vernácula, el alemán en este caso, en 1534. Más tarde, en 1536, publicó la *Concordia de Wittenberg*, con la intención de unificar los movimientos protestantes.

En 1537, produjo los *Artículos de Esmalcalda*, que permitían establecer la defensa de las posiciones luteranas frente al catolicismo. Por tanto, parece que el luteranismo se apoya esencialmente en las Escrituras Sagradas y que la autoridad del Papa es considerada como algo usurpado. La mediación de los sacerdotes no es necesaria; el cristiano puede prescindir de ella y alcanzar a Dios mediante sus oraciones y una lectura asidua de la Biblia, recibiendo así la salvación por la gracia, después del arrepentimiento de corazón. Sin embargo, la predicación es asegurada por los pastores que poseen la propiedad de estar casados. Los luteranos sólo conservan dos sacramentos: el bautizo y la celebración de la Cena. Con relación a esto, cabe preguntarse acerca del sentido sagrado que esta reviste: si la presencia real de Cristo es efectiva en ella, ¿hay entonces «transubstanciación» o «consubstanciación», al conservar las especies del pan y del vino su sustancia? Este último sentido es el que prevalecerá para Lutero. Igualmente, ¿qué estatuto puede revestir el libre albedrío humano frente al atributo divino de la salvación? ¿Qué liturgia hay que elegir? ¿Cuál es su papel en una ceremonia desprovista en extremo? Numerosas corrientes protestantes se desarrollaron a lo largo del tiempo, como las Iglesias reformadas presbiterianas, el anglicanismo, el metodismo y el pentecostismo.

Uno de los discípulos de Lutero fue el francés Juan Calvino (1509-1564), que llevó su influencia hasta Ginebra a partir de 1541. Calvino defiende un protestantismo mucho más rígido, apoyado en la autoridad de la Biblia, que sustituye la de la Iglesia. Al igual que Lutero, insiste en la mera justificación por la fe y preconiza una interpretación estrictamente espiritual de los sacramentos cristianos. La Cena, por ejemplo, se resume en la simple presencia espiritual de Cristo. El calvinismo se definiría sobre todo luego por la doble predestinación de los seres, caracterizada por su salvación y su condenación eterna pronunciadas para toda la eternidad por los decretos divinos. Esta doctrina se hará más flexible posteriormente, manteniendo, sin embargo, que sólo Dios, en su trascendencia, escogió elegir o no las almas que serán salvadas en el Juicio Final. De este modo, sólo una fe inquebrantable en Cristo confirmada con el trabajo incesante con uno mismo y con el exterior se ofrece al cristiano. El puritanismo se apoyaría en esta doctrina, dando lugar más tarde a los cuáqueros en Inglaterra y luego en América, así como a los diferentes movimientos bautistas.

DE LA CONTRARREFORMA CATÓLICA A LA ACTUALIDAD

Frente al auge del protestantismo en Suiza y Alemania, donde se produjeron conflictos, denunciados por Lutero, por influencia de los más radicales Thomas Münzer y Ulrich Zwingli, así como debidos a las guerras de religión que amenazaban a Francia, el Concilio de Trento (1545-1563) organizó una reforma del catolicismo. Se trató más de considerar una parte de la crítica que le lanzaban los protestantes que de oponerse directamente a ellos. La moral cristiana se volvió más austera; la Compañía de Jesús (los jesuitas), fundada por San Ignacio de Loyola, había aparecido unos diez años antes, mientras que parecía desarrollarse una tendencia al misticismo. Esta mística cristiana trascendental, llegada de España por las visiones (de los «castillos del alma») de Santa Teresa de Ávila y también por las meditaciones de San Juan de la Cruz (sobre «la noche oscura»), reflejaba la de Dionisio el Areopagita, enfocada al éxtasis, como ocurría con Juan Clímaco, en quien la experiencia se jerarquizaba en treinta etapas, o bien con el teólogo maestro Ekhart o con San Buenaventura.

En Francia, el rey Enrique IV promulgó el Edicto de Nantes (1598), que abría la tolerancia de culto a los protestantes. Sin embargo, Luis XIV lo revocó en 1685. La austeridad del culto católico se reforzaría, asimismo, en el siglo XVII a través de un movimiento que, paradójicamente, se opondría a la congregación de los jesuitas: el jansenismo (de Jansenio, obispo de Ypres) y el movimiento de Port-Royal. No obstante, más tarde sería condenado por la Iglesia.

En 1534, la Iglesia de Inglaterra se separaba también de Roma, como las Iglesias protestantes, dando lugar a la corriente anglicana. El anglicanismo acababa de nacer, poniendo en duda la autoridad del Papa, debido a que el rey Enrique VIII había sufrido la negativa del papa Clemente VII de anular su matrimonio, en 1530. Bajo el reinado de Eduardo VI, el arzobispo de Canterbury, Thomas Cranmer, aportó una primera reforma de factura protestante a la liturgia. Y, unos años más tarde, bajo el reinado de Isabel I (1558-1603) el anglicanismo tomó realmente cuerpo. Fueron adoptados treinta y nueve artículos de inspiración calvinista. La reina, además, fue excomulgada por el papa Pío V, aunque el anglicanismo, impregnado con las ideas de la Reforma protestante, en algunos aspectos dogmáticos seguía estando muy marcado por el catolicismo. Así sucedía con el respeto de la transubstanciación durante la celebración de la Cena del Señor. Sin embargo, como todos los protestantes, los anglicanos, además de la ordenación, sólo admitían, y admiten, la importancia de dos sacramentos: el bautizo y la Cena. La Biblia es siempre afirmada como única fuente de autoridad en materia de fe. Los sacerdotes anglicanos pueden casarse, como los pastores protestantes. Las liturgias anglicanas se organizan esencialmente alrededor de dos corrientes: la de la High Church, muy influenciada por la riqueza de los ritos católicos, y la de la Low Church, más favorable al despojo característico de los ritos protestantes.

Volviendo al tema de la Iglesia católica y romana ya ubicada completamente bajo la autoridad del Papa y de su Santa Sede en Roma, el Concilio Ecuménico Vaticano I (1865-1870) pronunciaría la infalibilidad del Papa,[11] que se convertía así en el único responsable de la cristiandad en el mundo. Un siglo más tarde, el papa Juan XXIII convocaría, bajo el signo de la unidad ecuménica, el Concilio Vaticano II (1962-1965). La reforma de la Iglesia católica resultaría profunda, frente al mundo moderno y a las transformaciones de la sociedad: la misa en latín que seguía el rito canónico de San Pío V sería abandonada para provecho de las liturgias en lengua vernácula (local), y el sacerdote celebraría el oficio frente a los fieles, detrás del altar. Por otra parte, el centralismo pontificio se haría más flexible y los métodos de estudio histórico de la religión serían al fin reconocidos.

Actualmente, el número de cristianos repartidos por el mundo es aproximadamente de dos mil millones (mil millones de católicos, quinientos millones de protestantes, doscientos millones de ortodoxos y trescientos millones de otras confesiones).

Textos cristianos (extractos)

San Pablo, *Carta a los Hebreos*

• *El auténtico sacerdocio de Jesucristo*
(...) *En efecto, cuando Dios hizo a Abraham la promesa, como no tenía ninguno mayor por quien jurar, juró por sí mismo, diciendo: «Te bendeciré abundantemente, te multi-*

---

11. No obstante, algunas pequeñas Iglesias rechazarían este dogma y romperían en este momento con Roma, como la surgida indirectamente de la Iglesia jansenista, la Iglesia Vieja-Católica (Países Bajos, Alemania y Suiza) y la Iglesia católica gala (de los galos) en Francia, vinculada al sentimiento nacionalista marcado por «la declaración de las libertades galas», bajo el reinado de Luis XIV (1682), procedente del «águila de Meaux», su consejero: el famoso obispo Monseñor Bossuet.

plicaré grandemente». Y así fue como Abraham, con su perseverancia, vio cumplida la promesa. Porque los hombres suelen jurar por alguno mayor, y el juramento pone entre ellos fin a toda controversia y les sirve de garantía. Por lo cual, queriendo mostrar Dios solemnemente a los herederos de la promesa la inmutabilidad de su consejo, interpuso el juramento, a fin de que por dos cosas inmutables, en las cuales es imposible que Dios mienta, tengamos firme consuelo —los que hemos hallado un refugio— hasta dar alcance a la propuesta esperanza. Esta esperanza la tenemos anclada en nuestra alma, tan segura como sólida, y penetra más allá del velo, donde entró por nosotros, como precursor, Jesús, instituido para siempre sumo sacerdote según el orden de Melquisedec.

• Melquisedec
En efecto, este Melquisedec, rey de Salem, sacerdote del Dios Altísimo, que salió al encuentro de Abraham cuando volvía de derrotar a los reyes y le bendijo, a quien dio los diezmos de todo, se interpreta primero rey de justicia, y luego también rey de Salem, es decir, rey de paz. Sin padre, sin madre, sin genealogía, sin principio de sus días, ni fin de su vida, se asemeja en eso al Hijo de Dios, que es sacerdote para siempre.

• Melquisedec recibe el diezmo de Abraham
Ved pues cuán grande es este a quien el patriarca Abraham dio el diezmo de lo mejor del botín.

En verdad los hijos de Leví que reciben el sacerdocio tienen a su favor un precepto de la Ley, en virtud del cual pueden recibir el diezmo del pueblo, esto es, de sus hermanos, no obstante ser también ellos de la estirpe de Abraham.

En cambio, aquel que no era de su estirpe recibió los diezmos de Abraham y bendijo a aquel a quien fueron hechas las promesas. No cabe duda de que el menor es bendecido por el mayor. Y aquí son ciertamente los hombres mortales los que reciben los diezmos, pero allí uno de quien se da testimonio que vive. Y, por decirlo así, en Abraham, el mismo Leví, que recibe los diezmos, los pagó. «Porque aún se hallaba en las entrañas de su padre cuando le salió al encuentro Melquisedec». (...)

• La abrogación de la Ley antigua
Esto se hace todavía más evidente si, a semejanza de Melquisedec, se presenta otro sacerdote, que no ha llegado a serlo en virtud del precepto de una ley carnal, sino según un poder de vida indestructible. Este testimonio le es entregado: «Tú eres sacerdote para siempre según el orden de Melquisedec». Con esto se anuncia una abrogación del precedente mandato, a causa de su ineficacia y su inutilidad, pues la Ley no llevó nada a la perfección, sino que fue sólo introducción a una esperanza mejor, mediante la cual nos acercamos a Dios.

• Inmutabilidad del sacerdocio de Cristo
Y por cuanto no fue hecho sin juramento, pues aquellos fueron constituidos sacerdotes sin juramentos, mas este lo fue con juramento por el que dijo: «El señor ha jurado y no se arrepentirá; tú eres sacerdote para siempre», de tanto mejor testamento fue hecho fiador Jesús. Además, de aquellos muchos fueron hechos sacerdotes, por cuanto la muerte les impidió permanecer; pero este, ya que permanece para siempre, tiene un sacerdocio perpetuo. Y es, por tanto, capaz de salvar de manera definitiva a los que se acercan a Dios y vive siempre para interceder por ellos.

• Perfección del gran sacerdote celestial
Sí, así es exactamente el gran sacerdote que nos convenía: santo, inocente, inmaculado, apartado de los pecadores y más alto que en los cielos; que no necesite, como los grandes sacerdotes, ofrecer víctimas a diario por sus propios pecados, luego por los del pueblo, ya que esto lo hizo una sola vez ofreciéndose a sí mismo. En suma, la Ley hizo grandes sacerdotes a hombres débiles, pero la palabra del juramento que sucedió a la Ley establece al Hijo para siempre perfecto.

• El nuevo sacerdocio y el nuevo santuario
El punto principal de todo lo dicho es que tenemos un gran sacerdote sentado a la derecha del trono de la Majestad en los cielos; ministro del santuario y del Tabernáculo verdadero, hecho por el Señor, no por un hombre. Todo gran sacerdote, en efecto, es instituido para ofrecer oblaciones y sacrificios; de ahí la necesidad de que tenga algo que ofrecer.

En verdad, si Jesús morara sobre la tierra, no sería sacerdote, porque ya hay quien ofrece oblaciones, a tenor de la Ley; estos garantizan un servicio a imagen y sombra de las realidades celestiales, así como a Moisés, cuando se disponía a construir el Tabernáculo, se le reveló: «Mira, se le dijo, hazlo todo según el modelo que ha sido mostrado en la montaña».

• Cristo mediador de una mejor alianza
Sin embargo, ahora, el Cristo ha obtenido un ministerio mucho más elevado cuanto mejor es la alianza de la que es mediador, y fundado sobre mejores promesas. Y es que si esta primera alianza hubiera sido irreprochable, no habría necesitado reemplazarla por otra.

En efecto, es culpándolos como Dios declara:
He aquí que vendrán días, dice el Señor,
en que concertaré con la casa de Israel
y con la casa de Judá
un pacto nuevo,
no conforme al pacto hecho con sus padres,
el día en que los tomé de la mano para sacarlos de la tierra de Egipto.
Puesto que ellos mismos no permanecieron fieles en su alianza
y yo me mostré negligente con ellos, dice el Señor,
esta será la alianza que yo haré con la casa de Israel,
después de aquellos días. Dice el Señor:
imprimiré mis leyes en su mente,
y en sus corazones las escribiré,
y seré su Dios,
y ellos serán mi pueblo.
Nadie enseñará a su conciudadano,
ni a su hermano, diciendo: «Conoce al Señor»,
porque todos me conocerán, desde el más pequeño hasta el más grande,
porque me mostraré indulgente con sus iniquidades,
y de sus pecados jamás me acordaré.
Al decir «una nueva alianza» declara envejecida la primera.
Ahora bien, lo que envejece y se vuelve anticuado está a punto de desaparecer.

• El Cristo entra en el santuario celestial

La primera alianza también tenía, por tanto, sus instituciones cultuales y su santuario, el del mundo. Un tabernáculo —el anterior— había sido construido y habilitado; en él estaban el candelabro, la mesa y los panes; es el que se denomina «el santo». Luego, detrás del segundo velo hay un tabernáculo denominado «Santo de los Santos», en el que se muestra un altar con perfumes de oro y el arca de la alianza totalmente cubierta de oro, dentro de la cual hay una urna de oro con el maná, la vara de Aarón que había reverdecido, y las tablas de la Alianza; encima del arca estaban los querubines de la gloria, que cubrían el propiciatorio. No es momento de hablar de todo esto con detalle.

Dispuestas así las cosas, los sacerdotes entran a diario en la primera estancia del tabernáculo, y desempeñan su servicio cultual. En la segunda, por el contrario, sólo puede entrar el sumo sacerdote, una sola vez al año, llevando siempre la sangre que ofrece como expiación de sus propias carencias y de las del pueblo. El Espíritu Santo muestra así que la vía del santuario no está abierta, mientras el primer tabernáculo subsiste. Esto es una figura para los tiempos presentes, pues en aquel se ofrecían oblaciones y sacrificios que no eran eficaces para hacer perfecto en la conciencia a quien ministraba; son preceptos de la justicia carnal, que afectan sólo a los alimentos, las bebidas y los diferentes lavatorios, impuestos sólo hasta el tiempo de la rectificación.

Cristo, constituido sumo sacerdote de los bienes futuros y penetrando en un tabernáculo mejor y más perfecto que no ha sido hecho por manos humanas, es decir, que no es de esta creación, entró una sola vez en el santuario, no con sangre de machos cabríos ni de jóvenes toros, sino con su propia sangre, para una redención eterna. Porque si la sangre de machos cabríos y de toros y la aspersión de la ceniza de becerra santifican a los inmundos y les ofrecen la limpieza de la carne, ¡cuánto más la sangre de Cristo, que por el Espíritu eterno a sí mismo se ofreció inmaculado a Dios, limpiará nuestra conciencia de las obras muertas para dar culto al Dios vivo!

• Cristo sella la nueva alianza con su sangre

Por esto es el mediador de una nueva alianza, a fin de que por su muerte, para redención de las transgresiones cometidas bajo la primera alianza, los que han sido llamados reciban las promesas de la herencia eterna. Porque donde hay testamento es preciso que la muerte del testador intervenga. El testamento es valedero por la muerte, pues nunca el testamento es firme mientras vive el testador. De ahí que ni la primera alianza fuera firmada sin sangre. Efectivamente, habiendo sido leídos al pueblo todos los preceptos de la Ley de Moisés, tomando este la sangre de los becerros y de los machos cabríos, con agua y lana teñida de grana e hisopo, roció el libro y a todo el pueblo, diciendo: «Esta es la sangre de la alianza que Dios ha contraído con vosotros». Y del mismo modo roció con sangre el tabernáculo y los objetos del culto. De hecho, según la Ley, casi todas las cosas han de ser purificadas con sangre, y no hay remisión sin efusión de sangre. Así pues, es necesario, por una parte, que las imágenes de las realidades celestiales sean purificadas de este modo y, por otra parte, que las realidades celestiales en sí lo sean también, pero mediante sacrificios más excelsos que estos de aquí abajo. En efecto, no es en un santuario hecho por la mano del hombre, en una imagen de autenticidad, donde Cristo entró, sino que lo hizo en el mismo cielo, a fin de interceder ahora ante el rostro de Dios, en nuestro favor.

Tampoco fue para ofrecerse a sí mismo varias veces, como hace el sumo sacerdote que entra todos los años en el santuario con sangre que no es suya, ya que entonces habría tenido que sufrir varias veces desde la creación del mundo. Sólo una vez se sacrificó para destruir el pecado. Y por cuanto a los hombres les está establecido morir una sola vez, y después son objeto de un juicio, así también Cristo, que se ofreció una vez para soportar los pecados de todos, se les aparecerá por segunda vez, libre de pecado, a quienes lo esperan para ser salvados.
(Carta a los Hebreos 7 y 9)

• *Las dos alianzas*
No os habéis acercado a una realidad tangible: fuego encendido, oscuridad, tinieblas, tormenta, ruido de trompetas y un clamor de palabras tal que quienes lo oyeron suplicaron que no se les hablara más. En efecto, no podían soportar ese precepto: «Todo aquel que toque la montaña, aunque sea animal, será apedreado». Tan terrible era la aparición que Moisés dijo: «Estoy aterrado, y tiemblo». Pero vosotros os habéis acercado al monte de Sión, a la ciudad del Dios vivo, a la Jerusalén celestial y a las miríadas de ángeles, a la asamblea festiva, y a la congregación de los primogénitos, que están escritos en los cielos, y a un Dios del Juicio Final, y a espíritus de los justos que han sido hechos perfectos, al Jesús mediador de una alianza nueva, y a una sangre purificadora más elocuente que la de Abel. Procurad no negaros a escuchar Al que habla. Si aquellos que, en efecto, han renunciado a escuchar a quien promulgaba los oráculos en esta tierra no han escapado al castigo, mucho menos escaparemos nosotros, si no nos volvemos hacia El que desde el cielo nos habla. Aquel cuya voz estremeció ayer la tierra nos ha hecho hoy esta promesa: «Una vez más, sacudiré no sólo la tierra, sino también el cielo». Este una vez más indica que las cosas sacudidas serán cambiadas, por razón de haberse ya cumplido, a fin de que subsistan las que son inquebrantables. Así, puesto que recibimos la posesión de un reino inquebrantable, guardemos la gracia, y por ella rindamos a Dios un culto que le resulte agradable, con reverencia y temor, porque nuestro Dios mostró ser un fuego devorador.
(Carta a los Hebreos 11, 18-29)

El Apocalipsis de San Juan

• *Dios impone al Cordero los destinos del mundo*
(...) Tuve una visión: vi una puerta abierta en el cielo, y la voz aquella primera que había oído como de trompeta, me hablaba y decía: «Sube aquí, y te mostraré las cosas que han de acaecer después de estas». Al instante fui arrebatado en espíritu, y vi un trono colocado en medio del cielo, y sobre el trono, Alguien... El que estaba sentado parecía semejante a la piedra de jaspe y a la cornalina; un arco iris que rodeaba el trono parecía semejante a una esmeralda. Alrededor del trono vi otros veinticuatro tronos, y sobre ellos estaban sentados veinticuatro ancianos, vestidos con túnicas blancas y con coronas de oro sobre sus cabezas. Salían del trono relámpagos, y voces, y truenos, y siete lámparas de fuego ardían delante del trono: los siete Espíritus de Dios. Delante del trono había como un mar de vidrio transparente. En medio del trono, y alrededor de él, cuatro Vivientes, llenos de ojos por delante y por detrás. El primer Viviente era semejante a un león; el segundo, era como un toro; el tercero tenía semblante como de

hombre; y el cuarto era como un águila voladora. Los cuatro Vivientes tenían cada uno seis alas, y estaban llenos de ojos alrededor y por dentro. No cesaban de repetir día y noche:

*«Santo, Santo, Santo
es el Señor Dios Todopoderoso,
El que era, El que es y El que viene».*

Y cada vez que los Vivientes daban gloria, honor y acción de gracias Al que está sentado en el trono, que vive por los siglos de los siglos, lanzaban sus coronas delante del trono, diciendo: «Digno eres, Señor, Dios nuestro, de recibir la gloria, el honor y el poder, porque tú creaste el Universo y por tu voluntad existe y fue creado».

Entonces vi en la mano derecha de Quien estaba sentado en el trono un libro enrollado, escrito por dentro y por fuera, y sellado con siete sellos. Vi un ángel poderoso que pregonaba a grandes voces: «¿Quién es digno de abrir el libro y soltar sus sellos?». Y nadie podía, ni en el cielo, ni en la tierra, ni debajo de la tierra, abrir el libro ni verlo. Yo lloraba mucho, porque ninguno era hallado digno de abrirlo y leerlo. Entonces, uno de los Ancianos me dijo: «No llores, porque el león de la tribu de Judá ha vencido. El retoño de David, por tanto, abrirá el libro de siete sellos».

Entonces vi, en medio del trono y de los cuatro Vivientes y los Ancianos, un Cordero, que estaba en pie, degollado, tenía siete cuernos y siete ojos, que son las siete Iglesias de Dios en misión por toda la tierra. Y el Cordero fue a coger el libro de la mano derecha Del que estaba en el trono. Cuando lo tomó, los cuatro Vivos y los veinticuatro Ancianos se postraron ante el Cordero, cada uno con su arpa y copas de oro llenas de perfumes, que son las oraciones de los santos; cantaron un cántico nuevo, que decía: «Digno eres de tomar el libro y abrir sus sellos, ya que fuiste degollado y con tu sangre has comprado para Dios hombres de toda tribu, lengua, pueblo y nación; has hecho de ellos para nuestro Dios un Reino de Sacerdotes que reinan en la tierra».

Y mi visión siguió. Oí el clamor de una multitud de Ángeles reunidos alrededor del trono, con los Vivientes y los Ancianos —¡se contaban por miríadas y millares de millares!—, y gritaban a plena voz: «Digno es el Cordero, que ha sido degollado, de recibir el poder, la riqueza, la sabiduría, la fortaleza, el honor, la gloria y la bendición». Y todas las criaturas que existen en el cielo, y sobre la tierra, y bajo la tierra, y en el mar, y todo el universo, dijeron: «¡Al que está sentado en el trono, así como al Cordero, la bendición, el honor, la gloria y el poder por los siglos de los siglos!». Y los cuatro Vivientes respondieron: «Amén». Y los Ancianos se postraron para adorar.

(Apocalipsis, 4 y 5)

El islam

A lo largo de la primera mitad del siglo VII nació en Arabia la tercera religión monoteísta, el islam, predicada por su profeta Mahoma (*Muhammad*: «el alabado»), que recibió la revelación divina, contenida en el Corán.

Mahoma y la revelación del Libro

Fue hacia el año 570-571 d. de C. cuando nació el joven Mahoma, hijo de Abdallah, que murió antes de que él naciera, y de Aminah, su madre, en la tribu dominante de La Meca, la de la familia quraysi, aunque su propio clan, el de los hachemíes, no tuvo más que una importancia menor en el seno de la oligarquía tribal. Tras el fallecimiento de su madre, y luego de su abuelo, cuando tenía ocho años, su educación fue confiada a su tío Abu Talib. Joven pastor en su infancia, acompañó caravanas desde su adolescencia. Luego, a la edad de veinticinco años, conoció a una viuda comerciante acomodada, Jadiya, que lo contrató para que realizara las transacciones con los caravaneros hasta Siria. Aunque ella tenía quince años más que él, se casaron y tuvieron siete hijos, de los cuales tres niños murieron siendo muy pequeños, de modo que Mahoma se quedó sin descendiente varón. De hecho, sólo le sobreviviría una hija, Fátima. Mahoma se casaría con otras mujeres después de la muerte de Jadiya. A la edad de treinta y cinco años, cuando la tribu de los quraysi decidió reconstruir el arruinado santuario de la Kaaba, librado al paganismo semítico, Mahoma los acompañó y participó activamente en la restauración del lugar santo, considerado el centro religioso de La Meca. Asimismo, puso de nuevo en su sitio, según parece, la famosa Piedra Negra (meteorítica) insertada desde entonces en la esquina de la Kaaba.

Aunque el politeísmo era habitual en Arabia central, parece que Mahoma se dejó influenciar muy pronto por algún cristiano heterodoxo, gnóstico o nestoriano, que conociera por casualidad en alguno de sus viajes. ¿O tal vez fuera, incluso, el propio primo de Jadiya, el viejo Baraca? La tradición habla también de un monje nestoriano de Basra que Mahoma conoció. Lo cierto es que Mahoma, contrariamente a las prácticas politeístas árabes, mantuvo, hacia el año 610 d. de C., retiros espirituales *(tahannuth)* en lugares solitarios, como cavernas y, sobre todo, el monte Hira, al nordeste de La Meca. Entregándose a plegarias y meditaciones interminables, recibió sus primeras revelaciones en formas visuales y auditivas. Siguiendo las tradiciones transmitidas un siglo más tarde por Ibn Ishâq, el ángel (arcángel) Jibrail (Gabriel) acudió a visitarlo en su gruta mientras dormía. Le presentó un libro, ordenándole que leyera su contenido («¡Lee!», *Iqra*), pero, al no conseguir leerlo, se negó. Entonces, el ángel Gabriel le apretó «el libro contra la boca y la nariz» con tanta fuerza que casi lo ahogó. Y cuando, por cuarta vez, el ángel le pidió que leyese o recitase lo que estaba escrito, Mahoma le preguntó: «¿Qué debo recitar?». Gabriel, que todavía no se había presentado, le respondió: «¡Predica en nombre de tu Señor, el que te ha creado! Ha creado al hombre de un coágulo. ¡Predica! Tu Señor es el Dadivoso que ha enseñado a escribir con el cálamo [la pluma]: ha enseñado al hombre lo que no sabía. ¡No! El hombre es rebelde, puesto que se considera suficiente para sí. Todo debe volver a Dios...» (sura 96, 1-8).

Mahoma leyó y dejó la caverna. Mientras recorría la montaña, una voz celestial le dijo: «¡Oh, Mahoma! Tú eres el Apóstol *[Rasûl]* de Alá y yo soy Gabriel». Volviendo la mirada hacia el cielo, Mahoma vio a un hombre sentado, en el horizonte, con las piernas cruzadas. El ángel le repitió las mismas palabras y, recorriendo el cielo con la mirada, ¡Mahoma no veía otra cosa! El nuevo profeta insistió en la veracidad de estas apariciones del ángel Gabriel, después de la revelación en sí: «Quien posee la fuerza se ha mantenido en majestad, mientras se hallaba en el horizonte elevado; luego se acercó y permaneció suspendido. Estaba a una distancia de dos arcos —menos todavía— y reveló a su sirviente lo que le reveló» (sura 53); «¡Vuestro compañero no está poseso! Le ha visto claramente en el horizonte» (sura 81, 22-23).

Durante los tres años siguientes, Mahoma se limitó a entregar los mensajes recibidos por el ángel Gabriel a quienes le rodeaban, empezando por su esposa Jadiya y el viejo cristiano Baraca, pero también a su sobrino Alí, su servidor e hijo adoptivo Zaid, Otman y su amigo Abu Bakr. No obstante, poco a poco, el círculo familiar y de amigos se amplió con los fieles que acudieron a escuchar al Apóstol o Profeta *(Rasûl)* de Dios: Alá *(Al-lâh)*. Sin embargo, las revelaciones cesaron pronto, y Mahoma estaba sumido en la duda y el desaliento cuando el ángel Gabriel se manifestó de nuevo, diciéndole: «Tu Señor no te ha abandonado ni aborrecido (...). Tu Señor te dará pronto de sus bienes y quedarás satisfecho» (sura 93, 3-5). Reforzado en su fe y su misión, tuvo además una visión en el año 612 que le exhortó a compartir con las multitudes sus revelaciones divinas. Él accedió, mediante el apostolado de su vida, sometido *(muslim,* de ahí la palabra *musulmán)* a Dios. El islam (de *aslama*, *slm*: «someterse») acababa de nacer.

Sin embargo, la cuestión es: ¿pretendía Mahoma crear una nueva religión o simplemente regresar a la esencia misma del monoteísmo que se remonta a Abraham (Ibrahîm)? De hecho, Alá ya era famoso como creador del cielo, de la tierra y de su fecundidad, y habría debido seguir siendo venerado en la Kaaba como único Señor si su culto hubiera sido acompañado, o incluso suplantado, por un politeísmo decadente. Tres diosas reinaban allí como señoras: *Allat* (Alá, en femenino), *Manat* (Destino) y *Al'Uzza* (Poderosa), y gozaban de tal popularidad que el Profeta tuvo que reconocer primero su intercesión para con Alá, antes de rechazar definitivamente esta inspiración como de origen satánico (sura 53, 23): «Ciertamente no son sino nombres que habéis puesto, vosotros y vuestros padres, a los que Dios no ha conferido ninguna autoridad».

Estas creencias politeístas, sin embargo, estaban bien arraigadas entre los ricos coreichitas y renunciar a ellas habría comportado la pérdida inexorable de una gran parte de sus privilegios. Por otra parte, dejando a un lado el hecho de que algunos, aun cercanos al Profeta, seguían estando en la duda y en la expectativa sobre su mensaje, como su tío Abu Talib, reconocer en Mahoma al «Apóstol de Dios» era para los coreichitas como reconocer su superioridad dentro de la tribu, algo que ellos no deseaban, puesto que pertenecía al modesto clan de los hachemíes y, sobre todo, porque siguiendo sus revelaciones condenaba a sus propios antepasados politeístas como infieles idólatras del infierno. Todo esto formaba parte del rechazo del profeta entre los suyos y tuvo que sufrir numerosas burlas. Se le pedía que realizara milagros y que aportara pruebas de sus revelaciones divinas. Frente a la violencia de la que eran víctimas, algunos fieles de Mahoma tuvieron que refugiarse en la Abisinia cristiana, donde gozaban entonces de la protección del negus. En el año 619, se produciría el fallecimiento de Jadiya y, luego, el de Abu Talib. Mahoma se sentiría profundamente apenado por la muerte de su amada esposa y la desaparición del tío que lo había criado.

La «ascensión extática nocturna»

En este periodo, el Profeta se entregó todavía más a sus éxtasis místicos. Después de uno de ellos, al pie de la Kaaba, cuando acababa de caer en el sueño, el ángel Gabriel se le apareció de nuevo, invitándolo esta vez a montar sobre una yegua blanca alada, llamada *Burâq* («el resplandor»), y a realizar un periplo nocturno de tipo ascensión celestial *(Mi'râj)*.

Ibn Ishâq nos habla así de este prodigioso viaje: «El Enviado (Mahoma) y Gabriel prosiguen su ruta hasta que llegan al templo de Jerusalén. Allí se encuentran con Abraham, Moisés y Jesús en compañía de algunos profetas. El Enviado preside la oración. Luego, se le llevan unos jarros, uno de ellos con vino y el otro con leche. El Enviado toma la leche y la bebe, y deja el vino. Gabriel declara: "Has estado bien inspirado, y será así para tu pueblo, Mahoma: el vino os está prohibido"».

Desde allí, el ángel Gabriel y Mahoma emprenden su ascensión hacia los cielos. Las versiones divergen un poco, pero la mayoría narra la visita del infierno y del paraíso, donde Abraham conduce al nuevo profeta. Cabe destacar, además, que en el segundo Cielo «estaban dos de sus primos maternos, Jesús, hijo de María, y Juan, hijo de Zacarías...».

Habiendo vivido este éxtasis místico con una incomparable intensidad, el Profeta iba ahora a invocar frente a los incrédulos: «Gloria a Quien hizo viajar a

Su Siervo de noche, desde la Mezquita Sagrada a la Mezquita Lejana [Jerusalén], cuyos alrededores hemos bendecido, para mostrarle parte de nuestros Signos» (sura 17, 1). Tras conseguir atravesar los siete cielos hasta el trono de Alá, rodeado por la Luz divina, el Profeta, Apóstol de Dios, recibió el libro santo que se le descubre continuamente. Esta ascensión extática confirma de manera ejemplar la misión profética de Mahoma.

A pesar de todo, la adversidad seguía estando de parte de los coreichitas, y en contra del Profeta y sus émulos, puesto que después de fallecer Abu Talib, su hermano, Abu Lahab, había llegado a desposeer a Mahoma de sus derechos dentro de su propio clan. Por tanto, decidió marcharse a convertir a los nómadas y los beduinos de dos importantes oasis, Ta'if y Yathrib. Al principio fracasó en sus contactos con Ta'if, pero consiguió imponer su misión en la ciudad de Yathrib, en la que quedaban muchos judíos que ya habían aceptado el monoteísmo.

Situada a casi cuatrocientos kilómetros al norte de La Meca, esta ciudad, futura Medina (de *al-Madinat*, «la Ciudad»), acogería al Profeta en su exilio durante unos diez años.

La hégira

Los partidarios de Mahoma empezaron a llegar a Medina antes de que él mismo y el fiel Abu Bakr emigraran allí en el año 622. Este hecho clave para el islam, designado como la *Hijra* (hégira, «emigración»), marca el inicio de la era musulmana —el calendario lunar, sin embargo, sólo cuenta trescientos cincuenta y cuatro días—. Además de la favorable acogida que tuvo su mensaje, primero por los judíos, Mahoma consiguió la adhesión de una buena cantidad de tribus o clanes cuyo sentido religioso, que reconocía en él al Profeta, dominaba por encima de las simples leyes de la sangre.

Puesto que Mahoma continúa teniendo revelaciones, el texto del Corán reviste progresivamente su forma acabada. No obstante, la emigración a Medina se distingue del periodo en La Meca, y las suras plantean aquí, sobre todo, la organización de la comunidad de los fieles musulmanes: la *ummah*. Además, se suman a la tradición de las palabras y acciones del Profeta, los hechos y dichos, distintos del Corán, que constituyen los *hadices*.

Aunque la estructura teológica del islam estaba ya presente antes de la partida de La Meca, sólo en Medina Mahoma precisó las reglas del culto musulmán: oraciones, ayunos, limosnas, peregrinajes *(véase más arriba)*...

En otro plano, más estratégico que estrictamente religioso, el Profeta consideró muy pronto, hacia el año 623, que no existía más que una sola comunidad de musulmanes de la que él se reivindicaba como jefe, constituida a la vez por los «emigrados» *(muhâjirûn)* llegados de La Meca y por los «auxiliares» *(ansar)* convertidos de Medina, sin ninguna diferencia. También reconoció los derechos y las obligaciones de los otros clanes y de las tribus judías, que eran tres, respetando sus ritos, al igual que la ciudad santa de Jerusalén, donde lo había llevado primero su «viaje nocturno». Concluyó con ellas un pacto de asistencia mutua basado en el respeto de las dos tradiciones monoteístas que reivindicaban su filiación abrahámica: el judaísmo, por Isaac, y el islam, por Ismael.

No obstante, a pesar de los esfuerzos de Mahoma por hacerse reconocer por los judíos como profeta que se inscribía en la continuidad de la tradición bíblica monoteísta —como lo refleja el Corán: «¡Oh, pueblo del Libro! Nuestro Profeta ha venido a vosotros para instruiros, después de una interrupción de profetas, no sea que dijerais: "No ha venido a nosotros ningún nuncio de buenas nuevas, ni monitor alguno"» (sura 5, 19)—, la hostilidad judía se intensificó de manera progresiva. La crítica se dedicaba sobre todo a descubrir errores o contradicciones en el Corán, habida cuenta del contenido del Antiguo Testamento.

Mahoma, por tanto, no podía ser reconocido por los judíos como profeta, y todavía menos como profeta suyo, en el caso de que algunos de ellos hubieran deseado convertirse.

En febrero del año 624, la ruptura con el judaísmo fue consumada y marcada por una nueva revelación del Profeta. Cuando estaba en La Meca, Mahoma había elegido Jerusalén como punto de orientación *(qibla)* para las oraciones. Pero, al tenerse que enfrentar a la oposición de los judíos hacia él y como consecuencia de su nueva revelación, sustituyó esta dirección por la de La Meca (sura 2, 136). Al sostener que la Kaaba había sido erigida por Abraham y su hijo Ismael (sura 2, 127), lo que daba a entender la idea de anterioridad del santuario que él reivindicaba, no dudaba en remontarse a sí mismo hasta el padre del monoteísmo. De hecho, la noción de «auténticos monoteístas» descendientes del Patriarca por excelencia, Abraham (el hanifismo), revivificada por Mahoma, el Apóstol de Alá, iba a florecer después y daría lugar a considerar la Kaaba como el templo más antiguo del monoteísmo, aun si los politeístas no habían dejado de venerar a sus ídolos.

El Profeta era jefe religioso, pero también político, como reflejan los versículos del libro santo: «Combatid contra ellos hasta que dejen de induciros a apostatar y se rinda todo el culto a Dios» (sura 8, 39). Mahoma debía asegurar también la subsistencia de los musulmanes, y los «emigrados» tenían que realizar incursiones contra las caravanas procedentes de La Meca. Su primera victoria fue la de Badr, en marzo del año 267, en la ruta costera que subía hacia Palestina y Siria. Relatos legendarios acompañan esta batalla, haciendo referencia a un ejército de «ángeles guerreros», ¡los cascos de cuyas monturas no tocaban el suelo! El importante botín y el rescate por los prisioneros fueron repartidos de manera equitativa por Mahoma entre los combatientes. Sin embargo, judíos de Medina decidieron abolir su pacto con los musulmanes, buscando una inversión de la alianza. Mahoma decidió entonces expulsar de Medina a una de las tribus judías, obligándola a abandonar casas y bienes mobiliarios, que fueron entregados a los «emigrados» más pobres.

En el año 628, los musulmanes fueron vencidos en Uhud por tres mil ciudadanos de La Meca, y el Profeta resultó incluso herido en esta ocasión. Sin embargo, cuando quisieron entregarse en el cerco de Medina durante la «batalla del Foso» *(khandaq)* —denominación que se debe al hecho de que un persa había aconsejado cavar trincheras delante de la ciudad—, los cuatro mil ciudadanos de La Meca se toparon con la resistencia durante dos semanas y sufrieron un estrepitoso fracaso, porque un tornado los dispersó. No obstante, Mahoma había notado que durante el cerco los judíos se habían entregado a la traición. Por ello, los condenó y la última de las tres tribus judías que quedaba en Medina fue masacrada por orden suya. El recelo que sentía por ellos había llegado a su punto álgido, como apuntan los siguientes versículos: «Entre ellos hay creyentes, pero la mayoría de ellos son perversos (...). Desearán vuestra ruina; el odio se manifiesta en sus bocas, pero lo que ocultan en sus corazones es aún peor (...). Bien les amáis vosotros, pero ellos no os aman» (sura 3, 100, 118-119).

En abril de ese mismo año, el Profeta recibió una nueva revelación que le exhortaba a emprender el peregrinaje a la Kaaba, en La Meca (sura 48, 27). La caravana, sin embargo, no consiguió entrar en la ciudad santa. El Profeta pidió entonces a los musulmanes que le prestaran juramento de fidelidad absoluta, habida cuenta de su estatus como mensajero directo de Alá (sura 48, 10). Este juramento le sirvió para pactar una tregua con los ciudadanos de La Meca, que algunos creyentes habrían podido rechazar por ser una especie de humillación, a cambio de la autorización de efectuar el peregrinaje al año siguiente. Además, los coreichitas se comprometían a garantizar la paz durante diez años. En el año 629 d. de C., Mahoma pudo por tanto regresar con dos mil fieles a La Meca, liberada de sus politeístas para la ocasión, y dedicarse así al tan ansiado peregrinaje. Tuvieron lugar numerosas conversiones, tanto entre las tribus de beduinos, como entre los propios coreichitas. Sin embargo, al año siguiente, con el pretexto de que los ciudadanos de La Meca habían dado apoyo a una tribu hostil con el islam, Mahoma rompió la tregua y decidió ocupar con diez mil musulmanes la ciudad santa. Se dirigieron a la Kaaba y destruyeron los ídolos. Esta vez, la clemencia del Profeta con sus enemigos fue ejemplar. Sólo seis de los más vehementes fueron ejecutados, y se prohibió la venganza de los creyentes contra los habitantes. Sin embargo, Mahoma no optó por instalar la capital de su Estado teocrático en La Meca, y decidió regresar a Medina. En el año 631, no volvió a realizar su peregrinaje, sino que envió a Abu Bakr como emisario. Tras recibir una nueva revelación, decidió iniciar una guerra santa total contra los idólatras y el politeísmo:

«Y proclamación a las gentes, por parte de Alá y de Su mensajero, el día del Peregrinaje Mayor, de que Alá y Su mensajero condenan el politeísmo. Si os arrepentís será mejor para todos. Pero si os pervertís, sabed que no reduciréis a Alá a la impotencia. Y anuncio de un castigo doloroso para quienes no creen.

»Con excepción de los politeístas con los que habéis cerrado un pacto, puesto que no os han faltado en nada y no han dado apoyo a nadie [que luche] contra vosotros: respetad plenamente el pacto cerrado con ellos hasta el plazo convenido. Alá ama a los piadosos.

»Después de que los meses sagrados expiren, matad a los politeístas estén donde estén. Capturadlos, asediadlos y esperadlos en emboscada. Si luego se arrepienten, cumplen la Salat y satisfacen la Zakât, dejadles vía libre entonces, porque Alá es Indulgente y Misericordioso.

»Y si uno de los politeístas pide protección, concédesela para que oiga la palabra de Alá, y luego facilitadle la llegada a un lugar seguro. Es que son gentes que no saben» (sura 9, 3-6; *al-tawbah* [la repudiación o el arrepentimiento]).

Cabe destacar que no se hace alusión a las «gentes del Libro» —judíos y cristianos— en los versículos anteriores: «Los creyentes, los judíos, los sabeos y los cristianos, quienes creen en Alá y en el último Día y obran bien, no tienen que temer y no estarán tristes» (sura 5, 69).

Al año siguiente, en febrero-marzo del año 632, Mahoma se dirigió a La Meca para efectuar su peregrinaje. Sin duda, había presagiado que se trataba del último, porque durante este viaje prescribió con muchos detalles el ritual del Hadj que tenían que respetar en el futuro los fieles.

El ángel Gabriel le dictó en esta última ocasión las siguientes palabras divinas: «Hoy he hecho perfecta vuestra religión; he completado mi gracia sobre vosotros; he recibido el islam como vuestra religión» (sura 5, 3).

En signo de adiós, la tradición atribuye al Profeta las siguientes palabras: «¡Señor! ¿He cumplido adecuadamente mi misión?». A lo cual la multitud respondió que sí.

De regreso a Medina, Mahoma cae enfermo, a finales de mayo. Murió el 8 de junio en la adorable compañía de Aisha, su esposa preferida. Había tenido nueve esposas legítimas, pero no le sobrevivió ningún descendiente varón. ¡Muchos fieles, en su profunda tristeza, se negaban a creer en su muerte, llegando a afirmar, incluso, que Dios lo había elevado hasta el Cielo, como a Jesús! Sus restos no reposaron en ningún cementerio, sino que una tumba los acogió en la morada de Aisha; esto le valió al monumento funerario erigido en este lugar el hecho de seguir siendo venerado hasta la actualidad.

Abu Bakr, que sucedería de inmediato al Profeta como califa, clamaría sin ambages al conjunto de la comunidad musulmana: «Si alguien venera a Mahoma, Mahoma está muerto; pero si alguien venera a Alá, Mahoma está vivo y no muere». Por otra parte, ¿acaso no está escrito, en el Corán, lo siguiente: «Mahoma no es sino un enviado, antes del cual han pasado otros enviados. Si, pues, muriera o le mataran, ¿ibais a abandonar su doctrina?»? (sura 3, 144).

El Corán

El Corán (de *qur'ân*, *qara'a*: «leer, recitar») es el libro sagrado de los musulmanes: «He aquí, en verdad, un noble Corán, contenido en un Libro oculto. Sólo los puros pueden tocarlo» (sura 56, 77-79). Se supone que fue revelado a Mahoma, por medio del ángel Gabriel, después de haber sido conservado en el cielo en una tabla guardada (sura 85, 21-22). El Corán, «descendido así del Cielo», está considerado la «Palabra misma de Alá», transmitida al árabe por el «Espíritu fiel» Gabriel (sura 26, 193-94) al Profeta, que recibe así la Revelación divina. A lo largo de su vida la retranscribe y, tras su muerte, muchísimos fieles recordaban sus palabras; así fue como el texto completo del Corán apareció durante los primeros califas, y las variantes fueron rápidamente suprimidas.

El Corán se compone de 6.226 versículos, reunidos por el califa Uthman en el siglo VII en 114 suras. Debido a su origen divino directo, el libro sagrado no toleraba ninguna crítica histórica o textual y exegética; el texto tenía que ser aplicado literalmente.

Las suras (*surahs*) no están ordenadas por orden cronológico, sino según una relación inversa a su longitud; así, la mayor parte de las revelaciones de La Meca, expresadas poéticamente, están al final de Corán, mientras que las más largas están al principio.

Veamos la lista completa:

(1) Exordio – (2) La vaca – (3) La familia de Imran – (4) Las mujeres – (5) La mesa servida – (6) Los rebaños – (7) Los lugares elevados o *Al-A'râf* – (8) El botín – (9) La repudiación o el arrepentimiento – (10) Jonás – (11) Hûd – (12) José – (13) El trueno – (14) Abraham – (15) *Al-Hijr* – (16) Las abejas – (17) El viaje nocturno – (18) La caverna – (19) María – (20) Ta Ha – (21) Los profetas – (22) La peregrinación – (23) Los creyentes – (24) La luz – (25) El discernimiento – (26) Los poetas – (27) Las hormigas – (28) El relato – (29) La araña – (30) Los romanos – (31) Luqmân – (32) La adoración – (33) La coalición – (34) Saba – (35) El creador – (36) Ya Sin – (37) Los puestos en fila – (38) Sâd – (39) Los grupos – (40) El indulgente – (41) Los versículos detallados – (42) La consulta – (43) El lujo – (44) El humo – (45) La arrodillada – (46) *Al-Abqâf* – (47) Mahoma – (48) La victoria – (49) Las viviendas – (50) Qâf – (51) Los que dispersan – (52) At-Tûr – (53) La estrella – (54) La luna – (55) El Misericordioso – (56) El acontecimiento – (57) El hierro – (58) La discusión – (59) El éxodo – (60) La probada – (61) La fila – (62) El viernes – (63) Los hipócritas – (64) La gran perla – (65) El divorcio – (66) La prohibición – (67) La realeza – (68) El cálamo – (69) El que muestra la verdad – (70) Las vías de ascensión – (71) Noé – (72) Los genios – (73) El arrebujado – (74) El que viste manto – (75) La resurrección – (76) El hombre – (77) Los enviados – (78) La noticia – (79) Los ángeles que arrancan almas – (80) Ha fruncido las cejas – (81) El oscurecimiento – (82) La ruptura – (83) Los defraudadores – (84) El desgarrón – (85) Las constelaciones – (86) El astro nocturno – (87) El Altísimo – (88) La que arropa – (89) El alba – (90) La ciudad – (91) El sol – (92) La noche – (93) El día que amanece – (94) La abertura – (95) La higuera – (96) La adherencia – (97) El destino – (98) La prueba – (99) El terremoto – (100) Los corceles – (101) La calamidad – (102) El afán de lucro – (103) El tiempo – (104) Los difamadores – (105) El elefante – (106) El coraichita – (107) El utensilio – (108) La abundancia – (109) Los infieles – (110) El auxilio – (111) Las fibras – (112) El monoteísmo puro – (113) El alba naciente – (114) Los hombres.

Cabe destacar que las suras 1 a 54, 67 y 75 y 77 a 114 son de origen mecano, mientras que las suras 55 a 66 y 76 son de origen medinés. Esta división de revelaciones divinas según fueran recibidas en La Meca o en Medina goza de cierta importancia para los historiadores de la religión, ya que podría revelar una determinada evolución en función del contexto en el que aparecieron. Así, sólo cuando está en Medina, el Mensajero escribe de Abraham que está con su hijo Ismael, fundador de la Kaaba y, en cierto modo, el primer musulmán como precursor del islam. Así pues, en el contexto mecano, el Corán hace mayor hincapié en la calidad de profeta monoteísta:

«Habla también, en el Libro, de Abraham; era justo, y profeta» (sura 19, 41).
«Se os dice: "Sed judíos o cristianos, y estaréis en el buen camino". Responded: "Somos más bien de la religión de Abraham, verdadero creyente, que no era en absoluto ningún idólatra"» (sura 2, 129).

A la manera de los judíos y los cristianos, que poseían respectivamente la Torá y los Evangelios, los musulmanes accedieron, por tanto, al grupo de los «pueblos del Libro» con su propia religión, el islam. Depositarios del «único y auténtico monoteísmo» a sus ojos (el judaísmo y el cristianismo habían fracasado al no conservar su pureza original), los musulmanes se apoyaban en el último Mensajero del Dios único, que sucedía así cronológicamente a los profetas de las dos religiones bíblicas convertidas en imperfectas. El Corán, por tanto, aparecía para sellar o confirmar la Revelación divina más o menos falsificada por las desviaciones y la degeneración. De hecho, a este respecto, Mahoma sería calificado como «Sello de los Profetas», o del linaje que cierra a los profetas semíticos.

El Corán nos muestra a Alá como Todopoderoso y Omnisciente, el único Creador del Universo, de los ángeles, de las personas y de los espíritus: «Dios es único; no hay más Dios que Él, el Viviente, el Inmutable» (sura 2, 255). Además, Él es benévolo y justo.

Sin embargo, la recreación de determinados temas bíblicos en el Corán acentúa diferencias notables. Por ejemplo, el relato del paraíso es parecido, pero la noción del «pecado original» cometido por Adán y Eva no tiene nada que ver. En efecto, en el Corán queda reducido a un simple error de valoración que no mancilla en absoluto a la raza humana con la caída. El hombre es débil porque es sólo una criatura de Dios. A partir de la creación, Adán se compromete a servir a Dios, y, de hecho, será considerado su primer profeta. En cuanto a Satán (aquí Iblis), que se dedica a tentar a Eva y a Adán, había sido previamente expulsado del Edén porque se había negado a inclinarse ante este último:

«Os creamos y luego os dimos forma, y dijimos a los ángeles: "Postraos ante Adán"; y se postraron todos excepto Iblis, que no quiso postrarse.
»Dios le dijo: "¿Qué te impide postrarte ante él cuando yo te lo ordeno?"
»— Yo valgo más que él —dijo Iblis—. Tú me creaste de fuego, y a él lo creaste de arcilla.
»— ¡Fuera de aquí! —le dijo el Señor—. No vas a echártelas de soberbio en este lugar. Sal, pues; serás despreciable.
»— Dame tregua hasta el día en que los hombres resuciten.
»— La tienes —respondió el Señor.
»— Y puesto que me has descarriado —siguió Iblis—, he de acecharles en tu recta vía» (sura 7, 11-16).

Por último, el Corán evoca a personajes bíblicos como Noé *(Noah)*, Abraham *(Ibrahîm)*, Ismael, José *(Yussef)*, Moisés *(Mussa)*, Jesús *(Issâ)* o María *(Maryam)*, a quien reinterpreta con ciertas particularidades acerca de las cuales hablaremos más adelante.

En el plano escatológico, según el Corán, el día del Juicio Final todos los hombres resucitarán. Sus almas serán valoradas en función de los actos realizados durante su vida, y su suerte dependerá de ello: podrán ir al paraíso o al infierno, pero en todo caso para toda la eternidad. Además, el Corán hace hincapié en la transitoriedad de la vida.

Todas las consideraciones de tipo moral que aparecen en el Corán constituyen la base de la ley islámica (la *sharîa*) que rige la vida de los musulmanes en la forma teocrática de su sociedad (la *ummah*). El número de esposas legítimas se limita a cuatro (sura 4, 3). La usura está prohibida. También se establecen preceptos y prohibiciones. Además, la tradición oral transmitida por los hadices del

Profeta aporta especificaciones nada despreciables. El ayuno del mes del ramadán recuerda a los musulmanes que fue en ese periodo cuando el Corán fue revelado a los hombres (sura 2, 185). Su prescripción se da en el libro santo (suras 2, 187 y 19, 26). Este ayuno obligatorio para todo musulmán constituye uno de los «cinco pilares del islam» *(véase más abajo)*, que un hadiz del Profeta considera los cimientos sobre los que se erige el islam. Además del ayuno del ramadán (del alba al crepúsculo), los demás «pilares del islam» son:

— el testimonio o la profesión de fe musulmana *(shahâda)* relativa a la unicidad de Alá y al apostolado de Mahoma;
— las cinco oraciones diarias *(çalât)* que el fiel debe realizar mirando hacia La Meca, a la salida del sol, al mediodía, por la tarde, al ponerse el sol y por la noche;
— la limosna *(zakât)* legal hecha a los pobres, principalmente durante el ramadán y las fiestas, que corresponde a una acción de purificación;
— el peregrinaje a La Meca *(hadj)*, a fin de conmemorar allí el sacrificio de Abraham. Todo musulmán debe realizarlo al menos una vez en la vida.

El culto público musulmán fue establecido fundamentalmente a finales del siglo VII *(véase más abajo)*.

La sucesión del profeta Mahoma y la expansión del islam

Tras la muerte del Profeta, los musulmanes se plantearon el problema de su sucesión. Era conveniente elegir a quien iba a sucederlo *(khalifa*: «califa») y a asumir la doble función: religiosa, al convertirse en el imán de los musulmanes *(imam al-muslimin)*, y política, al ser comandante de los creyentes *(amir al-mu'minin)*. El primo y yerno de Mahoma, Alí (Ibn abi Talib), que se había casado con su hija Fátima, parecía el más indicado, ya que había combatido valientemente a su lado y había dado dos nietos a Mahoma, Hassan y Hussein, pero fue su amigo y suegro, el viejo Abu Bakr, quien resultó finalmente elegido por sus iguales, preocupados por preservar la unidad de la *ummah*. Cabe decir que Abu Bakr había sido compañero del Profeta en todas las circunstancias, y que este lo había designado para dirigir en su lugar las plegarias en común. Teniendo en cuenta su elevada edad, Alí pensaba que al final él lo sucedería. Durante los dos años que duró su califato, Abu Bakr estableció de manera definitiva la dominación de los musulmanes en Arabia, controlando la sedición de los beduinos que deseaban separarse de la *ummah*. Por otra parte, había emprendido incursiones en Siria, que entonces estaba bajo dominio bizantino. Sin embargo, contrariamente a lo que Alí esperaba, antes de morir, Abu Bakr había designado a un sucesor que no era él: Umar, uno de sus generales, que resultó ser un gran estratega durante su califato, ya que multiplicó sus victorias: Siria, por la batalla de Yarmuk, en el año 636, escapó de dominio bizantino; la ciudad de Antioquía sucumbió en el 637, y ese mismo año vio cómo se desmoronaba el Imperio sasánida. Cinco años más tarde, Egipto era conquistado, así como una parte de Mesopotamia, por las tropas de Umar. La expansión del islam se proseguiría a buen ritmo, puesto que a finales del siglo VII, la nueva religión del Libro se impondría, al igual que en Siria y Egipto, en Iraq, en Asia Menor, en Palestina y en África del Norte. Tras la muerte de Umar, el año 644, los seis fieles que él había designado para elegir a su sucesor volvieron a despreciar a Alí, al optar por Utman, otro yerno de Mahoma, que pertenecía al clan aristócrata mecano de los Omeyas. Utman distribuyó las principales responsabilidades entre los notables de La Meca. Esto sembró el rencor entre los partidarios de Alí, los chiitas, que no reconocían a ningún califa («sucesor») que no fuera de la familia del Profeta y de sus descendientes, esto es, coreichitas, hachemíes y fatimíes (hijos del matrimonio de Fátima, hija de Mahoma, y Alí, su primo y yerno). Utman fue asesinado más tarde por los beduinos, y tras este hecho Alí fue proclamado califa por los medinenses. No obstante, inmediatamente, Aisha, la viuda de Mahoma, asistida por numerosos jefes de los clanes mecanos, acusó a Alí de ser el causante del asesinato de Utman. Las dos partes se enfrentaron duramente en la batalla «del Camello» (por referencia al camello de Aisha). Alí fue finalmente elegido cuarto califa (en la línea de sucesión del Profeta). Estableció rápidamente su capital en una ciudad-guarnición de Iraq, pero su califato fue muy pronto puesto en duda por el gobernador de Siria, Mu'awiyah, suegro de Mahoma y primo de Utman. Las dos partes se enfrentaron en el año 657 en la batalla de Siffin, junto al Éufrates, y, cuando el ejército de Alí estaba a punto de salir victorioso, el astuto general en jefe del ejército de Mu'awiyah, Amr ibn al-As, ordenó a sus soldados que colocaran una hoja del Corán en las puntas de sus lanzas. Al verlas, las tropas de Alí recularon aterrorizadas y aceptaron el arbitraje del libro sagrado, propuesto por Amr ibn al-As. Como consecuencia de la pérfida maniobra de este último y mal representado por su enviado en este arbitraje, Alí y sus tropas tuvieron que abandonar, sobre todo cuando de estas últimas, los karijitas cismáticos —puritanos del islam que se entregaban únicamente al juicio de Alá y rechazaban toda noción de linaje dinástico— se separaron de los chiitas y se alejaron de Alí. Este se volvió contra ellos en lugar de combatir a Mu'awiyah. Finalmente, Alí fue asesinado en el año 661 y los pocos seguidores chiitas que le quedaban, reunidos alrededor de Kufa, en Iraq, proclamaron califa a su hijo mayor, Hassan. Sin embargo, Mu'awiyah, que había sido previamente elegido califa por los sirios, convenció a Hassan de que renunciara a su califato, ya que no tenía ninguna posibilidad de ser reconocido por la mayoría de los musulmanes. Hassan acabó su vida en Medina. Como jefe militar y buen estratega, Mu'awiyah fundó la dinastía de los califas Omeyas de Damasco (661-750), pero cuando había intentado restaurar la unidad de la *ummah* y acababa de morir, Hussein, segundo hijo de Alí, que quería reunir a sus seguidores en Kufa, fue asesinado, en el año 680, con casi toda su familia, en Karbala, en el actual Iraq, por los enviados de Yazid, hijo y sucesor de Mu'awiyah. En ese momento, el cisma fue definitivo, debido a que el resentimiento de los chiitas llegó a su punto máximo con el asesinato de Hussein. Luego se manifestaría en numerosas insurrecciones reprimidas por los califas siguientes. Hasta el siglo X los califas no obtendrían el permiso para celebrar públicamente sus ceremonias, conmemorando, durante los diez primeros días del mes de *muharram*, el martirio de Hussein, el segundo hijo de Alí.

Así, una generación después de la desaparición de Mahoma, la comunidad musulmana (la *ummah*) se vio dividida globalmente, hasta la actualidad, en tres grandes facciones: los sunníes, mayoritarios, que siguen la tradición *(sunna)* defendida por los califas en el poder, ellos mismos descendientes del Profeta por Abu Bakr y sus sucesores; los chiitas, que se reivindican como procedentes del linaje de su califa Alí y de los imanes que lo sucedieron; y los jariyíes o «secesionistas», que consideran que, fuera de todo linaje o filiación, sólo la comunidad de musulmanes debería elegir a su califa y, en caso de faltas graves, tener la oportunidad de expulsarlo.

La expansión geográfica del islam

En lo que respecta a la expansión del islam, cabe saber que, después de que los cuatro primeros califas hubieran conquistado el Próximo Oriente, desde Irán hasta Egipto, Damasco (en el año 635), Jerusalén, Antioquía y Basra (638), Persia (637-650) y Egipto (639-642), la dinastía de los Omeyas de Damasco prolongó la expansión por el este hasta Afganistán y por el oeste hasta África del Norte (Magreb) y España. Tras cruzar el estrecho de Gibraltar (711) gracias, según parece, a la complicidad del gobernador bizantino de Ceuta y de los judíos perseguidos de la ciudad, los árabes llegaron a Andalucía *(al-Andalus)* antes de ascender por España y someter a los visigodos. Con la caída de Toledo, su empresa se extendió hasta los Pirineos. Al intentar un avance por el reino francés, fueron frenados por Carlos Martel en Poitiers, en el año 732, y fueron aplastados cerca de Tours al año siguiente. Los árabes tuvieron que retroceder entonces hasta el otro lado de los Pirineos. No obstante, en el año 750, a la dinastía de los Omeyas, cuyos últimos miembros se refugiarían en Andalucía, le sucedió la de los Abasíes, igualmente originarios de La Meca, que, con ayuda de numerosos chiitas, los derribaron y convirtieron Bagdad en la nueva capital. Sin embargo, a diferencia de los Omeyas, que habían respetado cada vez menos el principio establecido por el Profeta de convertir a los infieles conquistados y no imponer ningún tributo suplementario a los convertidos, los Abasíes no hicieron ninguna diferencia entre estos y los árabes. Además, no dejaban de realizar nuevas conversiones. En cuanto a los chiitas, no iban a ser pagados con la misma moneda, puesto que los Abasíes no tardaron demasiado en romper todos los vínculos que habían mantenido previamente con ellos con el propósito de tomar el poder. Por tanto, el califato de Córdoba se mantuvo desde el año 756 hasta el momento en que los Reinos cristianos, que se habían abierto paso por España, se hicieron con Toledo, en el año 1085. Luego, las dinastías bereberes de los Almorávides (1090-1145) y de los Almohades (1157-1223) ocuparon sucesivamente la península Ibérica, que a continuación sería progresivamente evacuada por los musulmanes, con excepción del emirato nazarí de Granada, que perduró hasta finales del siglo XV. Los turcos selyúcidas, convertidos al islam en el siglo X, destronaron a los Abasíes en el año 1058. Ellos, por su parte, fueron derribados por los mongoles, en 1258. Estos ocuparon Iraq, pero su invasión fue detenida por los turcos mamelucos, que controlarían Egipto, hasta la ocupación otomana de 1517.

El Imperio otomano había nacido en 1301 en Asia Menor. Los otomanos se apoderaron de Constantinopla (la antigua Bizancio y la moderna Estambul) en

1453. Los turcos mamelucos, además, habían establecido su sultanado en la India, en Delhi (1206-1526), y más tarde la India del Norte fue sometida al Imperio islámico de los grandes mogoles, descendientes de los mongoles. Indonesia y Malasia fueron convertidas en gran parte al islam a través de las rutas comerciales que las unían con los países musulmanes. Por otra parte, ocurrió lo mismo con algunos países del África negra.

El sunnismo mayoritario

El sunnismo, que representa mayoritariamente al islam de los musulmanes, se apoya en la Tradición *(sunna)* y la Ley *(sharîa)*, surgidas de la interpretación literal del Corán y de la tradición vinculada a los hadices del profeta Mahoma. La Ley coránica, que representa la expresión de la voluntad divina que le ha sido revelada, establece las relaciones del musulmán con la comunidad (la *ummah*), así como las que debe mantener con Dios y con su propia conciencia. Así, teología y ley están solidariamente unidas. Al no establecer Mahoma ninguna distinción entre Ley religiosa y ley secular, la *sharîa* afecta a todos los ámbitos de la vida cotidiana de un musulmán: la familia (matrimonio, divorcio, derechos sucesorios), los impuestos, la limosna *(zakât)* de un mínimo del 2,5 % de los ingresos, pero también las oraciones, las abluciones rituales, etc. Todas las acciones humanas están regidas por las *fuqahâ'* según una escala que hace aparecer lo que está «prescrito», lo que está «prohibido» y los estadios intermedios.

Además de la *sunna*, o tradición centrada en las acciones y las palabras del Profeta, las fuentes teológicas y legalistas distinguen la *ijmâ*, o consenso de los testimonios contemporáneos de los cercanos a Mahoma o transmitidos por sus herederos; y la *ijtihâd*, o reflexión personal que se deduce de la lectura del Corán, gracias a un razonamiento analógico *(qiyâs)*, en el caso en que el libro santo y la *sunna* no digan nada acerca de una cuestión en particular. Las escuelas de «jurisprudencia» *(fiqh)*, reconocidas como canónicas por la comunidad sunní, son esencialmente cuatro: hanafíes, malikíes, shafiíes y hanbalíes. Abu Hanifah hizo una síntesis legal que prevalecería en Iraq. Malik ibn Anas basó sus juicios apoyándose en una reconstitución precisa de las prácticas de la comunidad del Profeta. Esta escuela literalista tan estricta es dominante en el Magreb aún hoy. Muhammad ibn Idris al-Shafii fundó su escuela basándose en el Corán y en una selección esperada de hadices, concediendo un papel relevante al razonamiento por analogía al igual que a la opinión colectiva, refiriéndose a la palabra del Profeta en la que se dice que la *ummah* no podría dominarse completamente. Ahmad ibn Hanbal, por su parte, se remitía exclusivamente a las palabras del Profeta, considerándolas siempre superiores incluso a los razonamientos especiosos de los juristas más aguerridos. El conjunto de las escuelas de jurisprudencia, sin embargo, ha utilizado el método racional del cálamo *(kalâm)*, cuyo significado árabe es «palabra, discurso», dando lugar a *kalâm Allah*, «palabra de Dios». El *ilm al-kalâm* es la teología dialéctica del islam, cuyo objetivo es establecer una ortodoxia de la religión musulmana. A este respecto, se apoya en una lógica aristotélica, dedicada menos a expresar una verdad demostrada o demostrable, que a sostener por la dialéctica y la apologética los artículos de la fe religiosa. Los mu'tazilíes fueron los primeros teólogos, que se ilustraron desde el siglo IX de nuestra era, en Basra. Su doctrina se convirtió durante un tiempo en la teología oficial del islam sunní. Rechazando rigurosamente toda posible atribución de carácter antropomorfo a Dios, sostienen, como los puritanos jariyíes, que la fe no basta en absoluto para ser un auténtico musulmán y que la ausencia de pecados y la práctica de buenas obras son de capital importancia. Por otra parte, los mu'tazilíes insisten en el principio de la Unidad divina *(Tawhid)*: «Dios es único, nadie se le asemeja; no es ni cuerpo, ni individuo, ni sustancia, ni accidente. Está más allá del tiempo. No puede habitar en un lugar ni en un ser; no es ni el objeto de ninguno de los atributos o de las calificaciones de las criaturas. No está condicionado ni determinado, ni engendra ni es engendrado» (Henry Corbin, *véase Bibliografía*). Además, los mu'tazilíes sostienen que el Corán ha sido creado y niegan la existencia de los atributos divinos. Consideran que la justicia divina implica el libre albedrío que hace al hombre responsable de sus actos; esto parece en cierto modo contradictorio con la enseñanza del Corán, en el que Alá aparece como causante del bien y del mal. El califa Al-Ma'mun llevó el mu'tazilismo a su punto álgido al reconocerlo como doctrina de Estado, pero en seguida los sunníes sufrieron un periodo de crisis. Y es el califa Abu'l-Hasan al-Ash'ari quien abandonará de manera pública esta doctrina, en la gran mezquita de Basra. Esforzándose por conciliar las diferentes esferas de influencia que se enfrentaban dentro de la comunidad sunní, los defensores del mu'tazilismo y los defensores de una doctrina literalista que se opone totalmente a este, el califa afirma las concepciones siguientes. Al racionalismo absoluto que critica, impone la fe en los misterios *(ghayb)*. A diferencia de los mu'tazilíes, acepta la noción de atributos divinos, así como los 99 nombres evocados en el Corán, pero sin interrogarse acerca de su comprensión; se remite a la fe, reconociendo, por otra parte, algunas virtudes a la razón. Oponiéndose al mu'tazilismo, asimismo, considera que el Corán es in-

EL WAHHABISMO
Habida cuenta de la actualidad candente del fundamentalismo islámico, conviene citar el movimiento rigorista y radical del wahhabismo. Jurídicamente vinculado a la esfera de influencia hanbalí, nació en Arabia a mediados del siglo XVIII, creado por un teólogo llamado Muhammad ibn Abd al-Wahhab. Con el apoyo de la poderosa tribu de los Sa'ud y de los beduinos, estableció una concepción muy rigurosa del islam. Combatió con vehemencia a los chiitas, principalmente en Karbala, y las cofradías místicas reunidas en el sur de Iraq. Los lugares santos de La Meca y de Medina fueron luego tomados y reducidos a la sumisión al wahhabismo radical. Sólo el ejército otomano comandado por Mehemet Alí pudo vencer, en 1818, a los wahhabíes. Sin embargo, menos de un siglo más tarde, Abd al-Aziz ibn Sa'ud ocupó varios oasis de Arabia y los Sa'ud acabaron asentando su autoridad en los Hedjaz, imponiendo su monarquía wahhabí. Después de destruir todas las tradiciones locales, al igual que la teología especulativa, la única referencia era, a partir de entonces, la aplicación rigurosa y establecida, casi al pie de la letra, del Corán.

creado, puesto que el Verbo divino *(kalâm)* permanece para siempre. Además, reconoce el perdón divino de los pecados, así como una determinada noción de predestinación. Así, el asharismo constituyó la ortodoxia islámica para un buen número de musulmanes sunníes. Sin embargo, la influencia de los grandes pensadores del siglo X —como el filósofo al-Farabi y, sobre todo, el médico y filósofo aristotélico y neoplatónico Ibn Sina, más conocido con el nombre de Avicena— contribuyó a integrar elementos de lógica y de cosmología helénica en la visión islámica del mundo y del universo, aun cuando el sunnismo seguía siendo inquebrantable en cuanto al dogma religioso establecido. Las prácticas musulmanas sunníes fueron ampliamente desarrolladas *(véase segunda parte de esta obra)*.

El chiismo

Si, para cualquier musulmán, es importante captar el sentido verdadero del Corán a fin de llegar a la verdad ontológica *(haqîqat)*, para Alí, primo y yerno del Profeta, al que los chiitas (de *chi'a*: «partido de Alí») reivindican como el primer califa e imán, «no existe versículo del Corán que no tenga cuatro sentidos: el exotérico *[zâhir]*, el esotérico *[bâtin]*, el límite *[hadd]* y el proyecto divino *[mottala']*. El exotérico es para la recitación oral; el esotérico es para la comprensión interior; el límite son los enunciados que establecen qué está bien y qué está mal; y el proyecto divino es lo que Dios se propone realizar en el hombre con cada versículo» (Henry Corbin, *véase Bibliografía*). De hecho, según un hadiz del Profeta, ¿acaso no habría hasta siete sentidos esotéricos que descubrir en el Corán?

En el chiismo, son los imanes los considerados grandes jefes espirituales que entregan el fruto de su exégesis a los fieles. Colecciones enteras de textos han sido conservadas hasta nuestros días. Las interpretaciones se apoyan en dos nociones: la del *tanzîl*, que designa la «carta» de la Revelación celestial redactada por dictado del ángel Gabriel; y la de *ta'wîl*, que hace referencia al «espíritu» relativo al origen y al sentido verídico del texto *(haqîqat)*.

Los chiitas, a diferencia de los sunníes, consideran que después de la desaparición de Mahoma empezó un nuevo ciclo, el de «la protección divina y la amistad» *(walâyat)*, que revela a los imanes significados secretos que constituyen la auténtica gnosis del Corán. Toda la dificultad para ellos radica en el equilibrio entre la enseñanza exotérica *(zâhir)* y la esotérica *(bâtin)*. Esto dio lugar a numerosas escuelas o sectas que desembocaron a veces en divergencias notables que llegaban a los cismas.

Resumamos sucintamente la agitada y a menudo dramática historia del chiismo.

Tras el martirio de Hussein, los chiitas de Kufa proclamaron califa, sin su intervención, a un hijo natural de Alí, Muhammad Ibn al-Hanafiya, bajo la dirección del noble al-Mukhtar, que, por otra parte, pretendía que había sido designado directamente por Alá como Mahdí. Sin embargo, contra toda previsión, Muhammad Ibn al-Hanafiya no quiso someterse a estos planes y renunció a la sucesión de Alí, ya que prefería llevar una vida tranquila en Medina. Al-Mukhtar, por su parte, tuvo una muerte trágica, pero uno de sus seguidores elaboró la filiación chií según la cual los únicos califas legítimos habrían sido Alí, Hassan,

Hussein y Muhammad. En lo que respecta a este último, algunos chiitas se negaron a creer en su muerte y su título de Mahdí designó al califa futuro oculto en la montaña cuya llegada sería precedida por signos precursores de carácter escatológico. Esto prescindía del hecho de que Hussein había tenido un hijo, Alí, con el sobrenombre de Zain al-Abidin, y un nieto, Muhammad al-Baquir; este tenía, además, un medio hermano, Zaid ibn Alí. Sin embargo, las esperanzas basadas en ellos por los chiitas resultaron vanas. Más tarde, pensaron que, apoyándose en los Abasíes a través del hachemí Ibn Abbas, que reclamaba la dignidad califal, obtendrían su reconocimiento, pero también le ofrecieron a este su apoyo en vano, porque, una vez que los Abasíes los hubieron utilizado para vencer a los Omeyas, los rechazaron sin dejar de controlar de cerca a los descendientes de Alí. Entre ellos destaca la figura del sexto imán, Ja'far'al-Sadiq (el Justo), y de sus hijos Abdallah al-Aftah, Isma'il y Musa al-Kazim, este último prisionero en Bagdad del califa abasí Harun al-Rashid (contemporáneo de Carlomagno y al que se atribuyen *Las mil y una noches*). Al fallecer los tres primeros hijos y el padre, fue Musa quien, como séptimo imán, aseguraba la filiación chií y sus descendientes: Ali al-Rida, Muhammad al-Jawad, Ali al-Hadi y Hassan al-Askari, que no dejó ningún hijo varón. Tras su muerte en el año 873, los chiitas, desamparados, al tenerse que enfrentar a los problemas debidos a la sucesión, pretendieron que tenía un hijo de cinco años que había desaparecido misteriosamente: el duodécimo imán, el «califa oculto» *(çamit)*. Su nombre, que debía ser Muhammad al-Mahdiq, indicaba que regresaría un día como Mahdí, como el «Maestro del Mundo» *(Sahib al-zaman)*. Esta corriente chií que comprende doce imanes adoptó el nombre de sistema de los «duodecimistas» *(Izna-Ashariyah)*.

Paralelamente se desarrolló otra corriente chií basada en la descendencia del nieto de Ja'far al-Sadik, Muhammad ibn Isma'il, hijo de Isma'il, fallecido prematuramente, y al que su padre habría investido como sucesor. Considerado aquí como el auténtico séptimo imán, dio lugar al sistema chií de los septimistas o ismailíes. Sin embargo, de nuevo en este contexto, se desarrolla la noción del «imán oculto». A esta complejidad de interpretaciones se suma el hecho de que en el siglo XI la comunidad ismailí se dividió globalmente en dos ramas: los «orientales» (de Persia), que tenían como centro la ciudadela de Alamut, situada en las montañas del suroeste del mar Caspio, y los «occidentales», que residían en Egipto y el Yemen. Evoquemos brevemente en estas líneas la historia de estas diferentes corrientes ismailíes: «(...) en el siglo IX, un tal Abdallah, que afirma ser descendiente de Alí, lanza una "misión" *(da'wa)* que anuncia la llegada del Mahdí. Perseguido, se retira a Salayma, en Siria. Entre los primeros misioneros [*du'at*, singular *da'i*], se encuentra un tal Hamdan Qarmat, que daría su nombre a los ismailíes iraquíes o qarmatas. En Irán, y particularmente en Rey, los ismailíes atraerán a muchos duodecimistas, como consecuencia de su "confusión" tras la muerte de su undécimo califa. Las misiones del Yemen y de Argelia también tendrán mucho éxito. La doctrina qarmata, en la época de la "ocultación", consiste en dobles series de profetas, uno que habla *(natiq)* y revela el aspecto exotérico *(zâhir)* de la religión, y otro que es su "heredero" *(wasi)* y que revela la religión esotérica *(bâtin)*. Cada doblete de profetas se encarga de la instrucción de una "edad" *(daur)* del mundo. Los primeros profetas son personajes del Antiguo y del Nuevo Testamento. Muhammad y su *wasi* Alí son los últimos de esta serie. Fueron sucedidos por seis imanes. El séptimo, Muhammad ibn Isma'il ibn Ja'far, es el Mahdí esperado, cuya época será marcada por la abolición de las leyes *(raf'al-shara'i)* y el retorno a la condición paradisiaca de Adán antes de la caída. El cuarto *hujja* («garante») de Salayma se proclama a sí mismo Mahdí (899 d. de C./286 de la hégira). En su nombre, los misioneros, con el apoyo de la poderosa tribu berebere de los Kutamas, parten a la conquista de África del Norte» (M. Eliade e I. P. Couliano, *véase Bibliografía*).

El Mahdí en cuestión, Ubayd'Allah, reivindica su título de califa en el territorio conquistado en el año 910, inaugurando de este modo la dinastía de los Fatimíes, que perduraría hasta 1171. Al-Mu'izz, que le sucedió, decidió tomar El Cairo *(al-Qahira)* como capital. En cuanto al tercer califa, al-Hakim, sería divinizado por la secta de los drusos. Al fallecer el cuarto califa fatimí, al-Mustansir, en 1094, el *da'i* iraní, Hasan-i Sabbah, da apoyo a un descendiente de Nizar, el hijo asesinado de al-Mustansir, al que protege y defiende en la ciudadela inexpugnable de Alamut, en el corazón de las montañas de Elburz.

Este sería el origen de los ismailíes nizaríes o asesinos, antepasados del linaje de los Aga Khan. Luego, en 1164, el imán nizarí Hasan II instaura «la abrogación de la Ley» *(qiyama)* y se proclama inmediatamente califa. Sin embargo, tras la toma de Alamut y su destrucción por parte de los mongoles, en 1256, los nizaríes desamparados desaparecen casi por completo, exceptuando a los Hojas del noroeste de la India. Desde 1866, reconocen a los Aga Khan como imanes.

No obstante, también hay que tener en cuenta el hecho de que tras la muerte del sexto califa fatimí, al-Amir, ejecutado por los asesinos, en el año 1130, su descendiente varón, al-Tayyib, era un bebé de ocho meses. Como fue puesto en lugar seguro y desapareció sin dejar huellas, fue calificado de «imán oculto» por el *da'i* del Yemen. Este estaría en el origen de los tayyibíes del Yemen y de la India, que siguen existiendo en la actualidad.

Las diferencias de la doctrina musulmana de los chiitas y de los sunníes siguen siendo muchas, como, por ejemplo, la posición del imán (es comparado a veces con Mahoma por los chiitas, que pretenden que está directamente inspirado por Dios, aunque sirve de intermediario entre este y los fieles, pero no sustituye al Profeta); concepciones místicas de naturaleza gnóstica, como la metempsicosis, o la reencarnación (ajena a los sunníes), pero también cosmológicas y antropológicas diferentes; el problema del Mahdí, que se percibe de modo diferente... La diferencia de fondo, no obstante, sigue siendo la importancia otorgada al primo y yerno de Mahoma, Alí, y su filiación indispensable para asegurar la descendencia del Profeta, según los chiitas. Sus centros religiosos están esencialmente en Irán y en Iraq (en Karbala y en Nadjaf). Mientras que los sunníes son actualmente algo menos de mil millones de musulmanes, los chiitas reúnen aproximadamente a 180 millones.

EL SUFISMO *(TAÇAWWUF)*

El sufismo representa una esfera de influencia particularmente mística del islam. La etimología de los términos *sufismo* y *sufí* (de *suf*, «lana») hace hincapié en la pobreza y la pureza de los ascetas sufíes, que llevan simplemente un sencillo manto de lana.

Aunque el término no empezó a extenderse hasta el siglo IX, se empleó ya para designar a algunos compañeros del Profeta, que se dedicaban a la devoción y al misticismo. Los primeros sufíes reconocidos como tales fueron Hasan al-Basri (siglos VII-VIII), caracterizado por su piedad ascética y su temor al juicio divino, e Ibrahîm ibn Adham, famoso por haber resumido las tres fases siguientes que deben observar los sufíes para llevar a cabo su ascesis *(zuhd)*: en primer lugar, renunciar al mundo; luego, renunciar a la felicidad de saber que se ha abandonado el mundo; y, por último, percibir de forma tan total la ausencia del mundo que no se le preste ni siquiera atención.

Una mujer sufí, antigua esclava, Rabi'a, exaltó las virtudes del sentimiento de amor profundo, incluso absoluto, hacia Dios, lo que, por otra parte, un siglo antes el místico séptimo imán chií Ja'far al-Sadik había descrito ya con estos elocuentes términos: «Un fuego divino que devora al hombre completamente». Esto no era concebible para un sunní, ya que, como musulmán, debía abandonarse únicamente a la voluntad de Alá y obedecer la Ley respetando la tradición coránica *(sunna)*.

Además, los sufíes dedican un respeto sin límites a sus instructores, los jeques *(sheikhs* o *pirs)*, así como al culto de los santos, considerados amigos de Dios *(wali Allah)*. Los teólogos ortodoxos ulemas *(ulama)*, como sunníes, veían todo esto con muy malos ojos y acusaron muy pronto de herejía a los sufíes, tanto más cuanto que estaban muy próximos a los chiitas, hasta el siglo IX de nuestra era, y tenían simpatías por la gnosis influenciada por el neoplatonismo, o incluso el zoroastrismo y el maniqueísmo. Algunos de ellos fueron realmente convencidos de herejía ante el califa, como los Dhu'l-Nun y al-Nuri, y llegaron incluso a ser martirizados, como sería el caso, posteriormente, de al-Hallaj y Sohrawardi. Todo ello iba a obligar a los sufíes a tomar muchas precauciones y a volverse más discretos en su ascesis extática y su práctica mística: el *dhikr*, meditación o invocación incansablemente salmodiada del sagrado nombre de Dios (ya recomendada en el Corán, suras 13, 28 y 33, 14), salpicado de ejercicios respiratorios y cantos, y, más tarde, danzas (en el caso de los derviches danzantes) para alcanzar la unión absoluta con Dios *(tawhid)*. Esto era algo comparable a las prácticas místicas de los cristianos ortodoxos orientales, a través del hesicasmo *(véase más arriba)*, así como a algunos ejercicios de yoga de la India. Esta desconfianza legítima de cara a los ulemas llevó al egipcio Dhu'l-Nun a escribir: «¡Oh, Dios! En público te llamo "Mi Señor", pero cuando estoy solo te llamo "Oh, mi Amor"». Por otra parte, Dhu'l-Nun sería quien opondría directamente al conocimiento discursivo *('ilm)* la verdadera gnosis interior, fruto del conocimiento espiritual *(ma'rifa)*. Ha dejado himnos poéticos de una gran profundidad mística.

El persa Abu Yazid Bistami (siglo IX) fue considerado un sufí, aunque era causa de controversia entre sus iguales, no por su discurso, aparentemente de inspiración divina, sino por los estadios místicos que pensaba que realmente había alcanzado: el aniquilamiento de sí mismo *(fana)* y la verdadera unión del alma con Dios. Uno de sus opositores fue Abu'l Qasim al-Junayd, que se ilustró como el gran instructor *(sheikh)* de los sufíes de Bagdad. Dejó numerosos tratados teológico-místicos que codificó para disimular la enseñanza a los profanos externos a su cofradía. Al contrario que el entusiasmo espiritual *(sukr)* preconizado por Bistami, defendió la importancia de la sobriedad espiritual *(sahw)*, sobre todo desde el momento en que la presencia de Dios permite recuperar los elementos que trascienden la personalidad, que entonces no habrá sido en modo alguno aniquilada totalmente *(fana)*, sino que lo esencial *(baqa)* llevará a una nueva vida en Dios, constituyendo realmente el objetivo final de la ascesis. Otro persa, Hussain Tirmidhi, conocido como «el Sabio» o «el Filósofo» *(al-Hakim)*, porque se interesaba por la filosofía helenística, redactó unos ochenta pequeños tratados que hablan de su enseñanza gnóstica. Introdujo la terminología sufí, que principalmente situaba al imán en la cúspide de la jerarquía, como «polo» *(qutb)* (en *El Sello de la Santidad*), e insistía en las iluminaciones que llevaban a la santidad. En lo que se refiere al concepto de «amistad divina» *(walâyat)*, distinguía dos nociones o grados diferentes: una general y ofrecida a todos los musulmanes y otra reservada a la elite espiritual de los «íntimos de Dios». Ahora bien, como subrayó Henry Corbin, esta noción de doble *walâyat* en el sufismo de Tirmidhi ya había sido establecida por la doctrina chií (al igual que el concepto de «polo» que cualifica al jeque supremo); lo cual no hace sino agregar influencia de esta en aquella. Esta impregnación chií desaparecerá poco a poco para reaparecer con las cofradías sufíes en el siglo XIII. El persa Hussain Ibn-Mansur, nacido en el año 857, más conocido con el nombre de al-Hallaj, marcará la historia del sufismo por la audacia que muestra y por su trágico fin. Ya había recibido la enseñanza de dos maestros espirituales antes de convertirse en alumno de al-Junayd. Después de realizar el peregrinaje a La Meca y haber recibido algunas iluminaciones místicas («Mi espíritu se ha mezclado con el Suyo como el almizcle con el ámbar, como el vino con el agua pura...»), inició sus primeras predicaciones públicas, lo que le valdría ser acusado por algunos sufíes y, sobre todo, por su maestro espiritual al-Junayd de haber revelado lo incomunicable a profanos y haber realizado milagros en público. Después de haber hecho otros dos peregrinajes a La Meca, así como otros viajes a la India, Turkestán y hasta la frontera de China, acabó regresando a Bagdad para instalarse en la ciudad. Allí fue donde exaltó el concepto de «unión mística transformadora» con Dios, donde todo en el ser es santificado y transcendido. En este contexto pronunció las famosas palabras de una grandeza mística sin igual, pero que, por desgracia, hicieron que fuera condenado por los ulemas, porque fueron consideradas sacrilegio, una vez sacadas de su contexto: «Soy la Verdad (Dios)» *(Ana'l-Haqq)*. Para los teólogos sunníes, esto era el colmo, además de una blasfemia. Encarcelado durante nueve años, al-Hallaj acabó siendo ejecutado, en el año 922, mientras pronunciaba sus últimas palabras, después de haber aceptado de buen grado su martirio: «No es bastante para la extática, cuando en él su Único es el único en manifestarse». Además de un comentario del Corán y algunos poemas, dejó un opúsculo, el *Kitab al-tawasin*, acerca de la unión divina, los medios para alcanzarla y el arte de profetizar. Y, paradójicamente, aun cuando en vida no había dejado de exasperar a los musulmanes e incluso a algunos sufíes, al-Hallaj sería proclamado santo después de su muerte. Su influencia no dejó de crecer desde entonces en el ámbito de la mística del islam. Shibli, un amigo fiel de al-Hallaj, le sobrevivió; manejaba también el arte de la provocación y del paroxismo: «Quien ama a Dios por Sus actos de gracia es un infiel (politeísta)». Otro sufí, el iraquí Niffari, ya había conseguido manejar antes el arte de la paradoja; además, insistió en el hecho de que la plegaria es un «don» de Dios, que inspira directamente en él la práctica al creyente.

Tras el martirio de al-Hallaj, hubo un esfuerzo de estructuración del sufismo: las etapas realizadas *(maqamat)* y los estados espirituales alcanzados *(ahwal)*, todo rindiendo cuentas de la vía *(tariqah)* seguida.

Las etapas principales son tres:

— de novicio *(murîd)*;
— de avance por la vía *(sâlik)*;
— de perfecto *(kâmil)*.

La práctica de la ascesis es enseñada por el jeque que toma a su cargo a cada discípulo; este tiene que llevar a cabo un intenso combate contra sí mismo, una especie de «guerra santa» *(yihad)*, para perfeccionarse y recibir como un don divino los estados espirituales *(ahwal)*, frutos del esfuerzo personal y de la búsqueda mística individual. La cantidad de estadios y etapas místicas varía (pueden llegar a ser más de cien). Abu Nasr al-Sarraj (finales del siglo X) distingue siete estadios *(maqamat)*:

— el arrepentimiento *(tawbah)*;
— la abstinencia *(wara')*;
— la ascesis *(zuhd)*;
— la pobreza *(faqr)*;
— la paciencia *(sabr)*;
— la confianza en Dios *(tawakkul)*;
— la satisfacción *(ridâ')*.

Además, cita también diez etapas místicas *(ahwal)* cuyo contenido parece más subjetivo:

— la atención constante *(murâqabah)*;
— la proximidad *(qurb)*;
— el amor *(mahabbah)*;
— el miedo *(khawf)*;
— la esperanza *(rajâ')*;
— el deseo *(shawq)*;
— la familiaridad *(uns)*;
— la tranquilidad *(itmi'nân)*;
— la contemplación *(mushahdah)*;
— la certeza *(yaqîn)*.

El gran teólogo persa Abu Hamid al-Ghazzali, nacido en el año 1059, hizo un magistral intento por relacionar la enseñanza sufí con la ortodoxia musulmana. Como consecuencia de su búsqueda religiosa y mística, viajó durante diez años por Siria, llegó a Jerusalén, y luego fue a Egipto, y estudió el judaísmo y el cristianismo. En Siria, siguió la vía de los sufíes y constituyó con algunos de ellos una comunidad al regresar a Bagdad, donde fundó también una escuela-seminario (madrasa). Tras su muerte, en el año 1111, dejó numerosos escritos para la posteridad. Gracias, sobre todo, a la obra titulada *La Revivificación de las Ciencias Religiosas* consiguió convencer a los teólogos musulmanes oficiales (sunníes) de que aceptaran la mística sufí aun sin acordarle primacía sobre el *kalâm* basado en la Ley y la tradición coránicas. En cierto modo, la experiencia extática sufí se veía relativizada, pero, al mismo tiempo, era reconocida por primera vez, gracias a la extrema sagacidad de al-Ghazzali. Sin embargo, esta apertura se llevaría a cabo en detrimento del reconocimiento de los filósofos musulmanes (influenciados por Platón, Aristóteles y los neoplatónicos), como al-Kindi, al-Farabi y, sobre todo, Avicena e Ibn Roschd (Averroes), ya que al-Ghazzali no había dejado de criticarlos severamente en su *Refutación de filosofías*, a la que harían referencia más tarde una gran cantidad de teólogos musulmanes.

Originario de Andalucía, Ibn Arabí, que nació en Murcia, en 1165, fue considerado por los sufíes como su «principal jeque». Tuvo varias iluminaciones extáticas en la Kaaba y La Meca *(Las Revelaciones mecanas)*, que lo condujeron a la certeza de que era «el sello de la santidad mahometana». Realizó numerosos viajes, desde Marruecos hasta Iraq, en busca de correligionarios sufíes. Reconocía que el conocimiento de los estados místicos no puede obtenerse más que por la experiencia extática, y no por medio del razonamiento. Asimismo, desarrolló también el concepto metafísico de la Unidad del Ser (y de su propia percepción), gracias a la noción de imaginación creadora *(Imaginatio vera)*. El hombre es el intermediario privilegiado entre Dios y la Creación. Escribió que, en cierta medida, el santo se beneficia de ese don divino de creación *(himmah)*, de modo que llegó a concretizar sus imágenes interiores personales. Según Ibn Arabí, el islam es fundamentalmente la verdad que la experiencia ha revelado al santo, haciendo así hincapié en el misticismo. Murió a la edad de ochenta y cinco años, en Damasco, en 1240.

Sohrawardí, que debe su nombre a la ciudad de Sohraward (al noroeste del Irán), de la que era originario, nació en 1155. Fue calificado por sus discípulos como jeque *shahid* (mártir), porque murió asesinado por sus detractores, en 1191. A lo largo de su juventud, tuvo una visión extática durante la cual se encontró con «unos seres de luz que contemplaban a Hermes y Platón...» ¡y sus referencias antiguas llegaron hasta Zaratustra! Sus ideas se basan en la gnosis de la Luz gloriosa y soberana y los seres arcangélicos y angélicos que emanan de ella. La angelología y la cosmología son, en su sistema, indisociables. De los cuatro universos a los que este hace referencia, distingue a *Malakut*, que constituye el «mundo de las Almas celestes y de las Almas humanas» y el «mundo intermedio... percibido gracias a la Imaginación activa». Por otra parte, narra cuentos iniciáticos cuyo protagonista es Khay Khosraw, embarcado en una búsqueda espiritual comparable por completo a la del mítico grial. Por desgracia, no podemos analizar la profunda mística de Sohrawardi[12] en el breve espacio de este libro.

Mawlana Djalal al-Din al-Rumi, hijo de padre teólogo y maestro sufí, nació en Balkh, en el Khorassan, en 1207. Después de vivir en Konya, estudió en Alep y Damasco. Luego regresó a Konya para enseñar la ley y la jurisprudencia, y aquí

---

12. Véase P. Rivière, *Les Secrets du Graal*, ed. De Vecchi; *Le Graal*, ed. Pardès, 2003.

EL LIBRO DE LAS RELIGIONES MONOTEÍSTAS

fue donde conoció a quien iba a cambiar el curso de su vida de teólogo y jurista. Se trataba de un anciano, derviche errante, llamado Shams (de Tabriz), que se convirtió en su maestro espiritual. Después de su trágica muerte, el sabio y asceta Rumi se convirtió en poeta y amante de la música y de las danzas sagradas. Sostenía que el ser humano siente nostalgia por la música sagrada del paraíso y que la danza reviste un carácter a la vez cósmico y divino. Fundó una cofradía, *Tariqa mawlawiya*, de los «derviches danzantes», que giran sobre sí mismos para alcanzar el éxtasis que los une a Dios, durante la celebración del *sama*, imitando la carrera de los astros alrededor del sol, así como la nueva subida de las almas hacia Dios. Rumi redactó el *Mathnawi*, además de numerosos poemas y máximas filosóficas de alcance místico.

Su obra refleja, como la de al-Hallaj, a la que hace referencia en alguna ocasión, el Amor divino y su amor por Dios, que lo exalta hasta el punto más elevado: «Supera incluso la condición angélica, penetra en este océano [la Unidad divina] a fin de que tu gota de agua pueda convertirse en mar».

Aunque es aceptado por el islam sunní desde hace siglos, el sufismo no ha llegado a influenciarlo. Tan sólo ocupa un lugar en el folclore poético y musical que suscita el interés de los turistas, generalmente seducidos por su carácter pintoresco.

Textos coránicos (extractos)

Al-Ikhlâç (el «monoteísmo puro»)

• **Sura 112**
En el nombre de Alá, el Clemente, el Misericordioso.
   1. Di: «Él es Alá, Único.
   2. Alá, el Único que es implorado para lo que deseamos.
   3. No ha engendrado ni ha sido engendrado.
   4. Y no tiene a nadie por igual».

Muhammad

• **Sura 47**
En el nombre de Alá, el Clemente, el Misericordioso.
   1. Alá anulará las obras de quienes no creen y obstruyen Su camino.
   2. Y a quienes creen y realizan buenas obras, y creen en lo que ha descendido sobre Muhammad —y es la verdad procedente de su Señor—, a esos Él les perdona sus maldades y mejora su condición.
   3. Esto es así porque quienes no creen han seguido lo Falso, y quienes creen han seguido la Verdad que emana del Señor. Así expone Dios a las gentes sus ejemplos.
   4. Cuando encontréis a quienes no creen, golpead sus cuellos. Luego, cuando estén dominados, encadenadlos bien. A continuación, concededles la liberación gratuita o con rescate, hasta que la guerra haya depuesto sus cargas. Así lo haréis; porque si Alá quisiera, Él mismo se vengaría de ellos, pero os pone a prueba a unos con otros.

Y las acciones de quienes caigan muertos en el camino de Alá, nunca serán anuladas por Él.

5. Él los guiará y mejorará su condición,

6. y les permitirá la entrada en el Paraíso que les dará a conocer.

7. ¡Oh, los que creéis! Si favorecéis el éxito de (la causa de) Alá, Él os hará triunfar y reafirmará vuestros pasos.

8. Y en cuanto a quienes no creen, la desdicha caerá sobre ellos, y Él hará que sus obras sean en vano.

9. Puesto que ellos han rechazado lo que Alá ha hecho descender, Él ha hecho que sus obras sean en vano.

10. ¿Acaso no han recorrido la tierra para ver lo que les pasó a sus predecesores? Alá los ha destruido. El mismo fin está reservado para los infieles.

11. Y es que Alá es realmente el Protector de quienes creen; pero los infieles no tienen protector.

12. Quienes creen y realizan buenas obras, tendrán el permiso de Alá para entrar en los Jardines por los que fluyen los arroyos. Quienes no crean gozarán y comerán como comen las bestias; y el Fuego será su morada.

13. Y cuántas ciudades, mucho más fuertes que la ciudad que te ha expulsado, hemos derribado, y ellos no pudieron refugiarse.

14. ¿Acaso quien sigue una prueba manifiesta procedente de su Señor es como aquel a quien se le hace agradable la maldad de su acción y como quienes siguen sus pasiones?

15. Esta es la imagen del Paraíso que se ha prometido a los piadosos: habrá arroyos de agua siempre cristalina, y arroyos de leche de un gusto inalterable, y arroyos de un vino delicioso, así como arroyos de una miel purificada. Y en todas partes, para ellos, frutos de todo tipo, así como el perdón por parte del Señor. ¿Quién, en este jardín de ensueño, será comparable a quien permanece eternamente en el Fuego y es nutrido por un agua hirviendo que le desgarra las entrañas?

16. Entre ellos hay quienes te escuchan, hasta que, cuando salen de tu lado, dicen a quienes han recibido la ciencia: «¿Qué acaba de decir?». Estos son aquellos a quienes Alá ha sellado el corazón y siguen sus propias pasiones.

17. En cuanto a quienes iban por el buen camino, Él les guía todavía más y les da piedad.

18. ¿Qué esperan, sino que la Hora les llegue de improviso? Los signos indicadores ya han llegado. ¿Cómo lo recordarán cuando les lleguen (de improviso)?

19. Debes saber que en verdad no hay ninguna otra divinidad que Alá, e implora el perdón por tu pecado, así como para los creyentes y las creyentes. Alá conoce vuestras actividades (en la tierra) y vuestro lugar de reposo (en el más allá).

20. Quienes creen dicen: «¡Ay! ¡Si hiciese descender una sura!». Luego, cuando se hace descender una sura explícita y en ella se menciona el combate, ves a quienes sufren del corazón que te miran con la mirada de quien se desvanece ante la muerte. Serían preferibles para ellos

21. una obediencia y una palabra convenientes. Luego, cuando el asunto está decidido, sería mejor para ellos que se mostraran sinceros con Alá.

22. Si os desviáis, ¿no os arriesgáis a sembrar la corrupción en la tierra y a romper vuestros vínculos de familia?

23. Esos son a los que Alá ha maldecido, ha hecho sordos y ha cegado.

24. ¿No meditan sobre el Corán? ¿O es que hay cadenas en sus corazones?

25. Quienes han vuelto sobre sus pasos después de que el camino correcto les haya sido mostrado, han sido seducidos y engañados por el Diablo.

26. Porque han dicho a quienes sienten rechazo por la revelación de Alá: «Vamos a obedeceros en algunas cosas». Sin embargo, Alá conoce lo que ocultan.

27. ¿Qué será de ellos cuando los Ángeles los rematen, golpeando sus rostros y sus espaldas?

28. Será así porque han seguido lo que enoja a Alá, y sienten rechazo por (lo que atrae) Su complacencia. Por tanto, ha hecho que sus obras sean en vano.

29. ¿O es que quienes tienen una enfermedad en el corazón confían en que Alá nunca saque a relucir sus odios?

30. Si quisiéramos, te los mostraríamos. Los reconocerías, sin duda, por sus rasgos; y los reconocerías por su tono de voz. Y Alá conoce bien vuestras acciones.

31. Os probaremos para saber distinguir quiénes de vosotros luchan (por la causa de Alá) y quiénes soportan, y a fin de sentir (hacer aparecer) vuestra conducta.

32. Quienes no creen y obstruyen el camino de Alá y se han puesto en el bando contrario al Mensaje después de que se les mostrara claramente el camino correcto, no llegarán a hacer daño a Alá. Él hará que sus obras sean en vano.

33. ¡Oh, quienes habéis creído! Obedeced a Alá, obedeced al Mensajero, y no hagáis que vuestras obras sean inútiles.

34. Quienes no creen y obstruyen el camino de Alá luego estarán muertos siendo infieles; Alá no los perdonará jamás.

35. No desfallezcáis, por tanto, y no habléis de paz cuando sois los más altos, porque Alá está con vosotros, y no frustrará (anulará) vuestras acciones.

36. La vida presente no es más que juego y diversión; pero si creéis y teméis (a Alá), Él os concederá recompensas y no os exigirá vuestros bienes.

37. Si Él os los pidiera de manera inoportuna, os volveríais avaros y aparecerían vuestros odios.

38. Estáis llamados a gastar en la senda de Alá. Algunos de entre vosotros se muestran avaros. Sin embargo, todo avaro sale perdiendo. Alá es el Suficiente para Sí mismo, mientras que vosotros sois quienes necesitáis. Y si le volvéis la espalda, os reemplazará por otro pueblo que no será como vosotros».

Al-Ma'ârij («las vías de ascensión»)

• **Sura 70**
En el nombre de Alá, el Clemente, el Misericordioso.

1. Un solicitante ha reclamado un castigo ineluctable,

2. para los infieles, que nadie podría rechazar,

3. y que viene de Alá, el Maestro de los caminos de ascensión.

4. Los Ángeles, así como el Espíritu, suben hacia Él un día cuya duración es de cincuenta mil años.

5. Aguanta, pues, con suma paciencia.

6. Lo [el castigo] ven muy lejos,

7. pero Nosotros lo vemos muy cerca,

8. el día en que el cielo esté como metal en fusión

9. *y las montañas como la lana,*
10. *donde ningún buen amigo interrogará a otro,*
11. *aunque se vean. El criminal desearía poder liberarse del castigo de ese día, liberando a sus hijos,*
12. *a su compañera, a su hermano,*
13. *y al clan que le daba asilo,*
14. *y todo lo que está sobre la tierra, todo lo que pudiera salvarlo.*
15. *Pero nada (lo salvará). (El infierno) es un brasero*
16. *que arranca brutalmente la piel del cráneo.*
17. *Él llamará a quien volvía la espalda y se iba,*
18. *amontonaba o atesoraba.*
19. *Sí, el hombre ha sido creado inestable (muy inquieto);*
20. *cuando la desgracia le afecta, se siente abatido;*
21. *y cuando la felicidad le alcanza, se atreve a rechazar.*
22. *Con excepción de los que rezan*
23. *que son asiduos a su çalât,*
24. *y aquellos que de sus bienes reservan un porcentaje determinado (la Zakât)*
25. *para el mendigo y el desheredado;*
26. *y quienes consideran verídico el día de la Retribución,*
27. *y aquellos que temen el castigo de su Señor*
28. *porque, en verdad, el castigo del Señor es inevitable;*
29. *y quienes se mantienen en la castidad*
30. *y no mantienen relaciones más que con sus esposas o las esclavas que poseen porque, en ese caso, no son censurables,*
31. *pero quienes buscan (el placer) fuera de ello, son trasgresores;*
32. *y quienes conservan sus depósitos y respetan sus compromisos con rigor;*
33. *y quienes atestiguan la estricta verdad,*
34. *y quienes son regulares en su çalât.*
35. *Esos serán honrados en los Jardines.*
36. *¿Qué hacen, por tanto, quienes no han creído, corriendo hacia ti, con el cuello extendido,*
37. *de todas partes, (vienen) en multitud?*
38. *Todos anhelan que los dejemos entrar en el Jardín de las delicias.*
39. *¡Pero no! Los hemos creado con lo que saben.*

Al-Jinn («los genios»)

• **Sura 72**
En el nombre de Alá, el Clemente, el Misericordioso.
1. *Di: «Se me ha inspirado que una bandada de genios ha escuchado y ha dicho: "Hemos oído una Lectura [el Corán] maravillosa,*
2. *que conduce a la rectitud. Crememos en ella, y no asociaremos a nadie a nuestro Señor"».*
3. *En verdad nuestro Señor —¡ensalzada sea Su grandeza!— no ha adoptado ni compañera ni hijo.*
4. *Nuestro necio (Iblis) decía mentiras contra Alá.*

5. Y pensamos que ni los humanos ni los genios no podrían nunca proferir mentiras contra Alá.

6. Ahora bien, había entre los humanos algunos hombres que buscaban la protección de los genios varones pero eso no hizo más que aumentar su desamparo.

7. Y habían pensado como vosotros habéis pensado que Alá no resucitaría nunca a nadie.

8. Hemos rozado el cielo y lo hemos encontrado lleno de guardianes enérgicos y llamas.

9. Nos habíamos sentado en él para escuchar, pero todo aquel que presta oído ahora encuentra en él una llama al acecho.

10. No sabemos si el Señor desea el daño de quienes están en la tierra o si quiere ponerlos en el camino correcto.

11. Entre nosotros hay virtuosos y (otros) que lo son menos: estamos divididos en distintas sectas.

12. Pensamos que no podríamos reducir a Alá a la impotencia sobre la tierra, y que no podríamos reducirlo nunca a la impotencia con la huida.

13. Y cuando hemos oído la guía [el Corán], hemos creído en ella, y todo aquel que cree en su Señor no teme entonces ni reducción de recompensa ni opresión.

14. Entre nosotros, los musulmanes, hay injustos [que se han desviado]. Y quienes se han convertido al islam son quienes han buscado la senda correcta.

15. Y en cuanto a los injustos, constituirán el combustible del infierno.

16. Y si se mantienen en la buena dirección, Nosotros les escanciaremos, sin duda, agua abundante,

17. para probarlos con ella. Y quien se aparta de la llamada del Señor, se encamina hacia un castigo creciente sin fin.

18. Las mezquitas están dedicadas a Alá: por tanto, no invoquéis a nadie además de a Alá.

19. Y cuando el sirviente de Alá se puso en pie para invocarlo, han acudido en masa hasta él.

20. Di: «Invoco a mi Señor y no Lo asocio a nadie».

21. Di: «No poseo ningún medio para haceros daño, ni para poneros en el camino correcto».

22. Di: «Realmente, nadie sabrá protegerme de Alá; y nunca encontraré refugio fuera de Él.

23. (No puedo más que transmitir) una comunicación y mensajes (procedentes) de Alá. Y todo aquel que desobedece a Alá y a Su Mensajero entrará en el fuego del infierno y permanecerá allí eternamente».

24. Luego, cuando vean lo que les amenazaba, sabrán cuáles son las ayudas más débiles y (cuáles) las menos numerosas.

25. Di: «No sé si lo que os amenaza está cerca o bien si mi Señor va a concederle un aplazamiento.

26. (Es Él) quien conoce el misterio. No revela Su misterio a nadie,

27. salvo a quien Él aprecia como Mensajero y a quien hace que precedan y sigan guardianes vigilantes,

28. para que Él sepa que se han transmitido bien los mensajes de su Señor. Él cierne [con su Salvador] lo que está con ellos, y evalúa exactamente el número de toda cosa».

Al-Insân («el hombre»)

• **Sura 76**
En el nombre de Alá, el Clemente, el Misericordioso.

1. ¿Ha transcurrido para el hombre un periodo de tiempo durante el cual ni siquiera era una cosa que se mencionara?

2. Pues sí. Hemos creado al hombre de una gota de esperma mezclado [con componentes diversos] para ponerlo a prueba. (Por ello) lo hemos hecho con capacidad para oír y ver.

3. Lo hemos conducido por la senda —sea agradecido o ingrato.

4. Hemos preparado para los infieles unas cadenas, unas argollas y una hoguera.

5. Los virtuosos beberán de una copa cuya mezcla será de alcanfor,

6. de una fuente de la que beberán los sirvientes de Alá y harán que brote en abundancia.

7. ¿Cumplen con sus votos y sienten temor ante el día en que el mal se extienda por todas partes?

8. Y ofrecen alimento, a pesar de su amor, al pobre, al huérfano y al prisionero,

9. (diciendo): «Es por el rostro de Alá por lo que os alimentamos: no queremos de vosotros ni recompensa ni gratitud.

10. Tememos, de nuestro Señor, la llegada de un día terrible y catastrófico».

11. Alá los protegerá pues del mal de ese día, y les permitirá alcanzar el esplendor y el gozo,

12. y los retribuirá por lo que habrán soportado, concediéndoles el paraíso y (ropas) de seda,

13. podrán tumbarse en divanes, sin sentir el sol ni el frío glacial.

14. Cerca de ellos habrá árboles, cuyas sombras los cubrirán de cerca, y sus frutos inclinados muy abajo [al alcance de sus manos].

15. Y se hará circular entre ellos recipientes de plata y copas cristalinas,

16. de cristal de plata, cuyo contenido habrá sido convenientemente dosificado.

17. Y allí beberán de una copa cuya mezcla será de jengibre,

18. brotado allí dentro de una fuente que se llama Salsabil.

19. Y, entre ellos, circularán muchachos eternamente jóvenes. Cuando los veas, los tomarás por perlas dispersas.

20. Y cuando mires allá, verás una delicia y un extenso reino.

21. Llevarán vestidos verdes de satén y brocados. Y se adornarán con brazaletes de plata. Y su Señor les dará una bebida muy pura.

22. Eso será para vosotros una recompensa, y vuestro esfuerzo será reconocido.

23. En verdad, Nosotros hemos hecho descender sobre ti el Corán gradualmente.

24. Soporta, pues, lo que tu Señor ha decretado, y no obedezcas ni al pecador, que está entre ellos, ni al gran infiel.

25. E invoca el nombre de tu Señor, mañana y tarde;

26. y póstrate ante Él una parte de la noche; y glorifícalo varias [horas] durante la noche.

27. Esas gentes aman (la vida) efímera [la vida sobre la tierra] y dejan atrás un día muy duro [el día del Juicio].

28. Nosotros los hemos creado y hemos fortificado su constitución. Cuando queremos, no obstante, los reemplazamos (fácilmente) por sus semejantes.

29. Esto es una llamada. ¡Quien lo desee, que tome el camino hacia su Señor!

30. Sin embargo, no podréis ver, a menos que Alá lo desee. Y Alá es Omnisciente y Sabio.

31. Él deja que entre quien Él quiera en Su misericordia. Pero ha preparado un castigo doloroso para los injustos.

Al-Baqarah («la vaca»)

• *Sura 2 (extractos)*

87. Es cierto, Nosotros dimos el Libro a Moisés; le enviamos profetas sucesivos. Y dimos pruebas a Jesús, hijo de María, y lo reforzamos en el Espíritu Santo [asimilado al ángel Gabriel]. ¿Acaso cada vez que un Mensajero os aportaba verdades contrarias a vuestros deseos os engreíais? Tratáis a unos de impostores y matáis a los otros.

113. Y los judíos dicen: «Los cristianos no cumplen con nada»; y los cristianos dicen: «Los judíos no cumplen con nada», ¡pero leen el Libro! Al igual, aquellos que no saben nada tienen un lenguaje similar al de ellos. Pues bien, Alá juzgará lo que ellos oponen al día de la Resurrección.

176. Es así, porque es con la verdad como Alá hizo descender el Libro; y quienes se oponen al Libro se están desviando.

177. La bondad piadosa no consiste en volver la mirada hacia Levante o Poniente, sino que la bondad piadosa es creer en Alá, en el Día final, en los ángeles, en el Libro y en los profetas, dar lo mejor, algo de amor que se tenga, a los demás, a los huérfanos, a los necesitados, a los viajeros indigentes y a quienes pidan ayuda y para deshacer los yugos, cumplirá la çalât y la zakât. Y quienes cumplan sus compromisos cuando se hayan comprometidos, quienes aguanten en la miseria, la enfermedad y cuando los combates causen estragos, ¡esos serán los auténticos piadosos!

178. ¡Oh, creyentes! Se os ha prescrito el talión por los asesinados: hombre libre por hombre libre, esclavo por esclavo, mujer por mujer. Pero quien sea perdonado por su hermano en cierto modo deberá enfrentarse a una petición conveniente y deberá pagar los daños de buena gracia. Esto es un alivio y una clemencia de parte del Señor. Por tanto, quien después de esto transgreda, podrá optar a la piedad.

179. Es en la ley del talión donde tenéis vuestra vida, ¡oh, poseedores de inteligencia, tal vez así seáis piadosos!

255. ¡Alá! No hay más divinidad que Él, el Viviente, El que subsiste por sí mismo «al-Qayyum». No le afectan ni la somnolencia ni el sueño. Le pertenece todo lo que está en los cielos y en la tierra. ¿Quién puede interceder ante Él, sin Su permiso? Él conoce el pasado y el futuro. Y, de Su ciencia, sólo comprenden lo que Él quiere. Su Trono «Kursiy» supera los cielos y la tierra, y no le cuesta nada guardarlo. Él es el Altísimo, el Grandioso.

EL ISLAM

271. Si dais limosna abiertamente, está bien; pero es mejor todavía ser discreto con ella y darla a los indigentes. Alá borrará una parte de vuestras malas acciones. Alá es Perfectamente Conocedor de lo que hacéis.

272. No te atañe a ti el guiarlos (por el buen camino), sino que es Alá quien guía a quien Él quiere. Y todos los bienes que gastéis serán ventaja vuestra, y no gastéis más que por la búsqueda del Rostro «Wajh» de Alá. Y todos los bienes que gastéis en buenas acciones os serán recompensados plenamente. Y no saldréis perjudicados.

Al-Hadîd («el hierro»)

• **Sura 57 (extractos)**
25. Efectivamente, hemos enviado a Nuestros Mensajeros con pruebas evidentes, y hemos hecho descender con ellos el Libro y la balanza, para que las gentes establezcan la justicia. Y hemos hecho descender el hierro, en el que hay una fuerza temible, como utilidad para las gentes y para que Alá reconozca que, en lo Invisible, defenderá Su causa y la de Sus Mensajeros. Ciertamente, Alá es Fuerte y Poderoso.
26. Efectivamente, hemos enviado a Noé y Abraham y hemos concedido a su descendencia la profecía del Libro. Algunos de ellos fueron bien orientados, mientras que muchos de ellos fueron perversos.
27. Luego, sobre sus huellas, hemos hecho seguir a Nuestros (otros) mensajeros, y hemos hecho que los siguiera Jesús, hijo de María, y le hemos aportado el Evangelio, y hemos puesto en los corazones de quienes le siguieron dulzura y mansedumbre. El monaquismo que inventaron, Nosotros no lo hemos prescrito en absoluto. (Ellos) tenían sólo que buscar la complacencia de Alá. Pero no lo respetaron [este monaquismo] como debían. Les hemos dado una recompensa a quienes creyeron. Pero muchos de ellos fueron perversos.
28. ¡Oh, quienes habéis creído! Temed a Alá y creed en Su Mensajero para que os conceda dos partes de Su misericordia y os asigne una luz con la que caminar, y para que os perdone, porque Alá es Indulgente y Misericordioso.
29. Esto para que las gentes del Libro sepan que no pueden disponer en absoluto de la gracia de Alá, y que la gracia está en la mano de Alá. Él la concede a quien quiere, y Alá es el Poseedor de la gracia inmensa.

Al-'Imrân («la familia de Imran»)

• **Sura 3 (extractos)**
64. Di: «¡Oh, gentes del Libro! Venid a acuerdo común entre nosotros y vosotros: que no adoremos más que a Alá, sin asociarle a nadie, y que no nos tomemos ni unos ni otros por señores fuera de Alá». Luego, si vuelven la espalda, decidles: «Sed testigos de que nosotros nos hemos sometido».
65. ¡Oh, gentes del Libro! ¿Por qué discutís sobre Abraham, cuando la Torá y el Evangelio sólo descienden de él? ¿Acaso no razonáis?
66. No hacéis más que discutir sobre una cosa que conocéis. Pero ¿por qué discutís de cosas que no conocéis? Alá sabe, mientras que vosotros no sabéis.

67. Abraham no era judío ni cristiano. Estaba enteramente sometido a Alá (musulmán). Y no era ningún Asociador.

68. Ciertamente los hombres más dignos de reclamarse de Abraham son los que le siguieron, así como este Profeta, y quienes poseen la fe. Y Alá es aliado de los creyentes.

69. Una parte de las gentes del Libro habría querido descarriaros. Pero sólo se descarrían a sí mismos; y no son conscientes de ello.

70. ¡Oh, gentes del Libro! ¿Por qué no creéis en los versículos de Alá (el Corán), cuando sois testimonio de ellos?

Segunda parte
◆
RITOS Y PRÁCTICAS RELIGIOSAS

LA VIDA RELIGIOSA JUDÍA

LA SINAGOGA

Después de la primera destrucción del Templo de Jerusalén y, sobre todo, con la diáspora debida a la cautividad de los judíos en Babilonia, la creación de sinagogas se convirtió en algo esencial para el mantenimiento de la fe religiosa, tanto en Israel como fuera.

La sinagoga es el lugar sagrado en el que los judíos se reúnen para rezar, a diario (mañana, tarde y noche) o el día del sabbat (el sábado), aunque su función esencial parece ser la instrucción y, sobre todo, la meditación de la Torá.

En el sabbat, que empieza el viernes por la noche cuando se pone el sol, o en las fiestas religiosas, el rollo de la Torá (redactado a mano en pergamino, según la antigua forma en vigor) es retirado del Arca y se lee una parte apropiada según el calendario litúrgico. El resto del tiempo, el extracto elegido de uno de los Libros (Pentateuco) que constituyen la Torá se adecua a las circunstancias del momento. Además, los días del sabbat y de las diferentes fiestas, se lee un extracto completo de los textos atribuidos a los profetas: la *Haftará*.

Asimismo, los rabinos pronuncian homilías de vocación espiritual y moral, comentando el enseñamiento de la Torá. La literatura rabínica consta de numerosas homilías antiguas. Los fieles (hombres) se ponen en la cabeza la kipá tradicional y visten un chal de oración *(taillit)* de 39 flecos sobre sus hombros. El uso de filacterias *(tefilin)* religiosas también es obligado en el judaísmo; el hecho de llevarlas simboliza el vínculo con Israel.

El servicio de la Torá empieza así:

«*Nadie es semejante a Ti entre los poderosos, oh, Señor, y ninguna acción se asemeja a las Tuyas. Tu reino es eterno y Tu dominación subsistirá por siempre. El Señor*

es Rey, el Señor fue Rey, el Señor será Rey para siempre. Que el Señor fortifique a su pueblo; que bendiga a Su pueblo en la paz.
»Padre de misericordia, que Tu voluntad consista en colmar Sión con Tu bondad, con la reconstrucción de las murallas de Jerusalén. Tú eres el único en quien confiamos, oh, Rey, oh, Dios altísimo, oh, Señor del universo».

Se abre el arca:

«Cuando el arca fue llevada adelante, Moisés exclamó: Levántate, oh, Señor; que Tus enemigos puedan dispersarse y quienes reniegan de Ti huyan. Porque de Sión saldrá la Torá, y de Jerusalén, la palabra del Señor.
»¡Alabado sea El que, en Su Santidad, dio la Torá a Su pueblo, Israel!».

Se saca la Torá del arca:

«Escucha, Israel: el Señor nuestro Dios es el único Señor. Sólo Dios es nuestro Dios, el Señor es grande, el Señor es santo».

Se lleva la Torá en procesión:

«Celebrad la grandeza del Señor; exaltemos juntos Su gloria.
»A Ti, Señor, la grandeza y el poder y la gloria. A Ti pertenecen el triunfo y la majestad en el cielo y la tierra.
»A Ti, Señor, la dominación suprema.
»Celebrad al Señor nuestro Dios y adoradlo, porque Él es santo. Celebradlo y adoradlo en Su montaña sagrada. El Señor nuestro Dios es santo».

Las lecturas de la Torá van precedidas por bendiciones pronunciadas en pie en el púlpito e individualmente por los fieles honrados por esta invitación, como la siguiente:

«Alabad al Señor, fuente de toda bendición.
»¡Alabado sea el Señor, fuente eterna de toda bendición!
»Gloria a Ti, oh, Señor nuestro Dios, Rey del universo, que nos has escogido entre todos los pueblos para concedernos la Torá.
»Gloria a Ti, oh, Señor, Tú que nos das la Torá».

En cuanto a las oraciones recitadas individualmente por los fieles a diario, se realizan por la mañana, por la tarde y por la noche.
Destacan las oraciones instituidas como el Schema y el Amidá, seguida por esta oración muy personal:

«Dios mío, protege mi lengua de todo mal, y mis labios de la perfidia.
Ayúdame a ignorar a quienes querrían calumniarme;
que mi alma permanezca sinceramente humilde ante todos,
que mi corazón esté abierto a la Torá,
y busque Tus mandamientos.

*»Confunde, en sus proyectos, a quienes conspiren el mal contra mí;
reduce rápidamente a la nada sus maquinaciones, en nombre de Tu amor.
Actúa en nombre de Tu poder, de Tu santidad y de Tu Torá.
Respóndeme por amor al pueblo que aprecias.
Que puedan las palabras de mi boca y las meditaciones de mi corazón
encontrar Tu favor, oh, Defensor y Redentor mío.
El que preside en el orden del universo
concederá la paz a nosotros y a todo Israel.
Digamos: amén».*

El texto del Schema (*Chema* de Israel) se remite al Deuteronomio (6, 4-9; 11, 13-21) y a los Números (15, 37-41); empieza así y es seguido por un extracto del Amidá:

«*Escucha, ¡oh, Israel!, el Señor nuestro Dios es el único Señor. Amarás al Señor, tu Dios, con todo tu corazón y con toda tu alma, y con todas tus fuerzas. Y estos mandamientos, que yo te doy en este día, estarán estampados en tu corazón. Y los enseñarás a tus hijos, y en ellos meditarás sentado en tu casa, y andando de viaje, y al acostarte, y al levantarte. Y los has de traer como un signo ligados en tu mano, y pendientes ante tus ojos. Y los escribirás en las jambas y en las puertas de tu casa*» (extracto del Schema).

«*Abre mi boca, oh, Señor, y celebraré Tu alabanza.
Gloria a ti, oh, Señor nuestro Dios, Dios de nuestros padres,
Dios de Abraham, Dios de Isaac, Dios de Jacob,
Dios grande y poderoso, Dios reverenciado y por encima de todo.*

*»Tú demuestras mansedumbre en la generosidad de Tu gracia.
Tú recuerdas las acciones pías de nuestros padres,
y Tú enviarás a un redentor a los hijos de sus hijos,
a causa de Tu amor y para el honor de Tu gloria.*

*»Tú eres el Rey que socorre, que salva, que protege.
Gloria a Ti, Señor, Escudo de Abraham.*

*»Tu poder, Señor, es eterno.
Tu poder de salvación hace revivir a los muertos.*

*»Tú sostienes a los vivos con ternura;
por Tu gran misericordia haces revivir a los muertos.
Tú levantas a los caídos, curas a los enfermos y liberas a los prisioneros.*

*»Tú sigues siendo fiel con quienes duermen en el polvo.
¿Quién puede medirse con Tu fuerza, oh, Señor y Rey?
Tú eres maestro de la vida, de la muerte y de la salvación.
Tú eres fiel haciendo revivir a los muertos.
Alabado seas, Señor, que das la vida a quienes han muerto.*

EL LIBRO DE LAS RELIGIONES MONOTEÍSTAS

Tú eres santo, y Tu nombre es santificado.
Ellos son santos, quienes Te celebran todos los días.
Gloria a Ti, oh, Señor y Dios santo.

»*En Tu gracia, has concedido inteligencia al hombre,*
le has enseñado el conocimiento y el entendimiento.
Concédenos el saber, el discernimiento y la sabiduría.
Alabado seas, Señor, por el don del conocimiento.
Oh, padre nuestro, llévanos a tu Torá;
oh, Rey nuestro, ponnos a Tu servicio;
haz que volvamos a Ti con un sincero arrepentimiento.

»*Alabado seas, Señor, que acoges en el arrepentimiento.*

»*Oh, padre nuestro, perdónanos por haber pecado,*
oh, Rey nuestro, perdónanos, porque hemos transgredido;
olvidas el pecado y perdonas la transgresión.
Gloria a Ti, Señor rico en gracia y perdón.

»*Observa nuestra aflicción y libéranos;*
concédenos una redención próxima,
porque eres el poderoso Redentor.
Gloria a Ti, Señor, Redentor de Israel.

»*Cúranos y seremos curados;*
acude en nuestra ayuda y sálvanos, porque en Ti está nuestra gloria.
Concédenos la curación completa de todas nuestras aflicciones,
Dios de curación, fiel y misericordioso.
Gloria a Ti, Señor, que curas a Tu pueblo.

»*Oh, Señor nuestro Dios, bendice este año;*
que sus variados productos nos aporten la felicidad.
Bendice el año con la abundancia de Tus buenas acciones.
Gloria a Ti, Señor, que bendices nuestros años.

»*Haz que resuene el gran trueno para anunciar nuestra liberación;*
eleva hasta muy alto la bandera para reunir a nuestros exiliados;
reúne a quienes están dispersados por todos los rincones de la tierra.
Gloria a Ti, oh, Señor, que reúnes a los exiliados de Tu pueblo de Israel.

»*Concede poder a nuestros jueces como en tiempos antiguos;*
ofrécelo a nuestros consejeros como en el pasado;
aleja de nosotros la tristeza y la angustia.
Domina sólo sobre nosotros, en Tu mansedumbre;
en Tu justicia y Tu misericordia, defiende nuestra causa.
Alabado seas, Señor, Rey que ama la justicia.

»*Confunde las esperanzas de quienes desean nuestro mal;*
haz que desparezca pronto todo lo que es malvado;
que todos nuestros enemigos sean aniquilados.
Que puedas arrancar y aplastar pronto al arrogante,
someterlo y humillarlo en estos tiempos.
Alabado seas, Señor, Tú que humillas al arrogante.

»*Que se conmueva la ternura de Tus gracias, Señor Dios,*
a favor de los justos, los píos y los jefes de Israel,
a favor de los sabios dedicados y de los prosélitos fieles.
Sé misericordioso con nosotros, de la casa de Israel;
y recompensa a todos los que confían en Ti;
haz que compartamos la herencia de quienes te son fieles.
Que nunca nos acorrale la desesperación, porque tenemos confianza en Ti.
Alabado seas, Señor, que defiendes lo justo.

»*Ten piedad, Señor, y regresa a Jerusalén. Tu ciudad;*
que Tu presencia esté aquí, según Tu promesa.
Reconstrúyela, ahora, en la actualidad y por siempre.
Y restablece aquí la majestad de David, Tu sirviente.
Alabado seas, Señor, que restauras Jerusalén.

»*Haz que florezca el renuevo de Tu servidor David,*
precipita la llegada de la redención mesiánica;
día tras día, esperamos Tu liberación.
Alabado seas, Señor, garante de nuestra liberación.

»*Oh, Señor nuestro Dios, ¡escucha nuestro grito!*
Ten compasión de nosotros, ten piedad de nosotros;
recibe en tu gran bondad nuestra piedad.
Escucha, Dios, las súplicas y las oraciones.

»*Oh, Rey, no nos dejes sin respuesta,*
porque Tú prestas una atención misericordiosa a las súplicas de Tu pueblo.
Alabado seas, Señor, que escuchas la oración» (extracto del Amidá).

Ritos y fiestas del calendario judío

La caridad

El amor al prójimo y la práctica de la caridad son comportamientos correctos en el judaísmo. «Amarás a tu prójimo como a ti mismo» (Levítico 19, 18). La práctica de los actos meritorios *(misvot)* es generalizada. La Ley impone preceptos y obligaciones específicos: *Mishneh Torah* «Las leyes para la donación a los pobres» (Maimónides); «He sido como un padre para el pobre» (Job 29, 16). Además, la solidaridad del pueblo judío se ha fortalecido a lo largo de los siglos.

La circuncisión (Brith-Mila)

La práctica de la circuncisión se vincula directamente al texto bíblico:

«Dios dijo a Abraham: "Tú observarás Mi alianza, tú y tu pueblo después de ti, de generación en generación. Y Mi alianza será observada entre yo y vosotros, es decir, tu pueblo después de ti: que todos los varones sean circuncidados. Haréis circuncidar la carne de vuestro prepucio, y ese será el signo de la alianza entre Yo y vosotros. Cuando tengan ocho días, todos los varones serán circuncidados, de generación en generación. (...)

»Mi alianza será marcada en vuestra carne como una alianza perpetua. El incircunciso, el varón al que no se le haya cortado la carne del prepucio, tendrá una vida sin parentela: habrá violado mi alianza"» (Génesis 17, 9-14).

El padre que lleva a su hijo a la circuncisión es considerado en ese momento como un sumo sacerdote de la tradición hebraica. Sólo se dispensa de la operación a un niño que esté enfermo, y únicamente mientras le dure la enfermedad; en cuanto se cure, tiene que ser circuncidado.

El rabino Josué escribió: «La circuncisión es algo grande, puesto que pasa incluso por delante de la exigencia del sabbat [la circuncisión puede realizarse el día del sabbat si es el octavo día después del nacimiento del niño]».

Esta alianza, marcada en la carne, debe prolongarse mediante una «circuncisión del corazón» (purificación) citada por la Torá y los profetas.

Por lo general, esta ceremonia suele ir acompañada de una gran y alegre fiesta organizada por los padres del niño circuncidado.

La ceremonia de la Bar Mitswa o de la mayoría de edad religiosa

Por esta ceremonia de la Bar Mitswa, que significa literalmente «hijo del comandante», el hijo de una familia judía que haya cumplido trece años accede a su mayoría de edad religiosa (a la que las niñas llegan también a los doce años, por la Bar Mitswa) y a las responsabilidades que le corresponden.

El término *mitswa*, de plural *mitswot* (Éxodo 24, 12), designa los mandamientos divinos que a partir de este momento el joven tendrá que respetar escrupulosamente. Por supuesto, se trata de los de la Torá, pero también de los establecidos por el Talmud, aunque la expresión de *Bar Mitswa* no sea expresamente mencionada, ya que esta ceremonia parece datar sólo del siglo XV.

El muchacho, para esta ocasión, debe leer en hebreo un extracto preciso de un rollo de la Torá en la sinagoga. La Bar Mitswa también va acompañada de una gran fiesta familiar celebrada con gran alegría.

La familia y el matrimonio

La familia constituye la unidad de base de la sociedad judía. Su integridad y su pureza tienen que ser consideradas una obligación sagrada. La monogamia es rigor, y marido y mujer tienen unos deberes establecidos y especificados uno con el otro, en el marco de la familia.

La mujer es la que, como madre, «judaiza» a los hijos, tanto si su esposo es judío como si no (en caso de matrimonio mixto).

Los esposos deben procrear, ya que los hijos bendicen su unión ante Dios. El rabino Eliazar escribió: «Quien no cumpla el deber de procreación debe ser comparado a un homicida...».

Durante la ceremonia del matrimonio, el oficiante, levantando la copa de vino, pronuncia las siguientes palabras:

«Alabado seas, señor nuestro Dios, Rey del Universo, que creaste al hombre y a la mujer a Tu imagen, haciendo a la mujer parecida al hombre, preparando al hombre una compañera para que juntos puedan perpetuar la vida. Alabado seas, Señor, Creador del hombre.

»Que Sión se alegre de que sus hijos le sean entregados con júbilo.

»Alabado seas, Señor, que permites a Sión regocijarse en el retorno de sus hijos».

La muerte, rito funerario, eventual resurrección

Si, según la Biblia hebraica, el marco en el que se desarrolla la vida se apoya únicamente en este mundo, cabe decir que existe una concepción que se afirma progresivamente desde los tiempos posbíblicos que tendían a la «resurrección de los muertos».

De esta manera nació la noción de un juicio post mórtem que daba lugar a la destinación al cielo o al infierno (el *Sheol*).

A la cuestión planteada por los saduceos: «¿Qué prueba tienes tú de que el Dios santo, alabado sea, hace revivir a los muertos?», el rabino Gamaliel responde: «Mi prueba es extraída de la Torá, de los profetas y de las Escrituras; pero no han aceptado su prueba. En la Torá, está escrito: "Yahvé dice a Moisés: 'Vas a acostarte con tus padres; este pueblo va a levantarse (...)'" (Deuteronomio 31, 16). Los saduceos le objetaron: "Eso puede querer decir que este pueblo va a levantarse para prostituirse siguiendo a los dioses extranjeros". En los Profetas está escrito: "Tus muertos revivirán, sus cadáveres (y el mío) resucitarán; despertaos, regocijaos, todos los que yacéis en el polvo, porque tu rocío es un rocío luminoso y la tierra de las sombras va a dar a luz" (Isaías 26, 19)» (Sanedrín, 90b).

Aunque la oración pronunciada en la sinagoga durante los once meses siguientes a la muerte de un pariente próximo exalta y santifica el nombre de Dios (el *kaddish*), sin hacer referencia alguna al alma del difunto o a su personalidad, la oración de los moribundos deja abierta la esperanza de un más allá o «mundo futuro»:

«(...) Sin embargo, si has decidido que debía morir de esta aflicción, que mi muerte pueda expiar todos mis pecados y todas las transgresiones que he cometido ante Ti. Acógeme al abrigo de Tus alas, y concédeme un lugar en el mundo futuro» (extracto del *Libro de las Oraciones diarias*).

Las reglas alimentarias: la norma kasher

La norma *kasher* se dedica esencialmente a determinar, en función de los textos sagrados, lo que está permitido o prohibido en materia de alimentación. El marco espiritual de Ley de pureza sobre el que se apoya esta norma se debe, en primer lugar, a la intención de precaver al hombre de sus instintos animales y de colocar al pueblo judío «aparte» en su existencia cotidiana, de manera que tome conciencia de que pertenece a un pueblo sacerdotal.

No obstante, el judaísmo reformado ha rechazado algunas de estas reglas, aunque, según Kofmann Kohler, el problema sigue siendo descubrir «otros métodos para inculcar el espíritu de sanidad del judío moderno, para que se conciencie de su misión sacerdotal».

Se deriva de ello, por tanto, todo un conjunto de preceptos alimentarios surgidos en su mayoría en tiempos del Levítico, el principal de los cuales concierne a la impureza de la sangre animal.

El animal tiene que ser consumido hervido o asado, según el caso, después de haberlo vaciado de su sangre. La carne *kasher* (o *casher*) se vuelve así adecuada para el consumo. «Todo hombre de la casa de Israel o todo extranjero que resida entre nosotros que consuma esta sangre, será apartado de su pueblo. Pues sí: la vida de la carne está en la sangre. Os he concedido esta sangre para hacer sobre el altar el rito de expiación para vuestras vidas; porque es la sangre que expía para una vida. Por este motivo he dicho a los hijos de Israel: "Ninguno de vosotros comerá sangre, y el extranjero que reside entre nosotros tampoco la comerá"» (Levítico 17, 10-14).

Además, la ley exige, en el caso de la matanza del animal, que la muerte se lleve a cabo con mucha rapidez y precisión, cortándole la garganta, para que sufra lo menos posible.

El texto bíblico indica, por otra parte: «No hervirás cabrito en la leche de su madre» (Éxodo 23, 19). Esto significa que la carne y los lácteos no pueden en ningún caso ser mezclados ni cocinados juntos: «Ninguna carne debe ser cocida en leche (para evitar incumplir la ley que prohíbe hervir a un cabrito en la leche de su madre: Éxodo 23, 19; 34, 26; Deuteronomio 14, 21), excepto la carne de pescado y los saltamontes... Ninguna carne tiene que ser servida en la mesa al mismo tiempo que el queso, excepto la carne de pescado y los saltamontes... Se puede envolver en el mismo paño carne y queso, siempre que no entren en contacto... Si una gota de leche cae en una carne que se está cociendo en su recipiente, y eso basta para transmitir su gusto al trozo de carne, este no podrá ser comido. Si se ha removido el contenido del recipiente y se ha transmitido el gusto de la leche a todo lo que había en él, no se podrá comer nada de ello» (Mishná Hullin, 8, 1-3).

EL CICLO ANUAL DE LAS FIESTAS JUDÍAS

Además del sabbat semanal, día festivo y totalmente dedicado a Dios, otras fiestas marcan el año religioso. En tiempos bíblicos, en los que el Templo se erigía en Jerusalén, se celebraban tres fiestas de peregrinaje durante las cuales todos los hombres tenían que acudir al Templo y «presentarse ante Yahvé». Cada una de estas fiestas conmemoraba un acontecimiento mayor de la historia sagrada del pueblo judío, relacionado simbólicamente con el carácter campestre debido a las cosechas:

«Tres veces al año, se presentarán todos los varones de tu casa ante Yahvé, tu Dios, en el lugar que Él haya elegido: en la fiesta de los Ácimos, en la fiesta de las Semanas y en la fiesta de los Tabernáculos. Nadie comparecerá con las manos vacías ante Yahvé, sino que cada cual dará, a medida de la bendición que Yahvé, tu Dios, te haya otorgado» (Deuteronomio 16, 16-17).

La fiesta de Pascua (Pessah, el pasaje)

La fiesta de Pascua o *Pessah* conmemora el Éxodo o la salida de los hebreos de Egipto. Estos tuvieron que marcharse con tanta precipitación que no tuvieron tiempo de dejar levantar la pasta del pan, de ahí el pan ácimo que utilizan desde entonces, en forma de panes planos (los *matzoth*), a fin de perpetuar el recuerdo de este acontecimiento mayor de la historia bíblica. «Ese día lo recordaréis y lo solemnizaréis como una fiesta en honor a Yahvé. Para todas vuestras generaciones, lo decretaréis día festivo, para siempre. Durante siete días, comeréis pan ácimo. Desde el primer día, haréis que desaparezca la levadura de vuestra casa, porque quien comiere pan con levadura entre el primer y el séptimo día, sería separado de Israel. El primer día celebraréis una sagrada asamblea, y también el séptimo día. Esos días no se hará ningún trabajo. Únicamente os será permitido preparar los alimentos. Observaréis la fiesta de los Ácimos porque, ese día, yo hice salir vuestras filas de tierra de Egipto. Observad ese día de año en año: es un decreto imprescindible» (Éxodo 12, 14-18).

Esta conmemoración tenía lugar tradicionalmente durante el primer mes, el mes de *nisan*, el 14 por la noche (la Pascua empieza el 15) y se prolongaba hasta la noche del 21.

La ofrenda de la Pascua era un cordero primogénito que tenía que ser asado y acompañado de hierbas amargas y pan ácimo.

Un rabino famoso, Rabbi Gamaliel, decía, a este respecto: «Quien no recita los versículos relativos a las tres siguientes cosas, en la Pascua, no habrá cumplido sus deberes: el paso, el pan sin levadura y las hierbas amargas. El paso, porque Dios pasó por las casas de nuestros padres, en Egipto; el pan sin levadura, porque nuestros padres han sido entregados a Egipto; las hierbas amargas, porque los egipcios hicieron amargas las vidas de nuestros padres en Egipto. A través de las generaciones, cada cual debe considerarse como si él mismo hubiera salido de Egipto, tal como está escrito: Ese día darás a tu hijo la explicación siguiente: "Es por lo que hizo Yahvé durante mi salida de Egipto"» (Éxodo 13, 8).

En cuanto al cordero pascual, hace referencia a la plaga, la «décima plaga» enviada por Yahvé a los egipcios (Éxodo 11), y a la salvación de los primogénitos judíos que fueron salvados porque sus puertas estaban marcadas con la sangre de los corderos inmolados, según la prescripción divina hecha a Moisés.

La fiesta de las Semanas (Shabuot)

En el antiguo calendario, era la ofrenda al Templo de las primicias agrarias, los primeros frutos de la cosecha. Y, con relación a la historia bíblica, la fiesta de *Shabuot* conmemora el día bendecido en el que Yahvé se revela a Moisés y al pueblo judío en el Sinaí transmitiéndoles la Ley. Es la evocación mística de las nupcias entre Dios e Israel, cuyo fruto se traduce por la transmisión del decálogo (los «diez mandamientos»).

«*Contarás siete semanas. Cuando la hoz haya empezado a cortar las espigas, entonces comenzarás a contar estas siete semanas. Luego, celebrarás para Yahvé, tu Dios, la fiesta de las Semanas, con la ofrenda voluntaria que hará tu mano, según Yahvé, tu Dios, te bendiga*» (Deuteronomio 16, 9-12).

El plazo de siete semanas —esto es, cincuenta días— sugiere etimológicamente *(penta)* el Pentecostés.

Resulta interesante, si nos remitimos al alegórico Cantar de los Cantares, probar una correspondencia entre las conminaciones divinas que figuran en las dos Tablas de la Ley, lo que Rashi expresa en los siguientes términos: «"Tus dos senos (son como) dos crías gemelas de una gacela" (Cantar de los Cantares 4, 5). Es una alusión a las dos tablas sobre las que se grabaron los diez mandamientos, una gemela de la otra. Los cinco mandamientos de la primera tabla corresponden a los cinco de la segunda. "Yo soy el Señor, tu Dios" corresponde a "No matarás", porque el homicidio atenta contra la imagen del Dios santo, alabado sea (porque el hombre es creado a imagen de Dios). "No tendrás otros dioses" corresponde a "No cometerás adulterio", porque el que se prostituye en un culto idólatra es parecido a una "mujer adúltera, que acoge a extraños en lugar de su marido" (Ezequiel 16, 32). "No pronunciarás el nombre del Señor, tu Dios, en vano" corresponde a "No robarás", porque el ladrón sería llevado a prestar un falso juramento. "Acuérdate del día del Sabbat" corresponde a "No levantarás falso testimonio contra tu prójimo", porque el que profana el Sabbat levanta falso testimonio contra su Creado al declarar (con su acto) que Él no descansó el séptimo día después de la Creación. "Honra a tu padre y a tu madre" corresponde a "No desearás", porque el que desea (la mujer de su prójimo) acabará engendrando un hijo que le faltará el respeto y que honrará a otro que no es su padre» (Comentario de Rashi sobre el Cantar de los Cantares 4, 5).

La fiesta de los Tabernáculos (Souccouth)

Esta fiesta es la última de las tres «fiestas de peregrinaje» y participa así en el ciclo de la Pascua y el Pentecostés. En el antiguo calendario agrario, marcaba el final de la cosecha en los campos, y todos vivían en la zona, en tiendas. Había prisa por acabar la recolección antes de la llegada de las lluvias invernales. Sin embargo, en el calendario religioso judío esta fiesta aparece después de los tres grandes días santos del *Rosh Hashanah* y del *Yom Kippur*. Se celebra la semana de los días 15-22 de *tishri*. La fiesta reciente de la Torá clausura el ciclo agrario antiguo, el 23 de *tishri*.

Con relación a la historia bíblica, la fiesta de *Souccoth* se vincula a la larga marcha de los hebreos de cuarenta años por el desierto, para llevarlos a la Tierra prometida. Y, por supuesto, este nomadismo contaba con refugios precarios, cabañas y tiendas *(souccah)* según el caso.

«*El decimoquinto día de este séptimo mes se celebrará durante siete días la fiesta de los Tabernáculos para Yahvé. El primer día, día de convocación sagrada, no realizaréis obra servil. Durante siete días, ofreceréis una comida a Yahvé. El octavo día, habrá para vosotros una convocación sagrada, y ofreceréis una comida a Yahvé. Es día de reunión; no haréis ninguna obra servil*» (Levítico 23, 34-36).

En la fiesta de *Souccoth* se utilizan cuatro especies vegetales. El *Sefer Hahinoukh* (Libro de la educación), obra medieval de instrucción religiosa judía, da cuentas del simbolismo que se le vincula: «(...) Como el júbilo [de la fiesta de los Souccoth] podría ser causa de olvido del temor de Dios, Él (alabado sea) nos ha dado la orden de sostener en nuestras manos, en este momento, determinados objetos que deben recordarnos que todo el gozo de nuestros corazones es para Él y por Su gloria. Su voluntad ha sido la de hacer de las cuatro especies un recordatorio... porque todas son agradables de ver. Además, cada una de ellas puede ser comparada a una parte importante del cuerpo. El *ethrog* (el limonero) es parecido al corazón, que es la sede del intelecto, lo que recuerda que el hombre debe servir a su Creador con su inteligencia. El *loulav* (manojo de ramas de palmera, de mirtos y de sauces) parece la médula espinal, parte esencial del cuerpo, lo que recuerda que el hombre tiene que poner todo su cuerpo a Su servicio, alabado sea Él. El mirto es parecido a los ojos, recordando así que el hombre no debe dejarse distraer por su mirada el día en que su corazón se alegra. La rama de sauce parece unos labios. El hombre completa su acción con sus palabras, y así la rama de sauce recuerda este hecho de que el hombre debe controlar su boca y las palabras que esta formula, temiendo a Dios, alabado sea, precisamente en el momento en que disfruta» (Aaron Halevi de Barcelona, intérprete hispánico del Talmud, siglo XIII).

Jonathan Eibschutz, judío oriental del siglo XVII, recuerda que, para la fiesta de los *Souccoth*, la Torá aconseja aceptar el exilio y mirar el mundo entero como vacío de contenido, como una sombra. Por este motivo los judíos son invitados a dejar sus residencias permanentes y cambiarlas por otras, provisionales, y comprender así que el hombre es un extranjero en la tierra, sin morada permanente, y que los días son como una sombra que dura una sola noche y que el viento hace desaparecer.

La fiesta del Año Nuevo judío *(Rosh Hashanah)*

Rosh Hashanah (literalmente, «cabeza del año»), o fiesta del Año Nuevo, inicia el ciclo del año religioso judío. Se celebra el primer día del mes lunar de *tishri*, esto es, en general, el mes de septiembre. Los diez días siguientes que llevan a la fiesta del *Yom Kippur* (Día de la Expiación), el 10 de *tishri*, están considerados como «días de arrepentimiento». Son los días más solemnes del año, ya que durante este periodo sagrado es cuando el mundo entero tiene que pasar un juicio ante el Trono de Dios. No obstante, antes de entrar en penitencia, conviene celebrar alegremente esta fiesta de *Rosh Hashanah*: «"Este día es santo, ¡no os aflijáis!". Y todo el pueblo se fue a comer, beber, a repartir porciones y a entregarse a un gran alborozo, porque habían comprendido las palabras que se les habían pronunciado» (Nehemías 8, 12).

Los participantes en la fiesta se reunían al son del *shofar* —instrumento de viento hecho con un cuerno de carnero que recuerda el sacrificio de Isaac por parte de Abraham— para expulsar a los demonios.

Luego, se acercaban a un punto de agua para celebrar el rito del *tashlik* (literalmente, «él arrojará»), cuyo objetivo es la liberación del pecado, así «arrojado» al fondo del agua.

En la comida de la noche, comen remolacha (*silqa'*: «expulsar»), puerros (*karate*: «cortados»), dátiles (*temarin*: «acabados»), etc., jugando alegóricamente con el doble sentido de las palabras, y dando cuenta de la frase: «Quiera Dios que nuestros enemigos sean expulsados, cortados, acabados, etc.».

En cuanto a las oraciones prescritas en la liturgia del día, indican que:

«Ha llegado el día del año en que se pronuncia el fallo, y es el Día de la Expiación el que se sella: cuántos perecerán y cuántos vendrán al mundo; quién vivirá y quién morirá; quién colmará la medida de sus días y quién no lo conseguirá; quién perecerá por fuego o agua, quién por espada, quién por una bestia, quién morirá de sed y quién de hambre, quién como consecuencia de un temblor de tierra o de la peste, quién será estrangulado y quién lapidado; quién gozará de reposo y quién será viajero; quién conocerá las comodidades y quién la aflicción, o la paz o el desasosiego; quién se enriquecerá y quién se empobrecerá; quién será rebajado y quién elevado... Sin embargo, el arrepentimiento, la oración y la rectitud alejan la severidad de la sentencia».

El Gran Perdón (Yom Kippur)

Mediante el *Yom Kippur* (Día de la Expiación) se terminan los «diez días de arrepentimiento».

Ese día, el hombre debe servir a Dios no como hombre sólo, ¡sino como ángel! Debe entregarse a un ayuno total, sin alimento ni bebida de ningún tipo, y tiene que pasar horas de vigilia para rezar. Solamente los niños, las mujeres embarazadas y algunos enfermos son la excepción a esta regla general.

Asimismo, se tenía la costumbre de vestir un sudario el día de *Yom Kippur* como prueba de humildad y de pureza, a fin de acercarse al estado de santidad (*kadosch*). A este respecto, del *Midrash Tehilim*, se puede extraer esta anécdota totalmente significativa: «El valor numérico de las letras que componen la palabra *Satán* (en hebreo, *Hasatan*) es 364, esto es, el total de los días de un año menos uno. Hasatan puede acusar al pueblo judío y descarriarlo todos los días del año menos uno solo, el de *Yom Kippur*. Ese día, el Dios santo, alabado sea, dice a Hasatan: "No tienes ningún poder sobre ellos hoy. Sin embargo, ve a ver lo que hacen". Cuando Hasatan los encuentra a todos ayunando y rezando, vestidos con túnicas blancas como los ángeles, se vuelve en seguida avergonzado y confuso. El Dios santo le pregunta: "¿Cómo están mis hijos?". Hasatan responde:

"Son como ángeles, y no puedo hacer nada contra ellos". Tras lo cual, el Dios santo, alabado sea, encadena a Hasatan y declara a su pueblo: "Os he perdonado"».

En lo que respecta ahora a la expiación de las faltas hacia los demás, el *Mishná Yoma* (VIII, 9) se muestra explícito: «El *Yom Kippur* vale la expiación de las transgresiones de un hombre para con Dios, pero no vale la expiación de las transgresiones contra su prójimo más que a condición de que primero haya hecho la paz con el prójimo».

Efectivamente, las oraciones del *Yom Kippur* sólo pueden expiar las faltas cometidas hacia Dios; las cometidas con los demás sólo las pueden perdonar las personas afectadas en cuestión.

El *Kol Nidré* es la más conocida de las oraciones judías, integrada en el ritual desde el principio de la Edad Media; con ella se inicia en el *Yom Kippur* el servicio de la noche, ya que en la liturgia judía empieza cada «día» con la puesta del sol. Esta oración permitía relevar los votos pronunciados para con otras religiones (cristianismo o islam), a menudo por obligación.

Además, la liturgia prescribe que se pronuncie individual y colectivamente la «confesión» de todos los pecados cometidos por el conjunto de pecadores, arrastrando así la responsabilidad de cada uno hacia la totalidad de los errores y transgresiones cometidos por la comunidad judía.

La fiesta de las Luces (Hannucah) y Purim

La fiesta de las Luces *(Hannuccah)* y de la Reconsagración del Templo consiste en encender velas dentro de las casas, durante ocho días. Conmemora la victoria de los Macabeos (Libros de los Macabeos) sobre sus opresores griegos y sirios. Por lo general, se celebra a finales del año civil, normalmente en diciembre.

> «¡*Glorificad, oh servidores del Señor!*
> *¡Celebrad la gloria de Yahvé! ¡Aleluya!*
> *Que la gloria de Yahvé sea proclamada, hoy y siempre;*
> *desde que el sol sale hasta el ocaso, que Yahvé sea alabado.*
>
> »*Yahvé gobierna todas las naciones;*
> *su gloria se eleva por encima del cielo.*
>
> »*¿Quién se asemeja a Yahvé, nuestro Dios: ensalzado en su trono*
> *y al mismo tiempo inclinado hacia el cielo y hacia la Tierra*
> *para vigilarlos?*
> *Él libera al pobre de la miseria,*
> *y rescata al necesitado de su montón de cenizas.*
>
> »*Él los hace sentarse en los tronos de los nobles,*
> *junto con los príncipes de su pueblo.*
>
> »*Él transforma al ama de casa estéril*
> *en una feliz madre. ¡Aleluya!*

»¡Toda la creación te alaba, oh Yahvé, nuestro Dios!;
Los piadosos y los justos, que cumplen tu voluntad.
Y todo tu pueblo, tu casa de Israel,
se une para honrarte con cantos alegres.

»Todos alaban, ensalzan, santifican y reverencian
tu gloria soberana, ¡oh nuestro rey!

»Es bueno darte las gracias;
conviene cantar tu gloria.

»Tu eres Dios desde el principio hasta el final de los tiempos.
¡Loado seas, oh Yavhé! ¡Recibe nuestras alabanzas!».

La fiesta de las Suertes *(Purim)* conmemora el triunfo, en Persia, de Mardoqueo y, sobre todo, de Ester sobre el terrible Amán, el 13 *adar*. La liturgia de este día lleva al Libro de Esther.

El nombre de *suertes* se emplea para designar a las antiguas adivinaciones anuales comunes a los pueblos semitas de Oriente Próximo.

Además, todos los años tienen lugar ayunos no inscritos en los textos bíblicos, pero ordenados por rabinos. El más solemne es el de la *Novena de Ab*, que conmemora las dos destrucciones del Templo de Jerusalén. Este ayuno es tan absoluto como el de *Yom Kippur*, y acompaña a un día de duelo en el que se realiza la lectura del Libro de las Lamentaciones. En el sabbat, que le sucede directamente, se leen en la sinagoga las palabras reconfortantes y extáticas de Isaías: «Consolaos, consolaos, pueblo mío...».

La vida religiosa cristiana (católica, ortodoxa, protestante)

La Iglesia

La Iglesia, cuerpo místico de Jesucristo, constituye la comunidad cristiana *(ecclesia)*, tanto si es de orientación católica, como ortodoxa o protestante. Sin embargo, el propio término *iglesia* designa también el lugar de reunión en una diócesis o en una simple parroquia de los fieles cristianos: edificio de piedra, sometido a la autoridad de San Pedro, que refleja así la palabra de Cristo. «Tú eres Pedro [piedra] y sobre esta piedra edificaré yo mi Iglesia, y las Puertas del Hades no se resistirán a ella. Te daré las llaves del Reino de los Cielos: todo lo que ates en la tierra, seguirá atado en los cielos; y todo lo que desates en la tierra, será desatado también en los cielos» (Mateo 16, 18-19).

Para los católicos, la Basílica de San Pedro de Roma, en el corazón del Vaticano, donde reside el Santo Pontífice, el Papa, sucesor, por filiación apostólica, del apóstol San Pedro, encarna perfectamente el concepto de representación de la Iglesia universal *(katholikhos)*. Alrededor del Papa se encuentra el Sagrado Colegio, constituido por cardenales (que lo eligen), que se ocupan de la administración de la Iglesia. La jerarquía eclesiástica exige que el Papa los nombre entre los obispos de cada diócesis, ocupando un púlpito (cátedra), de ahí las catedrales en las que estos ofician.

Elegidos tradicionalmente por la asamblea de fieles (ahora por la Iglesia), entre los sacerdotes seculares, abades o párrocos a cargo de una parroquia, los obispos establecían las modalidades de circunscripción de los curas: establecimiento, eliminación o modificación en el interior de su propia diócesis.

Entre los ortodoxos, los popes, los archimandritas y los obispos están vinculados a la autoridad local del patriarca de la Iglesia considerada, desde la fragmentación de la Iglesia ortodoxa en patriarcados autocéfalos *(véase más arriba)*.

EL LIBRO DE LAS RELIGIONES MONOTEÍSTAS

Los lugares de culto cristianos en los que ofician sacerdotes católicos, popes ortodoxos o pastores protestantes, tanto si son capillas, como iglesias, abadías, colegiatas o catedrales (o modestos templos protestantes) de todos los estilos (románicas, ojivales, góticas o modernas), poseen un trazado en forma de cruz y en el que la nave central conduce al coro, donde se yergue el altar, en el que el sacerdote o el pope celebran la divina liturgia: la santa misa.

Esta se constituyó aproximadamente tras la desaparición de los apóstoles y de los primeros cristianos en el siglo II. Se pasó progresivamente de la simple mesa en la que tenían lugar ágapes seguidos por la Cena del Señor (la *mensa domini*) al altar de piedra consagrada, adornado con un mantel blanco y dos candelabros, con una celebración propia del rito religioso al que se vinculaba. En efecto, se distinguieron varios ritos religiosos, incluso en el interior de cada una de las confesiones —católica, ortodoxa, protestante—, de modo que existen Iglesias católicas de rito oriental (caldea, siríaca), o uniatas, como las maronitas. Del mismo modo, las Iglesias bizantinas ortodoxas, con sus particularidades propias, practican, además, dos liturgias diferentes, la de San Basilio y la de San Juan Crisóstomo.

EL OFICIO DIVINO: LA SANTA MISA

La liturgia católica se ha ido constituyendo poco a poco a lo largo de los años. Pensemos en el oficio de San Hipólito de Roma, que data del siglo III; aunque muy sencillo, ofrece ya por otro lado la estructura de la misa latina que sería celebrada luego y que sería regulada definitivamente en el siglo XVI por el papa San Pío V, al menos hasta la importante reforma llevada a cabo por el Concilio Vaticano II (1962-1965). Los católicos tradicionalistas (desde entonces separados de Roma), agrupados detrás de los obispos monseñor Ducaut-Bourget y monseñor Léfèbre, rechazaron esta reforma de la Iglesia y perpetuaron la celebración de la misa en latín, lengua de uso en el Imperio romano.

Aunque se pueden celebrar varias misas todos los días en las iglesias (misas rezadas, misas privadas), es el domingo, día festivo dedicado a Dios para los cristianos, cuando tiene lugar la gran misa dominical. Sin embargo, esta solemne misa es celebrada cualquier otro día cuando hay alguna fiesta cristiana.

En la misa solemne, desde la entrada (nártex) de la iglesia y en el baptisterio que contiene el agua bendita, el cristiano efectúa tradicionalmente el «signo de la cruz» (como de costumbre), tocando con la mano usual su frente, su pecho, luego el hombro izquierdo y, finalmente, el hombro derecho (para los católicos) o a la inversa (para los ortodoxos), y pronuncia las siguientes palabras: «En el nombre del Padre, del Hijo, y del Espíritu Santo. Amén».

Veamos el rito canónico de la misa católica en toda su amplitud antes de que sufriera las modificaciones aportadas por el Concilio Vaticano II. Cabe saber, por ejemplo, que el sacerdote ahora celebra detrás del altar y frente a los fieles según una liturgia en lengua vernácula más breve (principalmente en el ofertorio) y sencilla, salpicada de cantos modernos y de la oración universal; según los deseos expresos de los papas Juan XXIII y Pablo VI, la Iglesia va ahora, con su simplicidad, más hacia los cristianos, animados a comulgar a diario. En la actualidad, al tener que afrontar la disminución del clero, a veces son los propios laicos los que asisten al oficiante y, sustituyendo a los diáconos, reparten la comunión a los fieles. El tuteo del Señor se ha hecho de rigor, en sustitución del tratamiento de vos de la liturgia tradicional.

Este es el contenido de la «misa de siempre»:

La misa solemne católica empieza con la aspersión de los fieles con el agua bendita purificadora *(asperges me)* por parte del sacerdote. Forma parte de la «antemisa», en la medida en que precede a la misa propiamente dicha: «Tú me asperjarás, Señor, con el hisopo, y yo seré purificado; Tú me lavarás, y yo seré más blanco que la nieve».

El sacerdote se dirige seguidamente al coro y, postrándose y haciendo a un tiempo el signo de la cruz, pronuncia las oraciones, al pie del altar: «Iré hacia el altar del Señor, cerca del Dios de mi gozo... Envía Tu luz y Tu verdad: que sean mi guía y me lleven hacia Tu santa montaña, en el lugar de Tu morada...».

El sacerdote, y luego los fieles, confiesan alternadamente a Dios sus pecados *(Confiteor)*: «Yo confieso a Dios todopoderoso, a la bienaventurada María siempre virgen, a San Miguel arcángel...» *(véase más abajo)*. Luego el oficiante hace una genuflexión y va hasta el altar, que inciensa a continuación.

Después viene el canto de entrada *(Introit)*, apropiado para el día en que se dice la misa.

La oración que sigue, en griego, e incluida, sin embargo, en la misa latina, es el kyrie: «Señor, ten piedad... Cristo, ten piedad... Señor, ten piedad...», pronunciada alternativamente por el sacerdote y los fieles.

El gloria es cantado entonces por el oficiante y la asamblea: «Gloria a Dios en lo alto del cielo, y paz en la tierra a los hombres de buena voluntad. Te alabamos, Te bendecimos, Te adoramos, Te glorificamos. Y Te damos gracias, por Tu inmensa Gloria, Señor Dios, Rey del Cielo, Dios Padre omnipotente, Señor Hijo único, Jesucristo, Señor Dios, Cordero de Dios, Hijo del Padre, Tú que quitas los pecados del mundo, ten piedad de nosotros; Tú que quitas los pecados del mundo, recibe nuestra oración; Tú que estas sentado a la derecha del Padre, ten piedad de nosotros. Porque Tú eres el único santo, el único Señor, el único Altísimo, Jesucristo. Con el Santo Espíritu, en la Gloria del Dios Padre. Amén».

El sacerdote procede luego a la lectura de la colecta del día. La oración suele terminarse así: «Por nuestro Señor Jesucristo, tu Hijo, que, siendo Dios, vive y reina contigo en la unidad del Espíritu Santo, por los siglos de los siglos». Los fieles concluyen con un *amén* («así sea»).

Seguidamente viene la liturgia evangélica propiamente dicha, con la lectura por parte del diácono, el subdiácono o un miembro de la asamblea, de la epístola del día adaptada al tiempo litúrgico del año y que es un texto extraído de las Cartas de Pedro, Pablo o Santiago, o bien de otros fragmentos de los Hechos de los Apóstoles. El lego y la asamblea concluyen esta parte con un *Deo Gratias* («gracias a Dios»).

Luego, el oficiante procede a la lectura cantada de un gradual, un aleluya o un tracto, según las prescripciones del día. El gradual se denomina así porque se cantaba en el pasado en las gradas del ambón (o estrado) donde se había cantado la epístola. El gradual va seguido del aleluya, repetido varias veces, como grito de alegría prolongado que indica el júbilo de los cristianos, sobre todo en tiempo de Pascua, porque celebra la Resurrección de Cristo. A la inversa, durante la Cuaresma, el aleluya es sustituido por el tracto, que expresa la penitencia, el ayuno y una oración más prolongada.

El oficiante, inclinado respetuosamente, pronuncia entonces el *Munda cor meum, ac labia mea, omnipotens Deus* («Purificad mi corazón y mis labios, Dios todopoderoso»), antes de bendecir al diácono para que lea el evangelio del día, extraído de uno de los cuatro Evangelios canónicos. La lectura finaliza con un *Laus tibi Christe* («Alabado seas, Cristo») y el oficiante precisa, bajando el evangeliario: «Que las palabras del Evangelio borren nuestros pecados». El sacerdote dirige luego una homilía (o sermón) a la asamblea, teniendo en cuenta las lecturas que han precedido y el tiempo litúrgico. La homilía es seguida directamente por el credo *(véase más arriba)*, el símbolo de la fe cristiana afirmada por el conjunto de los católicos. Aquí finalizaba antiguamente la liturgia evangélica o «misa de los catecúmenos» (todavía no bautizados, pero deseando serlo), ya que estos no podían asistir a esta parte del oficio. Por tanto, a continuación debían marcharse. Luego se procedía normalmente a la liturgia eucarística de la Cena del Señor, o «misa propiamente dicha». En el ofertorio, el sacerdote ofrece a Dios (elevándolas ligeramente por encima del altar) las especies vegetales: la hostia (pan ácimo) y el vino mezclado con un poco de agua en el cáliz: *Suscipe, sancte Pater, omnipotens aeterne Deus...* («Recibid, Padre Santo, Dios eterno y todopoderoso...»); *Offerimus tibi, Domine, calicem salutaris...* («Os ofrecemos, Señor, el cáliz de la salud...»). El oficiante implora luego a Dios la bendición de las ofrendas. A continuación, procede a la bendición del incienso para incensar esas ofrendas, así como la cruz y el altar. Seguidamente, se lava las manos en signo de purificación y de inocencia *(Lavabo)*. Luego, dona las ofrendas a la Santísima Trinidad *(Suspice, sancta Trinitas...)* y lee en voz baja la oración secreta del día. Entonces, en voz alta, lee el prefacio («Es realmente justo y necesario... daros gracias»), seguido del sanctus, en el que participa toda la asamblea: «Santo, Santo, Santo es el Señor... ¡Hosanna en el cielo!».

Al llegar al «canon de la misa» y a la consagración, el sacerdote pide humildemente a Dios que acepte y bendiga las ofrendas: *Te igitur, Clementissime Pater...* («Padre bondadoso, Os pedimos...»), y que las acepte por todos los fieles presentes y ausentes a los que se dirigen las intenciones de las oraciones (memento de los vivos). Luego se invoca el recuerdo de la Virgen María y de todos los santos. El sacerdote procede entonces a la consagración propiamente dicha después de extender las manos sobre la ofrenda rogando a Dios que acepte «bendecirla, recibirla y aprobarla plenamente... a fin de que se convierta en... el Cuerpo y la Sangre de Cristo».

A continuación, vienen las palabras consagratorias:

«*Este, la víspera de su Pasión, tomó el pan en sus santas y venerables manos y, con los ojos dirigidos hacia Vos, Dios, su Padre omnipotente, dándoos gracias, bendijo este pan, lo partió y lo dio a sus discípulos diciendo: "Tomad y comed todos de él, porque esto es mi Cuerpo [elevación de la hostia]".*

»*Del mismo modo, después de la Cena, tomó este preciado cáliz en sus santas y venerables manos, os dio gracias de nuevo, lo bendijo y lo dio a sus discípulos diciendo:*

"Tomad y bebed todos de él [elevación del cáliz]. Porque este es el cáliz de mi Sangre, Sangre de la Alianza nueva y eterna [Misterio de la Fe] que será derramada por todos vosotros para el perdón de los pecados. Haced esto en conmemoración mía"».[13]

El oficiante, humildemente arrodillado, se levanta y, en memoria de la Pasión, la Resurrección y la Ascensión de Cristo, efectúa cinco signos de la cruz por encima de las ofrendas. Y haciendo referencia a las de Abel, Abraham y Melquisedec, soberano Sacerdote (y rey de Salem), suplica a Dios que reciba las ofrendas por medio de su «santo ángel» sobre el altar de su Majestad y que haga descender de nuevo el Cuerpo y la Sangre (efectúa dos signos de la cruz) de Cristo a fin de comulgar.

El sacerdote evoca acto seguido el memento de los muertos rogando a Dios que les conceda «una estancia feliz, de luz y paz». Luego, pide que la comunidad presente se una a la comunión de los santos. Y el canon finaliza con la evocación del Señor que «santifica, da vida y bendice» las ofrendas (tres signos de la cruz por encima de ellas); el sacerdote exalta a continuación a la Santísima Trinidad con el siguiente texto, al tiempo que realiza cinco signos de la cruz con la hostia por encima del cáliz: «Por Él, con Él y en Él, os es dado, Dios Padre omnipotente, en la unidad del Espíritu Santo, todo honor y toda gloria, por los siglos de los siglos. Amén».

El sacerdote invita luego a los fieles a recitar la oración cristiana por excelencia, el Pater Noster, «padrenuestro» *(véase más abajo)*, antes de proceder a la «partición de la hostia» en tres fragmentos, el más pequeño de los cuales deja caer en el cáliz, diciendo: «Que esta unión sacramental del Cuerpo y la Sangre de nuestro Señor Jesucristo, que vamos a recibir, nos sirva para la vida eterna. Amén». Entonces anima a la asamblea a cantar con él el agnus dei, implorando así la piedad del «Cordero de Dios» (Jesucristo), pidiendo la Paz, que transmite al diácono mediante el «beso de la paz», transmitido al instante a la asamblea, y que le vuelve, cerrando así el círculo. Es el signo de la reconciliación entre todos.

Oraciones enfocadas a la remisión de los pecados preceden a la comunión del sacerdote (de las dos especies), de los adyuvantes y de la asamblea: «Que el

---

13. Para los ortodoxos, en la liturgia bizantina, este punto importante de la misa va seguido de la *epiclesis*, o invocación, cuyo objetivo es el descendimiento del Espíritu Santo a fin de que la *transubstanciación* se lleve efectivamente a cabo. Además, unas cortinas corridas separan el altar y al pope ortodoxo de los fieles durante toda la consagración. Cabe añadir, asimismo, que la tan particular preparación *(proskomidie)* de los oblatos o especies vegetales se efectúa ahora entre los ortodoxos al inicio del oficio, sobre una pequeña mesa *(prótesis)* dispuesta a la izquierda del altar. Se trata de cinco panes, el primero de ellos con el centro marcado con una cruz, que extrae el oficiante y que contiene las siglas, en griego, de «Jesucristo vencedor». Es asimilado al cordero de Dios y el oficiante lo atraviesa con una pequeña lanza y lo inmola simbólicamente para recordar el sacrificio y los sufrimientos del Señor. A continuación, el agua y el vino son vertidos en el cáliz. Del segundo pan, el pope extrae un ápice en honor a la Virgen María; del tercero, nueve ápices en honor a los nueve santos; del cuarto, una cantidad específica de trocitos en función de las intenciones de las oraciones para los vivos; y del quinto, por último, trozos en memoria de los difuntos. Estos ritos de ofertorio son vividos como una especie de anticipación del Sagrado Sacrificio *(anáfora)*.

cuerpo de nuestro Señor Jesucristo guarde tu alma para la vida eterna», o, simplemente, «el Cuerpo de Cristo», dice el sacerdote, mientras reparte la comunión a los fieles.

Después del canto de comunión viene el texto del día de la poscomunión, seguido por el *Ite missa est*, que concluye el oficio con la bendición final de la asamblea, precedida de una última evocación de la Trinidad y del sentimiento de indignidad del sacerdote de cumplir su ministerio. Además, antes del Concilio Vaticano II, el oficiante leía el último evangelio, cuyo texto era el del Prólogo del Evangelio según San Juan. Veamos los fragmentos más elocuentes:

«En el principio fue el Verbo. El Verbo estaba en Dios y el Verbo era Dios. Él estaba en el principio en Dios. Por él fueron hechas todas las cosas; y sin él no se ha hecho cosa alguna de cuantas han sido hechas. En él estaba la vida, y la vida era la luz de los hombres. Y esta luz resplandece en las tinieblas, y las tinieblas no la acogieron. (...) El Verbo era la luz verdadera, que ilumina a todo hombre que viene a este mundo. En el mundo estaba, y el mundo fue por él hecho, y el mundo no le conoció. Vino a su propia casa, y los suyos no le recibieron. (...) Y el Verbo se hizo carne, y habitó en medio de nosotros; y nosotros hemos visto su gloria, gloria que el Padre da a su Hijo eterno, lleno de gracia y de verdad».

En las Iglesias reformadas, donde se conmemora la Cena, los oficios protestantes, muy sencillos, dejan un espacio preponderante para las lecturas de la Biblia, así como para la predicación de los pastores.

LOS SACRAMENTOS CRISTIANOS

Los sacramentos (*sacramentum*, en latín; *mysterion*, en griego) cristianos, ritos instituidos por Jesucristo, son siete: el bautismo, la confirmación, la eucaristía, la penitencia, la extremaunción, la ordenación del clero y el matrimonio.

Según la teología, todo sacramento es eficaz *ex opere operato*, es decir, que la gracia divina es sólo conferida por el rito celebrado canónicamente (regularmente). Es algo diferente entre los protestantes, que consideran, a semejanza de Lutero, la justificación sólo por la fe y las Escrituras Sagradas, aunque respetan los sacramentos.

El bautismo

Es el sacramento que confiere el estado de «cristiano» a quien lo recibe, hasta entonces catecúmeno y profano. El compromiso solemne de conversión cristiana va acompañado del rechazo a Satán, así como de la creencia en la Santísima Trinidad: Dios Padre, el Hijo Jesucristo y el Espíritu Santo; también lo refuerzan la fe en la comunión de los santos. El nuevo cristiano, gracias a la inmersión en el agua bautismal y a la muerte simbólica de su vida pecaminosa anterior, participa así plenamente en la Resurrección cristiana. De hecho, según la teología cristiana, sólo el sacramento del bautizo sigue siendo el único indispensable para obtener la salvación del alma.

La confirmación

Si al inicio de la era cristiana el bautismo estaba destinado básicamente a los adultos, a quienes el obispo confirmaba de inmediato en sus votos con la ceremonia de la confirmación, mediante la imposición de las manos y el uso del santo crisma (los ortodoxos mantuvieron esta tradición con el nombre de *chrismation*), este acto se empezó a realizar de modo diferente entre los católicos romanos. En efecto, el bautizo de niños pequeños exigía un padrino y una madrina, que pronunciaban los votos que constituían el compromiso solemne por el niño, hasta que este llegaba a la edad de razón (siete años) y podía renovar él mismo los votos del bautismo recibiendo la confirmación. La separación de los dos ritos sacramentales, por tanto, se hizo efectiva en la Iglesia católica.

La eucaristía

De niños, al finalizar su enseñanza catequística (catecismo), pero también como adultos, la gente podía hacer su «primera comunión» en Jesucristo, recibiendo el sacramento de la eucaristía, que conmemora la Santa Cena en la misa, en la forma de una hostia consagrada por el oficiante, aunque al principio la comunión se hacía con las dos especies, el pan y el vino transubstanciados en Cuerpo y Sangre de Cristo.

Los protestantes, por lo general, rechazan todo esto: Lutero rechazaba el término *transubstanciación*; Calvino no reconocía más que la presencia efectiva espiritual de Jesucristo en la celebración de la Cena; y Zwingli, por su parte, no encontraba más que una alusión simbólica a la presencia de Cristo que marcaba la fe del cristiano. Además, más arriba hemos visto que los jansenistas se oponían a una frecuencia cotidiana de la eucaristía, porque, según ellos, la comunión exigía un estado de gracia y una preparación preliminar del ser (catarsis).

La penitencia

La práctica de la moral y de la caridad hacia los demás, en principio, es obligada. Un examen de conciencia diario lleva al cristiano a considerar sus pecados (errores, omisiones, faltas) y, mediante un acto de contrición, a confesarlos a Dios y al sacerdote en la iglesia, en el confesionario: «Perdóneme, padre, porque he pecado...». A esto sigue un sincero arrepentimiento antes de recibir la absolución y la penitencia. En los Evangelios, Cristo transmite a los apóstoles el poder de absolver los pecados o de retenerlos. El confesor impone luego la penitencia al pecador en forma de una conducta que mostrar y unas oraciones que recitar sinceramente (padrenuestro, avemaría...) para alcanzar la reconciliación con Dios.

La unción de los enfermos y la extremaunción

En Pentecostés, los apóstoles, al recibir al Espíritu Santo, recibieron, entre otros dones, el de la curación y el exorcismo de los enfermos, con ayuda de los sagrados aceites, consagrados tradicionalmente en la misa celebrada por los obispos la mañana del Jueves Santo. Las unciones de enfermos incluyen la extremaunción (Concilio de Trento) conferida a los moribundos y los últimos sacramentos (última comunión).

La ordenación

Este sacramento afecta a la ordenación de los miembros del clero, por medio del obispo o del abad mitrado que posee el poder del orden. Conferidos en la misa, los órdenes menores son los de portero, lector, exorcista y acólito. A continuación, se otorgan los de subdiaconado, diaconado, sacerdocio y episcopado (durante una consagración), que constituyen los órdenes mayores, al estar la sucesión apostólica asegurada de continuo desde San Pedro. Algunas congregaciones religiosas están constituidas por hermanas dirigidas por una madre abadesa. Además, la Iglesia anglicana y algunas Iglesias reformadas ordenan actualmente a mujeres pastoras. Asimismo, cabe destacar que el celibato, aunque discutido en nuestros días, sigue siendo obligado para los obispos y los sacerdotes católicos, en el clero secular, y a fortiori para los abades y monjes de clero regular (sometidos a la regla del monasterio). En cambio, los popes ortodoxos a veces están casados, al igual que los pastores protestantes. Sólo los obispos y los archimandritas ortodoxos son sometidos al celibato.

El matrimonio

Para todos los cristianos no clérigos, el matrimonio sigue siendo la regla de convivencia conforme a la moral cristiana entre esposos de sexos diferentes. La monogamia es de rigor. El matrimonio, convertido en sacramento cristiano, une de manera indisoluble a los dos esposos ante Dios. Actualmente basta con una simple bendición nupcial con intercambio de consentimientos, pero a lo largo de los siglos anteriores era obligada una misa de boda. Una vez más, en este aspecto también el catolicismo, la ortodoxia y el protestantismo ofrecen ritos bastante diferentes.

ORACIONES COTIDIANAS Y FIESTAS CRISTIANAS DEL CALENDARIO LITÚRGICO

Las oraciones diarias

Además de las diversas bendiciones calificadas de sacramentales (extraídas de los misales de oraciones), las oraciones diarias cristianas son esencialmente:

• El padrenuestro *(Pater Noster)*: es la oración enseñada directamente por Cristo a los apóstoles, como se menciona en los Evangelios. El texto es el siguiente:

*«Padre Nuestro que estás en los Cielos,
santificado sea tu nombre;
venga a nosotros tu reino;
hágase tu voluntad así en la tierra como en el cielo.
Danos hoy nuestro pan de cada día.
Perdónanos nuestras ofensas,
así como nosotros perdonamos a los que nos ofenden.
No nos dejes caer en la tentación,
mas líbranos del mal. Amén».
(«Porque a Ti pertenecen el reino, el poder y la gloria, por los siglos de los siglos.
Amén»).*

- El avemaría, dirigido a la Virgen María:

*«Dios te salve, María,
llena eres de gracia.
El Señor es contigo.
Bendita tú eres entre todas las mujeres,
y bendito es el fruto de tu vientre, Jesús.
Santa María, Madre de Dios,
ruega por nosotros, pecadores,
ahora y en la hora de nuestra muerte. Amén».*

Aunque rechazan la virginidad mariana, los protestantes reconocen en María a la madre del Señor Jesucristo.

- El «Creo en Dios» o credo, símbolo de la fe católica, surgido del Concilio de Nicea (año 325 d. de C.), es recitado también en la misa, después de la homilía:

«Creo en un solo Dios, Padre todopoderoso, creador del cielo y de la tierra, de todo lo visible y lo invisible. Creo en un solo Señor, Jesucristo, Hijo único de Dios, nacido antes de todos los siglos: Dios de Dios, Luz de Luz, Dios verdadero de Dios verdadero, engendrado, no creado, de la misma naturaleza del Padre, por quien todo fue hecho; que por nosotros los hombres y por nuestra salvación bajó del cielo, y por obra del Espíritu Santo se encarnó de María, la Virgen, y se hizo hombre; y por nuestra causa fue crucificado en tiempos de Poncio Pilato; padeció y fue sepultado, y resucitó al tercer día según las Escrituras, y subió al cielo, y está sentado a la derecha del Padre; y de nuevo vendrá con gloria para juzgar a vivos y muertos, y su reino no tendrá fin. Creo en el Espíritu Santo, Señor y dador de Vida, que procede del Padre y del Hijo, que con el Padre y el Hijo recibe una misma adoración y gloria. Y que habló por los profetas. Creo en la Iglesia, que es una, santa, católica y apostólica. Confieso que hay un solo bautismo para el perdón de los pecados. Espero la resurrección de los muertos y la vida del mundo futuro. Amén».

- El «Yo confieso» o mea culpa se recita durante la misa (y también en forma de oración individual) para expresar la confesión de los pecados en presencia del sacerdote:

EL LIBRO DE LAS RELIGIONES MONOTEÍSTAS

«Confieso a Dios omnipotente, a María siempre virgen, a San Miguel Arcángel, a San Juan Bautista, a los santos apóstoles Pedro y Pablo, a todos los santos, y a vos, Padre, que he pecado, de pensamiento, palabra, obra y omisión. Por mi culpa, por mi culpa, por mi grandísima culpa. Por eso suplico a María siempre virgen, a San Miguel Arcángel, a San Juan Bautista, a los santos apóstoles Pedro y Pablo, a todos los santos y a vos, Padre, que rueguen por mí ante nuestro Señor Dios. Amén».

En el pasado, la confesión de los pecados de los cristianos recibía una absolución colectiva del sacerdote, pero, luego, sólo la exposición de los pecados individuales precedida de un acto de contrición, bajo secreto confesional, permitiría una absolución individual, seguida por oraciones de penitencia.

El calendario litúrgico cristiano

Además de las fiestas de Todos los Santos, Navidad y la Asunción (Ascensión) de la Santa Virgen María (dogma definido por el papa Pío XII, en 1950), celebrada el 15 de agosto (aunque se celebraba ya en Oriente con el nombre de *Dormition* desde el siglo VI), así como las fiestas de los santos y los mártires conmemoradas en fechas fijas, las grandes fiestas de las épocas remarcables del calendario cristiano se celebran en fechas móviles. Este es el caso de la Pascua (Semana Santa), que varía todos los años, ya que, para los católicos, generalmente se trata del primer domingo que sigue a la primera luna llena de primavera, que determina las fechas de otras fiestas del año.

• *Época de Adviento*
Es el periodo de la espera de la llegada del Salvador, que precede al nacimiento de Jesús, esto es, las cuatro semanas anteriores a la Navidad, tradicionalmente celebrada por los católicos el 25 de diciembre. La misa de medianoche conmemora el feliz acontecimiento, que coincide también con el nacimiento del dios persa Mithra, así como con la celebración del *Sol Invictus* («el Sol victorioso»), que marca el solsticio de invierno en el Imperio romano. Entre los ortodoxos es diferente, porque les preocupaba hacer coincidir Navidad con el nacimiento del dios Dionisio.

• *Época de Navidad y de la Epifanía*
Es un periodo de fiesta, luz y alegría para los cristianos. Además, enmarca el inicio del nuevo año civil. El acontecimiento de la Epifanía, celebrada tradicionalmente el 6 de enero, subraya la manifestación del Hijo de Dios al mundo (Teofanía), expresión retenida en los ortodoxos, por el recuerdo de la llegada de los Reyes Magos, que acudieron a adorar al Niño y a llevarle regalos simbólicos mesiánicos (oro, incienso y mirra) al portal de Belén.

• *Época de la Septuagésima*
Es literalmente el periodo de setenta días que preceden a la fiesta de Pascua, que evoca los setenta años de exilio en Babilonia del pueblo fiel a Dios. La liturgia orienta deliberadamente hacia la Pascua y su función soteriológica para la huma-

nidad, que sería así liberada de todos sus pecados. El domingo que marca la Septuagésima viene seguido naturalmente por el de la Sexagésima y, luego, por el de la Quincuagésima.

• *Época de la Cuaresma y de la Pasión*
Con la Cuaresma (de «cuarenta») se inicia un periodo de ayuno, penitencia y oraciones durante los cuarenta días que preceden a la Pascua, sobre todo para los catecúmenos que se preparan para el bautismo. Conmemora, en el Antiguo Testamento, el tiempo durante el cual Moisés permaneció escuchando a Dios en el monte Sinaí, así como el que Elías pasó en peregrinaje en Horeb. Asimismo, recuerda los cuarenta años durante los cuales los hebreos erraron por el desierto después de abandonar Egipto. La Cuaresma empieza el Miércoles de Ceniza, cuando se queman los ramos bendecidos el año anterior. Estas cenizas simbolizan el alma pecaminosa de la que Dios se ha alejado como el fuego. Durante la misa, la imposición de las cenizas es efectuada por el sacerdote en la frente de los fieles, en signo de penitencia. La Semana Santa se inicia el Domingo de Ramos, que indica la entrada del Señor en Jerusalén. La ceremonia de la Cena se desarrolla la noche del Jueves Santo. La Pasión, o el martirio de Jesucristo, es recordada por el relato de los Evangelios sinópticos y el recorrido del «camino a la cruz» (calvario), el Viernes Santo. El sábado por la noche tiene lugar la vigilia pascual, que anuncia ya la Resurrección del Cristo, por la celebración de la luz del fuego (cirio pascual) y el agua (bautismal) a fin de bautizar a los catecúmenos convertidos en cristianos esa misma noche, lo cual marca la victoria de Jesucristo sobre la muerte y las tinieblas de los infiernos.

• *Época de Pascua*
Empieza ya la víspera en que el cirio pascual simboliza al Cristo resucitado. El establecimiento del domingo de Pascua ha fomentado a menudo la polémica en la historia del cristianismo y han aparecido diferencias entre las Iglesias celta, ortodoxa y católico romana.

El calendario lunar se veía enfrentado a elementos del calendario solar, que sigue ciclos de 8, 11, 19 y 84 años. Aunque este último, adoptado por la Iglesia celta,[14] fue aprobado por el Concilio de Arles en el año 314, es el de 19 años el que prevalece desde el siglo V. En realidad, la Santa Sede considera que la Pascua suele ser el domingo siguiente a la primera luna de primavera. Se trata, en función de la diferencia, de un domingo siguiente para los ortodoxos.

Tras la época de la penitencia viene la de la alegría; el cristiano, que ha abandonado el «viejo hombre» que había en él, y participa así plenamente en la muerte y la Resurrección de Jesucristo, porta la luz del «hombre nuevo». La Ascensión de Cristo o su retorno glorioso al cielo, que se celebra un jueves, tiene lugar cuarenta días más tarde, y diez días antes de Pentecostés (esto es, cincuenta días después de la Pascua), conmemorando la recepción por los apóstoles de los dones del Espíritu Santo bajo la forma de lenguas de fuego.

---

14. Véase P. Rivière, *La Religion des celtes*, Éditions De Vecchi, 2000.

• *El resto del año litúrgico*

El misal (libro de misa del cristiano) prevé veintitrés domingos después de Pentecostés, pero, si es necesario, para acabar un año litúrgico más largo, en función de los casos, se añaden los últimos domingos después de la Epifanía.

Además de las fiestas de los santos y de los mártires, cabe destacar durante este periodo las fiestas del 15 de agosto, que marca la Asunción de la Virgen María, y del 1 y el 2 noviembre, que señalan, respectivamente, la fiesta de Todos los Santos y el recuerdo de los Difuntos (fiesta de los muertos), que se remontan al papa Bonifacio IV. En el siglo IX, el papa Gregorio IV extendió los mártires primitivamente afectados a todos los santos y optó definitivamente por la fecha del 1 de noviembre. Para esta ocasión, las familias cristianas se dirigen a la iglesia, pero también al cementerio, para adornar con flores las tumbas de sus difuntos con objeto de honrar su memoria.

La vida religiosa musulmana

La mezquita

Con el término *mezquita* (*masdjid*, en árabe, que viene del verbo *sadjada*, «postrarse») se designa al edificio consagrado por los musulmanes al ejercicio de su culto. Aunque, según el Corán, al musulmán se le concede el mundo entero para adorar a Alá, Mahoma había creado ya una mezquita en Medina, con el propósito de rezar ritualmente, sobre todo el día sagrado del viernes. Lo mismo ocurría en La Meca.

Al principio coexisten dos tipos de mezquitas: una especie de oratorio más o menos privado y un lugar amplio, la mezquita propiamente dicha, que acoge a toda la comunidad de fieles (la *masdjid djami'*, de *djama'a*, «reunir») que acuden a rezar en particular los viernes y a asistir a la prédica del imán. El edificio puede contener la tumba de un santo o las reliquias del Profeta.

La convocación a la oración (el *adhan*) es salmodiada por el almuecín, que se sube a lo alto del minarete (*manarah*). La llamada a la oración empieza con el *takbir*: «Dios es el más grande» (*Allahu akbar*) y la evocación según la cual Mahoma es su Profeta o Enviado (*Rasul Allah*).

La mezquita está constituida por varios elementos arquitectónicos: el minarete, formado por una torre; el patio principal, que suele contar con un estanque de agua destinado a las abluciones rituales de purificación; y el *mihrab*, que es un nicho decorado que indica la dirección de La Meca (*qibla*) que se encuentra en la sala de plegaria, cubierta de alfombras.

Los musulmanes tienen que descalzarse al entrar, para orar descalzos.

El imán pronuncia su sermón (*khutbah*) de los viernes desde lo alto de un púlpito (*minbar*). Cabe destacar, además, que no hay noción de clero en el islam sunní. Y, a diferencia de los santuarios cristianos (iglesias) y judíos (sinagogas), no hay altar de sacrificio en las mezquitas, ni existe ningún lugar en el que se depositen los rollos del Libro sagrado. Tan sólo la tumba de un santo puede constituir en el interior del edificio un objeto de veneración, porque prodiga la *baraka*: bendición o influencia espiritual del santo en cuestión (*wali*).

La oración que abre el Corán, una especie de padrenuestro del islam, es formulada al inicio de cada nueva recitación; se trata del *Al-Fatiha*, que incluye siete versículos:

Sura 1: Al-Fatiha
«En el nombre de Alá, el Clemente, el Misericordioso.
Alabanza a Alá, Señor del universo.
El Clemente, el Misericordioso,
Señor del Día de la retribución.
A Ti (Solo) adoramos y a Ti (Solo) pedimos ayuda.
Condúcenos por el camino recto,
el camino de aquellos a quienes has favorecido,
que no son objeto de Tu enojo ni son los extraviados».

Por otra parte, las fórmulas consagradas por los musulmanes, como signo de sumisión a Dios y a sus designios transcendentes e inmanentes, son:

— *In sha'a Llah*, que significa «si Dios lo ve» y que termina cada aserción, intención o deseo expresado por el creyente;
— *Bismillah al-Rahman al-Rahim*, que significa «En el nombre de Dios, el Clemente, el Misericordioso»: abre todas las suras del Corán, con excepción de la novena, y es formulada antes de las comidas o antes de iniciar un viaje, como signo de protección divina precediendo una acción;
— *Hamdula, Hamduli'Llah* da gracias a Dios porque la acción ha salido bien y Él es alabado por ello.

En cuanto a la fórmula *As-salam alaykum* significa «que la paz sea contigo». El interlocutor responde con *malaykum salam*. Mahoma habría declarado a este respecto que la paz sigue siendo «el saludo de las gentes del paraíso».

LA CIRCUNCISIÓN

El islam exige que todo musulmán sea circuncidado. La circuncisión de los jóvenes, preferentemente antes de los siete años, suele ir acompañada de una fiesta familiar en la sociedad musulmana.

LOS «CINCO PILARES» (*ARKÂN*) DEL ISLAM

Son las cinco obligaciones a las que está sometido todo musulmán, los «cinco pilares» sobre los que reposa la práctica religiosa del islam.

El testimonio de fe (shahâda)

El testimonio de fe *(shahâda)* que pronuncia todo musulmán es la afirmación de la creencia en un solo Dios y en que Mahoma es su Profeta: *La ilaha illa'Llah. Muhammadun Rasulu'Llah* («No hay más Dios que Alá y Mahoma es su profeta»). Figura en el Corán (sura 7, 158).

Esta afirmación de sumisión al monoteísmo y a la palabra revelada al «Enviado» del Dios único, Mahoma, es tan importante para los musulmanes que la pronuncian al oído de todo recién nacido en su comunidad.

Las cinco oraciones diarias (çalât)

La obligación de todo musulmán es recitar cinco oraciones diarias:

— al alba, antes de la salida del sol *(fajr)*;
— justo después del mediodía *(zhur)*;
— a media tarde *(açr)*;
— justo después de la puesta del sol *(maghrib)*;
— a lo largo de la noche *(icha)*.

Estas oraciones se efectúan acompañadas de cuatro posturas del cuerpo: de pie, inclinado, postrado y sentado sobre los talones. Pueden ser realizadas en cualquier lugar, con los pies descalzos (la mujer, con un velo), sobre una alfombra destinada a ello. En los países musulmanes, el muecín o almuecín anuncia la hora de la oración animando a los fieles a efectuarla en la mezquita o en el lugar en el que se encuentren en ese momento. En los Estados no musulmanes, el creyente tiene a su disposición un calendario que especifica los horarios de las oraciones en función de la latitud en que se encuentre y, por supuesto, siguiendo el avance del ciclo solar anual.

Las abluciones rituales, por su parte, se realizan en las manos, la boca, la nariz, el rostro, los antebrazos, la parte superior de la cabeza, las orejas y los pies. Por otro lado, una ablución general *(ghusl)* del cuerpo, incluido el cabello, es requerida en algunos casos, sobre todo después de mantener una relación sexual.

La práctica de la limosna (zakât)

La práctica de la limosna con los más pobres constituye un sacrificio exigido a los musulmanes y que está explícitamente formulado en el Corán: «Las limosnas están destinadas a los pobres (...), a aquellos cuyos corazones deben unirse (...), a aquellos que están cargados de deudas (...), en la lucha en el camino de Dios» (sura 9, 60) y «sólo frecuentará las mezquitas de Dios (...) quien dé limosna» (sura 9, 18).

Sin embargo, conviene distinguir entre la limosna libre para los pobres *(çadaqa)* y la limosna legal *(zakât)*, que se ha convertido en un impuesto sobre los ingresos de los musulmanes.

La práctica del ayuno (çawm) durante el ramadán

La práctica del ayuno es particularmente obligatoria para los musulmanes durante el mes sagrado del ramadán, noveno mes del calendario lunar *(véase más abajo)*. Se trata de un ayuno completo: ni alimentos ni bebida desde la salida del sol hasta la puesta de sol. Sin embargo, están exentos de él los enfermos, las mujeres embarazadas, los viajeros...

Este ayuno obligatorio del mes de ramadán exige un gran esfuerzo libremente consentido por parte del creyente. Se trata realmente de un sacrificio, tanto más cuanto que en los países cálidos tiene lugar en verano, por los gajes del calendario musulmán de trescientos cincuenta y cuatro días.

El objetivo de este ayuno es, básicamente, purificar el cuerpo y el espíritu, ejerciendo plenamente la fe musulmana. Según un hadiz del Profeta: «Es el mes de la paciencia y de la reconciliación (...). El inicio del mes es misericordia; el centro, perdón, y el final, liberación del fuego infernal».

Además, la práctica regular de la oración es requerida particularmente durante este periodo. Y, de hecho, se recomienda vehementemente a los musulmanes que pasen la vigesimoséptima noche del ramadán, que conmemora la «Noche del Decreto, del Poder» *(Laylat al-Qadr)*, cuando fueron revelados los primeros versículos del Corán a Mahoma, velando y rezando intensamente a Dios para ser satisfechos. Es la noche en que la comunicación entre el mundo angelical y este es posible, ya que las fronteras se disipan con facilidad.

El ramadán es también, en el ámbito comunitario, un momento privilegiado para la reconciliación y la paz. Por la noche, con cada ruptura del ayuno, las comidas son abundantes y favorecen los intercambios familiares y entre amigos. Las mujeres realizan para la ocasión platos esmerados y dulces particularmente elaborados. Es un gran momento festivo compartido entre todas las generaciones, que alcanza su punto máximo cuando la luna nueva marca el final del ayuno del ramadán *('id al-Fitr)*.

El peregrinaje a La Meca (Hajj o Hadj)

Aunque no es obligatorio, ya que no siempre resulta fácil ir, sobre todo para los pobres, el gran peregrinaje a La Meca, en Arabia Saudí, constituye el «quinto pilar» del islam y es muy recomendado a los fieles. Se desarrolla tradicionalmente a partir del último mes del año musulmán *(Dhu al-Hijjah)* y el lugar es particularmente sacralizado *(haram)*. La ciudad santa de La Meca es, en efecto, la patria de Mahoma y también el lugar en el que comenzó su predicación. El Corán abunda en calificativos elogiosos para designarla: «la Respetable..., el Recinto sagrado... donde reina la seguridad, la Madre de las Ciudades» (sura 6, 92). El peregrinaje comprende, por supuesto, la Kaaba, que se sitúa en el centro de una amplia explanada constituida por un edificio rectangular, la Mezquita sagrada. La Kaaba es una especie de cubo de ladrillos de unos diez metros de lado, cubierto por un velo de brocado negro *(kiswa)* adornado con versículos del Corán bordados con hilo de oro. El interior está vacío, con excepción de los tres pilares de madera que sostienen el techo, lámparas y tapices bordados con textos coránicos. Es en el ángulo oriental donde el Profeta, según la tradición, habría colocado la famosa Piedra negra meteorítica, al construir el santuario. Está engastada en un aro de plata, y su cara visible mide aproximadamente veinticinco centímetros de diámetro. Es objeto de veneración por parte de los musulmanes, ya que se supone que realiza sus votos. Además, es garante de la Alianza con Dios y tendrá que levantar testimonio contra los infieles el día de la Resurrección de los muertos. Al noroeste de la Kaaba hay un espacio rodeado por una muralla en semicírculo, el *Hijr Isma'il*, donde están las tumbas de Ismail y de su madre Agar. Al este se encuentra un edificio que contiene el pozo con el milagroso manantial *Zemzem*. Se dice que este brotó espontáneamente bajo el pie de Ismail, después de que su madre suplicara a Dios que saciara la sed de su hijo, fruto de las obras de Abraham. La tradición musulmana indica, por otra parte, que Mahoma, después de haber tomado una ligera comida por la mañana, sólo bebía del agua de *Zemzem* el resto del día y que eso bastaba ampliamente para cubrir sus necesidades nutritivas diarias. Al nordeste se encuentra albergada por un edículo una roca de granito que muestra la huella de un pie que se atribuye a Abraham; es calificado como «estación de Abraham» *(Maqam Ibrahîm)*. No lejos de allí se yergue el púlpito *(minbar)* en el que el imán efectúa sus prédicas del viernes y de los demás días sagrados. Cerca está la puerta *(Bab Bani Shayba)* por la que pasaba el Profeta para acceder al santuario. Los peregrinos conmemoran este acontecimiento cruzando tradicionalmente este pórtico sagrado durante las giras rituales.

El peregrinaje a La Meca implica un gran estado de purificación y de piedad sincera, así como la igualdad entre los peregrinos. Todos visten una sencilla ropa blanca confeccionada en dos piezas, sin costura *(ihram)*. Los musulmanes invocan constantemente a Alá con la fórmula que enseñó Mahoma a sus fieles: «Aquí estoy, oh mi Dios, aquí estoy...» *(Labbaika, Allahumma, labbaik...)*:

• El octavo día de este duodécimo mes del año, los peregrinos realizan siete circunvalaciones tradicionales alrededor de la Kaaba *(tawaf)* en el sentido inverso del recorrido aparente del sol. Además, se esfuerzan por tocar o incluso abrazar la Piedra negra como signo de veneración. Luego efectúan una oración a la «estación de Abraham» *(Maqam Ibrahîm)*. A continuación, apagan su sed con el agua del manantial sagrado *Zemzem*, ya que acuden a las colinas de Safa y Marwa, por donde erraban Agar y su hijo Ismael antes de que milagrosamente brotara el manantial del suelo.

• El noveno día, los peregrinos se dirigen a la llanura desértica de Arafat, a veinte kilómetros al sur de La Meca, en la carretera de Taif, y pasan allí el día. Esta jornada se dedica a la oración y a la meditación, ya que se yergue el *jebel ar-Rahmah* o «monte de la Misericordia», desde lo alto del cual Mahoma dijo adiós.

• El décimo día, los peregrinos se dirigen al valle de Mina, para dedicarse por la tarde, de pie, a la lapidación ritual de la estela de Aqaba, con siete piedrecillas recogidas en Muzdalifa. Este rito reactualiza el gesto del Profeta rechazando a Iblis (Satán) al lapidarlo, ya que este había sugerido a Abraham que renunciara al sacrificio de su hijo impuesto por Dios, durante la prestación de juramento de los khazrajitas efectuada en este lugar. Cerca de allí, por tanto, se sitúa también el lugar en el que Abraham se habría decidido a inmolar a su hijo Isaac *('Id al-Adha)* antes de que Dios interviniera y reemplazara su holocausto por el de un carnero. La mezquita Al-Khaif está muy cerca; al parecer, fue construida sobre la tumba de Adán (a quien se atribuye, por otra parte, el primer santuario de la Kaaba).

Ese mismo día tiene lugar el gran sacrificio *(Adha)*, que constituye la ceremonia más importante del año musulmán: se trata del *'id al-Kabîr (véase más abajo)*, donde se debe sacrificar ritualmente un cordero cuya carne no consumida, si llega el caso, es ofrecida a los más pobres.

En ocasiones, el peregrinaje se completa con una visita a la otra ciudad santa del islam, Medina, cuya gran mezquita alberga la tumba de Mahoma, «de donde emanan suaves aromas», y la de su hija Fátima.

Todo musulmán que haya realizado el gran peregrinaje de La Meca porta luego el calificativo reverencial de *Hadj* o *Hadja*, en el caso de las mujeres.

Las fiestas religiosas musulmanas

La fiesta de la Ruptura del Ayuno ('id al-Fitr)

Esta fiesta tiene lugar el primer día del décimo mes, de hecho el mes que sigue al ramadán. Se la califica de «pequeña fiesta» *('id al-Saghir)*. Se caracteriza por la alegría y el final de las privaciones. En este momento del perdón y la reconciliación, los musulmanes deben dar limosna a los pobres.

La fiesta del Sacrificio del 'id al-Kabîr

Es la gran fiesta *('id al-adha)* del sacrificio o de la ofrenda *('id al-qurban)*, que se celebra setenta días después de la fiesta de la Ruptura del Ayuno, durante el peregrinaje de La Meca, como hemos visto anteriormente. Conmemora el sacrificio de Abraham, en el día 10 del duodécimo mes del año. En todas partes, los musulmanes celebran esta fiesta uniéndose a los peregrinos, y sacrifican corderos degollados según el ritual.

Conmemoración de la hégira, el 1 de muharram

El mes de *muharram* es el primer mes del año musulmán; el primer día, los musulmanes conmemoran la hégira o exilio del Profeta, y dejan La Meca para ir a Medina. Este acontecimiento sigue siendo muy importante, ya que marca el auge del islam a través de la decisión de Mahoma de dar a la comunidad religiosa una nueva orientación. Por tanto, este mes es sinónimo de júbilo para los sunníes.

En cambio, para los chiitas es muy diferente, ya que conmemoran el 10 del mes, la *'Ashura*, el martirio de Hussein, hijo de Alí y su tercer imán, asesinado en Karbala, en el año 680 *(véase más arriba)*. Así pues, para ellos es un día de gran luto y de lamentaciones salpicadas con cantos, recitaciones, procesiones y representaciones dramáticas de la pasión de Hussein *(ta'ziyé)*, en que los chiitas se golpean el cuerpo de manera individual y transportan por las calles ataúdes de madera.

La fiesta del Nacimiento del Profeta (Mawlid al-Nabî)

El nacimiento de Mahoma se celebra a principios de la primavera, en concreto el 12 *rabi'al-Awwal*. Es una fiesta llena de alegría salpicada de vigilia nocturna, oraciones y cantos de versículos del Corán.

La noche del «Viaje celestial nocturno» (Mi'râj) del Profeta

Esta noche (el 27 del mes de *rajab*) es importante para los musulmanes, porque, como hemos mencionado más arriba, Mahoma realizó esa noche, guiado por el ángel Gabriel, su «ascensión nocturna», que le permitió, no sólo ir hasta la ciudad santa de Jerusalén, sino también subir a través de los Cielos hasta las puertas del paraíso.

La «noche del Destino» (Laylat al-qadr)

Es la noche del 27 del mes de ramadán *(véase más arriba)*, que es de vital importancia, ya que fue elegida para caracterizar la noche bendita en que Mahoma recibió el Corán «procedente de los Cielos», de manos del ángel Gabriel, que le exhortó a leerlo.

La «noche de la Remisión de los Pecados» (Laylat al-barâ)

Esta noche, del 9 del mes de *dhu l-hijja*, representa el momento preciso en que se fija el destino del año, y los pecados de los creyentes son absueltos.

Los chiitas celebran, además, la fiesta *id al-ghadir*, que conmemora el momento en que en este lugar, cerca de Medina, Mahoma designó expresamente a Alí como sucesor.
    Los aniversarios de los imanes, incluido por supuesto el de Alí, son celebrados por los chiitas.
    Cabe destacar, además, que en Irán, es la antigua tradición mazdeí la que está en el origen del nuevo año oficial *(Nowruz)*, que se celebra el primer día de la primavera.

EL MATRIMONIO Y LA MUJER EN LA SOCIEDAD MUSULMANA

El Corán recomienda fervientemente el matrimonio (24, 32). El islam permite la poligamia, que, según la ley en vigor, se limita a cuatro esposas legítimas, aunque

Mahoma tuvo nueve, al ser algunas de ellas viudas de sus compañeros, a las que tomó a su cargo, asegurándoles la subsistencia. Todas las esposas deben ser tratadas del mismo modo por su marido común (4, 2-4). El matrimonio no es un sacramento religioso propiamente dicho, sino un contrato de matrimonio en debida forma. La dote *(mahr)* es aportada por el marido, y se establece en el contrato un derecho que prevé una indemnización fijada por la esposa en caso de divorcio. La sociedad musulmana es de tipo patriarcal: «los hombres tienen autoridad sobre las mujeres, en virtud de la preferencia que Dios les ha concedido sobre ellas» (4, 34). Pero, del mismo modo: «las mujeres tienen derechos equivalentes a sus obligaciones, y en conformidad con el uso» (2, 228). Las relaciones matrimoniales deben ser, a pesar de todo, equitativas, y establecerse «en el amor y la misericordia» (30, 21).

El Corán insiste en la decencia y la fidelidad al marido, que la mujer debe atestiguar en cualquier circunstancia: «Di a las creyentes que bajen sus miradas, que sean castas, que no muestren más que el exterior de sus atavíos (...), que no muestren sus atavíos más que a sus esposos» (24, 31).

La cuestión de los matrimonios mixtos implica que un no musulmán perteneciente a las religiones del Libro (judío o cristiano) sólo puede casarse «religiosamente» (según el rito coránico en presencia del *adul*) con una musulmana si se convierte al islam. En cambio, un musulmán es libre de casarse «religiosamente» con una cristiana o una israelita.

El divorcio deseado por el marido ha correspondido durante mucho tiempo a una simple repudiación por su parte, pero el derecho musulmán está evolucionando a este respecto, y el reciente establecimiento, por ejemplo, de los «derechos de familia» por el soberano de Marruecos, Mohamed VI, va en el sentido evolutivo de los derechos de las mujeres. El hecho de llevar velo *(hidjab)* es una simple costumbre oriental.

LAS OBLIGACIONES ALIMENTARIAS EN EL ISLAM

El consumo de alcohol o de bebidas alcoholizadas está estrictamente prohibido en el islam. Ahora también lo está el vino, lo cual no parece haber sido así en el pasado, que se consumía, por ejemplo, en algunas *tariqas* sufíes; recordemos incluso el consumo de vino que se cita en algunos cuentos influenciados tanto por el chiísmo, como por el sunnismo (*Las mil y una noches*, por ejemplo). El consumo de cerdo también está estrictamente prohibido. La noción de alimento *hallal* (permitido) es de importancia en el islam. Lo contrario es el *haram*.

El degüello ritual de los animales, de cara a su consumo *(dhabh)*, debe cumplir ciertas reglas, que consisten principalmente en no hacerlos sufrir y en favorecer la salida y eliminación progresiva de su sangre: «Todos los animales que se matan para ser comidos, con excepción del pescado y de los saltamontes, deben ser matados por *dhabh*; cuando son degollados por *dhabh*, son lícitos, porque con este método la sangre impura es separada de la carne pura, de lo que se desprende que todos los animales no comestibles (como las ratas, los perros y los gatos) se vuelven puros por *dhabh* (como remedios, no como alimentos), con excepción de los cerdos...».

La muerte y el devenir póstumo

Según el islam, la muerte implica el juicio de los actos de la vida del difunto y su acceso, según los casos, al infierno o al paraíso, donde los mártires, por su parte, llegan de manera directa.

Las personas cercanas al moribundo, que lo acompañan en sus últimos momentos, recitan la *shahâda (véase más arriba)* e interpretan rictus, estertores y movimientos del cuerpo como direcciones seguidas por el alma del difunto. Según el Corán: «Cada persona recibirá la retribución de sus actos». Cuando el «Trono divino» se les aparece, todas las almas son sobrecogidas por un espanto, porque su cegadora luz hace que destaquen sus pecados. Se coloca una «balanza», con el platillo de la derecha «luminoso, y el de la izquierda, tenebroso». Luego viene la «Tabla guardada», y los profetas proceden a la lectura del Libro. A continuación, les espera la última prueba del «puente de Sirat», el camino de

---

ACERCA DE LA YIHAD O «GUERRA SANTA»
Este tema, teniendo en cuenta la reivindicación del término de *yihad* por el conjunto de grupos fundamentalistas islámicos, es, por desgracia, de plena actualidad. En este contexto, se descubre, de hecho, que un carácter fuertemente peyorativo rodea este término de manera abusiva, en el contexto de una auténtica «guerra a los valores occidentales».
En realidad, para empezar, conviene hacer la distinción entre dos acepciones diferentes relativas a la yihad, lo que el islam considera la «gran yihad» y la «pequeña yihad»:

— la «gran yihad» *(djihad al-kabir)*: esta «guerra santa» constituye la lucha interior que debe llevar a cabo el musulmán para triunfar sobre sus propios pecados e imperfecciones y controlar todas sus pasiones. Es la obra más constructiva posible, puesto que se trata de sublimar la naturaleza humana con el objetivo de realizar los designios divinos. Para el creyente, es el acto de fe por excelencia. De hecho, así es como lo planteaba el gran teólogo sufí Ghazzali *(véase más arriba)*. En realidad, la expresión espiritual *djihad fi sabil Allah* no significa nada más que «esfuerzo sobre el camino de Dios». Y un hadiz del Profeta indica claramente que «el combatiente es quien lucha con todas sus fuerzas contra sí mismo por amor a Dios». Por tanto, estamos aquí en las antípodas de la acepción peyorativa que prevalece en los medios islamistas integristas;
— la «pequeña yihad», en cambio, designa, en el contexto en que el islam se ha extendido históricamente a través de la «guerra santa» contra los infieles a fin de convertirlos, una determinada forma de lucha armada que permite también defenderse ante los enemigos, como los bizantinos, los cruzados, los mongoles, etc. En estas circunstancias, los mártires fallecidos en el campo de batalla se han asegurado la entrada directa en el paraíso. Cabe destacar, además, que, según los chiitas duodecimistas *(véase más arriba)*, no puede haber para ellos ninguna yihad antes del retorno del «imán oculto». En cualquier caso, el Corán precisa que a los creyentes les está prohibido matar de manera arbitraria a inocentes, sobre todo cuando también son musulmanes.

la Hoguera (37, 23), que se yergue por encima de un precipicio de fuego y que hay que atravesar sin caer en el abismo.[15] Dios diría a Adán: «Las obras de las personas destinadas al paraíso son de tres tipos: la fe en Mí, la confianza en la veracidad de Mis Enviados y la obediencia a Mi Libro... Las obras de las personas destinadas al infierno son de tres tipos: la idolatría, la incredulidad para con Mis Enviados y la desobediencia de Mi Libro».

El cuerpo del difunto es cuidadosamente lavado y luego envuelto en un trozo de tela sin coser. Se procede al entierro lo antes posible recitando la oración de *Al-Fatiha (véase más arriba)* y algunos otros versículos del Corán. En su tumba, el muerto debe ser acostado sobre el flanco derecho, con el rostro orientado hacia la Kaaba. Encima, se suele levantar una estela sobre la que se graba o se pinta el texto de la *shahâda*.

LOS GENIOS Y LAS CREENCIAS ANCESTRALES, LOS MORABITOS
Los genios, o *djinns*, según creencias populares preislámicas, pero también según el Corán, son espíritus invisibles, aunque de apariencia parecida a los humanos. Se supone que estos seres elementales procrean y a veces incluso se unen sexualmente con los humanos, que caen así en su «posesión». El Corán afirma que tienen sus propios profetas elegidos entre ellos (sura 6, 130), aunque deben obedecer a la Ley divina. Algunos lo harían sin ningún género de duda, puesto que en su época habrían ayudado incluso al ejército del rey Salomón (sura 27, 17). Según las creencias, el ser humano y el genio deben cohabitar, puesto que ambos compiten por el amor de Dios. El Corán, sin embargo, prohíbe invocar a los malvados *djinns*, dedicados a Iblis, ya que hacerlo sería un acto de magia (negra) y un terrible pecado. Por este motivo, los morabitos o santos hombres musulmanes utilizan talismanes grabados con versículos del Corán para protegerse.
El término *morabito* procede del árabe *murabit*, que designa a un ser espiritual que vive en un «monasterio fortificado» *(ribat)*. De esta palabra procede el nombre de los Almorávides, dinastía que reinó en el Magreb y en España (siglos XI-XII). Los auténticos morabitos —a diferencia de los vulgares brujos del África negra, que se sirven del mismo nombre y abusan de la credulidad popular— parecen ser musulmanes eruditos, a menudo gnósticos, a veces sufíes, chiitas, pero normalmente sunníes, a modo de especies de «chamanes» en contacto con una determinada realidad «mágica» intermedia. A este respecto, gozan de un poder que les permite adquirir la *baraka*, bendición o influencia espiritual. Sus tumbas son objeto de un gran fervor religioso, sobre todo en el Magreb y, más exactamente, en Marruecos, debido a las relaciones con la cultura bereber preislámica. Pensemos, por ejemplo, en Mulay Idris, el gran fundador de la ciudad de Fez, que se casó con una bereber y que provenía, por otra parte, de Alí, por la rama de su hijo Hassan.

---

15. Véase P. Rivière, *Réflexions sur la mort* (obra colectiva), Éditions De Vecchi, 2002.

Tercera parte

COMPARACIÓN ENTRE LAS TRES RELIGIONES MONOTEÍSTAS: CONVERGENCIAS Y DIVERGENCIAS DOGMÁTICAS

El mismo «Dios» con percepciones diferentes

Si prescindimos de los dogmas propagados por algunas sectas o corrientes disidentes de las tres religiones del Libro oficialmente establecidas *(véase más arriba)*, a saber, que Yahvé, el Dios del Antiguo Testamento, pueda ser un «Dios celoso y cruel» diferente del de los Evangelios, «Dios de amor y misericordia», es indudable que el Dios único del judaísmo, del cristianismo y del islam es, sin duda, el mismo. Simplemente, ha sido asumido de manera diferente en función del contexto cultural, y de facto cultural, del que surgió su percepción religiosa.

La Trinidad cristiana y su cuestionamiento por el islam y el judaísmo

En consideración al concepto teológico propiamente «monoteísta» de la divinidad, parece inaceptable tanto para musulmanes como para judíos concebir el dogma cristiano de la Santísima Trinidad. En efecto, esta lleva a pensar para ellos que existen tres «Dioses» y no uno solo: ¡de ahí el calificativo árabe de *shirk* (politeísmo), que designa al cristianismo! Sin embargo, se sabe que no subsiste ningún equívoco para los teólogos cristianos a este respecto, puesto que consideran que las tres hipóstasis del Padre, el Hijo y el Espíritu Santo son consustanciales *(homoousios)* y constituyen así una «Tri-Unidad» divina *(véase más arriba)*: dogma establecido y confirmado por el Concilio de Nicea, en el año 325, y el Concilio de Constantinopla, en el 381. Según San Agustín, el Hijo (el Verbo) es asimilable al pensamiento reflexivo que Dios se concede, y el Espíritu Santo, procedente del Padre y del Hijo *(Filioque)*, es percibido como el amor mutuo que se tienen el uno por el otro.

El otro tema de «escándalo» —corolario del anterior— que presenta el cristianismo de cara al judaísmo y al islam, concierne a la divinidad de Jesucristo, expresada en el dogma cristiano de su doble naturaleza humana y divina: «auténtico hombre» y «auténtico Dios», todo a la vez, en una sola persona *(véase más arriba)*. En efecto, ¿cómo concebir que el «Dios único» haya podido encarnarse en un ser humano, aun inspirado por lo divino? Por lo demás, conviene destacar que, mientras en la teología cristiana Jesucristo es considerado como el «Verbo» asimilado al *Logos* helenístico, en el islam no es en absoluto Mahoma quien desempeña este papel, sino el Corán, lleno de la «Palabra de Dios», como «Libro no creado» de la Revelación divina hecha al Profeta.

Si el Evangelio según San Juan revela la naturaleza del «Verbo», en su Prólogo *(véase más arriba)* insiste también en la unidad que une al Hijo con el Padre. Jesús dice, en efecto: «(...) Las obras que hago en nombre de mi Padre me rinden testimonio» (Juan 10, 25); «El Padre y yo somos uno» (Juan 10, 30); y «(...) sabed de buena fe que el Padre está en mí y yo estoy en el Padre» (Juan 10, 38).

Abraham, Moisés, María y Jesús, vistos por el judaísmo y el islam

Como hemos visto más arriba, la Biblia judaica y la Biblia judeo-cristiana coinciden en lo que respecta a Abraham y Moisés, y este último reviste una importancia capital en el judaísmo. En cambio, en esta religión Jesús es considerado un profeta que pretende ser el Hijo de Dios y que pasa por un falso Mesías que se proclama «rey de los judíos», de ahí las iniciales INRI colocadas sobre la cruz de su crucifixión (Jesús de Nazaret, Rey de los Judíos). El islam, por su parte, tiene una visión particular relativa a los personajes bíblicos de Abraham, Moisés, Jesús y María, como vamos a descubrir en seguida.

Abraham

Si bien las tres religiones monoteístas —judaísmo, cristianismo e islam— reivindican un legado «abrahámico» común, es necesario constatar que el Corán concede al patriarca Abraham *(Ibrahîm)* una importancia privilegiada: «Efectivamente, enviamos a Noé y a Abraham y concedimos a su descendencia la profecía y el Libro» (sura 57, 26). Si, respecto al judaísmo, Abraham es considerado el fundador del pueblo hebreo («padre de una multitud», Génesis 17, 5), el islam lo convierte en el «amigo de Dios» *(al-Khalil)*, padre de los profetas que llegó al monoteísmo porque estaba «sometido» a la voluntad divina; por tanto, musulmán antes de la llegada de Mahoma: «Abraham no era judío ni cristiano. Estaba totalmente sometido a Alá (musulmán)...» (sura 3, 67). Se separa de los politeístas: «Me alejo de vosotros y de las divinidades que invocáis junto a Alá. Yo, por mi parte, invocaré a mi Señor» (sura 19, 48).

Además, junto con su hijo Ismael, está considerado el fundador de la Kaaba de La Meca (sura 2, 124-140), que para el islam es como el santuario original del monoteísmo: «Diles: "Alá sólo dice la verdad. Por tanto, seguid la religión de Abraham, que era piadoso y no asociaba ningún otro ser a Alá"»; «El primer templo que hubo entre los hombres es el de Bakka (La Meca). Fue fundado para ser bendecido y para servir de dirección a los humanos»; «Allí hay signos evidentes, entre los cuales está el lugar en el que Abraham estuvo en pie» (sura 3, 95-97).

En la perspectiva escatológica, el día de la resurrección, Abraham estará a la izquierda de Alá para guiar a los auténticos creyentes hasta el paraíso.

Moisés

Tanto en el judaísmo como en el cristianismo, Moisés *(Moshe)* es reconocido como el fundador de la religión judía, del Antiguo Testamento. Según la tradición judeo-cristiana, sería el redactor del Pentateuco (los cinco Libros de la Torá). Los Evangelios relatan que se apareció a los apóstoles (al igual que el profeta Elías) detrás de Jesucristo el día de su Transfiguración *(véase más arriba)*.

El Corán cita a menudo a Moisés *(Mussa)* y hace referencia al texto bíblico subrayando la desobediencia constante de los judíos, caracterizada por sus incesantes insurrecciones. Habiendo recibido las Escrituras Divinas, los judíos son considerados, sin embargo, como los «pueblos del Libro», igual que los cristianos: «Sin duda, quienes han creído, quienes se han judaizado, los nazarenos y los sabeos, quienes de ellos hayan creído en Alá, en el día último, y habiendo realizado buenas obras, serán recompensados por su Señor; no sentirán ningún temor y nunca estarán afligidos» (sura 2, 62); «Si hubieran aplicado la Torá y el Evangelio y lo que trata de ellos por parte de su Señor, habrían gozado sin duda de lo que está por encima de ellos y de lo que está a sus pies. Entre ellos hay un grupo que actúa con rectitud, pero muchos de ellos actúan con maldad» (sura 5, 66).

Además, según el Corán, Moisés habría conocido a un enigmático personaje *(Al-Khidr,* «el que verdece»), que aparece como su iniciador a fin de que él perciba que los designios de Dios son impenetrables (sura 18, 60-82). Esta figura emblemática del profetismo y de la vida eterna se dedica a demostrar que la Omnipotencia de Dios se ejerce a través de una sabiduría que escapa al entendimiento humano. En ocasiones fue asimilado al profeta Elías *(Ilyas)*.

María

María, la madre de Jesús, no desempeña ningún papel en el judaísmo, pero no ocurre lo mismo en el islam, que la menciona con el nombre de *Maryam* y le concede una gran importancia. La tradición cristiana traza su genealogía con el «Árbol de Jessé». Según el Corán, María, descendiente de la virtuosa familia de Imran, que se remonta hasta los patriarcas Abraham y Noé, habría sido consagrada —privilegio excepcional— en el templo de Dios, ya que Imran era considerado el sumo sacerdote del Templo de Jerusalén. Su educación fue confiada a Zacarías, y su infancia y adolescencia estuvieron marcadas por una gran piedad: «Su Señor la aceptó por tanto de buen grado, e hizo que creciera bien» (sura 3, 37); los ángeles la animaban a rezar a Dios con fervor: «Oh, María, obedece a Tu Señor, póstrate e inclínate con quienes se inclinan» (sura 3, 43). Aunque aparentemente sólo los chicos fueron admitidos en el Templo, varias fuentes cristianas, desde los Evangelios apócrifos de Mateo y Santiago hasta la *Oratio dei nativitis Christi* de Grégoire de Nisa, coinciden con estos versículos coránicos.

Los relativos al nacimiento de Juan Bautista *(Yahya)*, que reviste por lo demás cierta importancia en el islam, coinciden también con los Evangelios: «Alá te anuncia el nacimiento de Yahya, confirmando una palabra de Alá. Será un caudillo, un casto, un profeta y gente de bien» (sura 3, 39); «"¡Oh, Yahya, sostiene firmemente el Libro (la Torá)!". Nosotros le dimos la sabiduría cuando era niño» (sura 19, 12); «¡Que la paz sea con él el día en que nació, el día en que muera, y el día en que resucite!» (sura 19, 15).

La Anunciación a María *(Maryam)* se hizo en los siguientes términos: «(Recuerda) cuando los ángeles dijeron: "Oh, María, sin duda Alá te ha escogido y purificado; y te ha elegido por encima de las mujeres de los mundos"» (sura 3, 42); «(Recuerda) cuando los ángeles dijeron: "Oh, María, mira cómo Alá te anuncia una palabra suya: su nombre será *al-Masih* (el Mesías) *Issâ* (Jesús), hijo de María, ilustre en la tierra como en el más allá, y uno de los cercanos de Alá"» (sura 3, 45). La «palabra de Alá» parece aquí perfectamente asimilable al Verbo divino.

«(...) Le enviamos Nuestro Espíritu [Gabriel] que se presentó a ella en forma de un hombre perfecto.
»Ella dijo: "Me refugio contra ti ante el Clemente. Si eres piadoso, no te me acerques".
»Él dijo: "De hecho soy un Mensajero de tu Señor para donarte un hijo puro".
»Ella dijo: "¿Cómo podría tener yo un hijo, cuando ningún hombre me ha tocado y no soy una prostituta?".
»Él dijo: "¡Así será! ¡Me resulta fácil, lo ha dicho tu Señor! Y Nosotros haremos de él un símbolo para la gente, y una misericordia de Nuestra parte. Está decidido"» (sura 19, 17-21).

La virginidad marial, subrayada por el Proto-Evangelio de Santiago y dogma proclamado por la Iglesia católica, por tanto, es también de rigor en el islam.

La encontramos evocada en el versículo 91 de la sura 21: «¡Y [la Virgen María] que había conservado su virginidad! Insuflamos en ella un aliento (de vida) procedente de Nosotros e hicimos de ella, así como de su hijo, un signo [milagro] para el universo».

Los versículos 22-26 de la sura 19 evocan, además, el hecho de que cuando los dolores del parto atormentaron a María, una palmera acudió en su ayuda y le permitió apagar su sed, con los maduros dátiles que caían de ella. Un relato similar figura también en un texto apócrifo cristiano, *El Evangelio de la Infancia*.

Jesús

Si la tradición judaica considera a Jesús de Nazaret como un profeta judío «falso Mesías», un usurpador en cierto modo, el islam, por el contrario, lo tiene por un profeta real y por el auténtico Mesías de Israel *(al-Masih)*.

Es hijo de la Virgen María *(Maryam)* y la pureza de ambos es incuestionable. Hasta tal punto que si en la infancia de Mahoma los ángeles tuvieron que extraerle un coágulo de sangre del pecho y lavar su corazón con la nieve inmaculada, haciendo así referencia a la mancha de herrumbre en el espejo del corazón que marca a todos los seres humanos en su nacimiento, según la tradición islámica eso no fue necesario para *Maryam* e *Issâ* (Jesús).

Para el islam, Jesús se incluye en el linaje de los cinco profetas: Noé (elegido por Dios para reconstituir la humanidad después del Diluvio), Abraham (el «auténtico creyente» —*hanif*— en el Único), Moisés (que hace entrega de la Torá), Jesús y Mahoma *(Muhammad)*. Mientras que este último, cerrando el ciclo de la «Palabra de Dios», es cualificado de Sello de los Profetas (sura 33, 40), Jesús *(Issâ)* está considerado, según Ibn Arabi, el Sello de la Santidad universal:

«Y [Alá] le enseñará la escritura, la sabiduría, la Torá y el Evangelio, y Él será el mensajero de los hijos de Israel (y les dirá): "En realidad, vengo a vosotros con un signo de parte de vuestro Señor"» (sura 3, 48-49).

«Y cuando Alá diga: "Oh, Jesús, hijo de María, acuérdate de mi buena acción contigo y tu madre cuando te fortifiqué con el Espíritu Santo. En la cuna tú hablabas a la gente, como en tu edad madura. ¡Yo te enseñaba el Libro, la Sabiduría, la Torá y el Evangelio! (...) Y tú curabas con Mi permiso al ciego de nacimiento y al leproso. Y con Mi permiso hacías revivir a los muertos. Yo te protegía contra los Hijos de Israel, mientas les aportabas las pruebas". Pero aquellos de entre ellos que no querían creer, dijeron: "Esto no es más que magia evidente"» (sura 5, 110).

«Luego, cuando Jesús percibió la incredulidad por su parte, dijo: "¿Quiénes son mis aliados en el camino de Dios?". Los apóstoles dijeron: "Nosotros somos los aliados de Dios. Creemos en Dios. Y debes ser testigo de que estamos sometidos a Él"» (sura 3, 52).

El siguiente pasaje del Corán, «La mesa servida» *(al-Ma'idah)*, parece hacer alusión tanto al milagro de Jesús de la multiplicación de los panes, como a la institución de la eucaristía durante la celebración de la última Cena *(véase más arriba)*:

«Oh, Alá, nuestro Señor, dice Jesús, hijo de María, haz que descienda del cielo sobre nosotros una mesa servida que sea una fiesta para nosotros, para el primero de nosotros y para el último, así como un signo de Tu parte. Aliméntanos: Tú eres el que mejor nos alimenta» (sura 5, 114).

«Oh, dice Alá, haré que descienda sobre vosotros...» (sura 5, 115).

Sin embargo, el Corán advierte de inmediato contra una adoración de Jesús y de María, considerada blasfema para con Alá, el Dios único:

«(Recuérdales) el momento en que Alá dirá: "Oh, Jesús, hijo de María, ¿eres tú quien ha dicho a la gente: 'Consideradnos, a mí y a mi madre, dos divinidades distintas de Alá?'". Él dirá: "¡Gloria y pureza a Ti! No me toca a mí declarar lo que no tengo derecho a decir. Si lo hubiera dicho, lo sabrías, sin duda. Tú sabes lo que hay en mí, y yo sé lo que hay en Ti. Tú eres, en realidad, el gran conocedor de todo lo desconocido".

»"Yo no les he dicho más que lo que Tú me habías encargado, (a saber): Adora a Alá, mi Señor y vuestro Señor. Y yo fui testigo contra ellos tanto tiempo como estuve

entre ellos. Luego, cuando Tú me has llamado, eres Tú quien les has hecho de observador atento. Y Tú eres el testigo de todo"» (sura 4, 116-117).

Con estos versículos, el Corán da claramente a entender que la fe en el Dios único (monoteísta), predicada por Jesús, ha sido tergiversada luego en su beneficio, y en el de su madre... hasta en el de la propia Trinidad:

«Sin duda son infieles quienes dicen: "En verdad, Alá es el tercero de tres". ¡Porque no hay más divinidad que Una Divinidad Única! Y si no dejan de decirlo, sin duda sufrirán esos infieles un castigo doloroso. ¿Acaso no piensan arrepentirse ante Alá e implorarle su Perdón? Porque Alá es Indulgente y Misericordioso» (sura 5, 73-74).

El islam considera que Jesús no es más que un hombre, aunque en su época fuera un Mensajero:

«Él (Jesús) no era más que un Siervo al que habíamos colmado de buenas obras y al que habíamos designado como ejemplo para los Hijos de Israel» (sura 43, 59).
«Sin duda son infieles quienes dicen: "En verdad, Alá es el Mesías, hijo de María". Mientras que el Mesías ha dicho: "Oh, hijos de Israel, adorad a Alá, mi Señor y vuestro Señor". Quien asocie a Alá (otras divinidades), tendrá prohibida la entrada al paraíso de Alá; y su refugio será el Fuego. Y para los injustos, ¡nada de auxiliadores!» (sura 5, 72).

El islam rechaza de la misma manera la crucifixión de Jesús, de facto su resurrección y la redención del género humano que es resultado de ello. Sin embargo, el Corán deja entender la autenticidad de su ascensión, puesto que su cuerpo parece haber sido «elevado hasta Dios» después de cumplir su misión en la tierra. El Corán precede esta aserción con una diatriba contra los judíos:

*«(Los hemos maldecido) a causa de su ruptura del compromiso, su infidelidad a las revelaciones de Alá, su asesinato injustificado de los profetas, y su palabra: "Nuestros corazones están (envueltos) e impermeables". En realidad, es Alá quien ha sellado sus corazones a causa de su infidelidad, ya que sólo creen un poco.
»Y a causa de su infidelidad y de la enorme calumnia que ellos pronuncian contra María.
»Y a causa de su palabra: "Realmente hemos matado al Cristo, Jesús, hijo de María, el Mensajero de Alá"... Ahora bien, ni lo han matado ni lo han crucificado; ¿no era una apariencia? Y quienes han discutido sobre este tema se sienten realmente inseguros: no poseen conocimientos seguros, no hacen más que seguir conjeturas y sin duda no lo han matado, sino que Alá lo ha elevado hasta Él. Y Alá es Poderoso y Sabio»* (sura 4, 155-158).

Según el islam, como profeta, mensajero de Alá, nacido del seno de una virgen y habiendo realizado milagros durante su vida, Jesús, además, es llamado a regresar el día del Juicio para atestiguar contra los judíos que lo trataron de usurpador. De la misma manera, Mahoma, cuando llegue la «hora», atestiguará contra los impíos y los blasfemadores de su propia comunidad.

La llegada del Mesías de Israel y del Mahdí para el islam

El Mesías según el judaísmo

En el judaísmo, la palabra *Mesías* (en hebreo, *Masiah*) significa, literalmente, «el que ha recibido la Unción... en el nombre de Yahvé». Así, los grandes personajes de la Biblia que han recibido esta «unción divina» pueden ser considerados «mesías», como algunos soberanos (1 Samuel 10, 1) y sumos sacerdotes (Éxodo 29, 7), e incluso el «pueblo elegido de Israel» (Salmos 105, 15). Sin embargo, el sentido de la palabra *Mesías* ha revestido a lo largo del tiempo una acepción más restrictiva, designando a un liberador futuro, auténtico rey de justicia y sabiduría para Israel, un poco a la imagen del rey Salomón. Más tarde, los esenios parecen haber esperado dos «Mesías», distinguiendo así claramente las dos funciones, temporal y espiritual: un monarca, descendiente de David, y un sumo sacerdote, descendiente de Aarón. De manera más general, la Biblia hebraica refleja el espíritu mesiánico (Salmos 72, 110), pero el Talmud marcará cierta desconfianza respecto a las predicciones eventuales relativas a la llegada del Mesías en un tiempo preciso. Los rabinos se han mostrado bastante reservados sobre este punto. No obstante, ejemplos históricos de «mesías» salpican la historia del pueblo judío. Entre ellos, encontramos a Bar Kocheba, jefe de la revolución fomentada por los judíos contra los romanos, en el año 132 d. de C. *(véase más arriba)*, que fue reconocido por el rabino Rabbi Akiva; Shabbatai Tsvi, por su parte, apareció en el siglo XVII y fue reconocido por el cabalista Abraham Nathan de Gaza, que, con entusiasmo, proclamó la llegada del Mesías en 1665. Había reconocido en él todos los signos de la elección divina, hasta las debilidades y tentaciones debidas a los *qelipots*, de los que era víctima. Asimismo, predijo que el supuesto «Mesías» llegaría a sultán, pero cuando este llegó a Estambul en 1666, el sultán del momento lo mandó arrestar y lo obligó, a cambio de su vida, a renunciar a su fe y a convertirse al islam. Sin embargo, Nathan le siguió siendo fiel y así fue como se inició el movimiento shabbatianista que se extendería luego a Polonia y que sería reivindicado por Jacob Franck a finales del siglo XVIII.

En el siglo XIX, el judaísmo reformado reconsideró el concepto bíblico de «Mesías humano», acordándole una vocación colectiva de «ideal mesiánico», que pretendía plantear la noción de progreso hasta la perfección intelectual y social del hombre.

Algunos llegaron incluso a justificar el sionismo por un establecimiento directo por parte de los judíos de la «era mesiánica», en lugar de esperar indefinidamente la llegada de un Mesías. Los judíos ortodoxos se negaron primero a esta manera de verlo, pero, desde la creación del Estado de Israel en 1948, que establecía la reinstalación de los judíos en tierra de Israel *(Eretz Israel)*, este hecho fundamental representa para ellos el primer paso hacia la «era mesiánica». No obstante, cabe destacar que la espera de un Mesías sigue estando presente en la liturgia mosaica, ya que en cada oficio religioso es recitado el *Amidá*, que contiene cinco bendiciones que expresan con fervor la esperanza mesiánica de la llegada del Salvador de Israel.

El Mesías en el cristianismo

El Nuevo Testamento presenta a Jesús de Nazaret como el Mesías de Israel tan anunciado por las predicciones de los profetas. San Mateo ofrece en su Evangelio la genealogía «davídica» de Jesús: «(...) El total de las generaciones, por tanto, es: de Abraham a David, catorce generaciones; de David a la deportación de Babilonia, catorce generaciones; de la deportación de Babilonia a Cristo, catorce generaciones» (Mateo 1, 17); con lo que se tiende a acreditar su calidad de «Mesías de Israel», puesto que sería del linaje del rey David, que se remonta incluso hasta el patriarca Abraham. El propio nombre de *Jesucristo* (de *Christos*, en griego) indicaba que estaba consagrado por Dios, el «Ungido del Señor», equivalente al término hebreo *Masiah*: el Mesías.

Asimismo, es posible que Jesús hubiera mantenido algunas relaciones con los zelotes que querían vencer a los romanos y poner fin a la ocupación de Palestina, de ahí su esperanza, cuando Jesús entró en Jerusalén, al ver al Mesías afirmarse como «rey de los judíos», así como anunciar a Pilato que su «reino no era de este mundo». En efecto, cuando Pilato le hizo la pregunta: "¿Eres tú el rey de los judíos?". Respondió Jesús: "¿Por tu cuenta dices eso o te lo han dicho otros de mí?". Pilato contestó: "¿Soy yo judío, por ventura? Tu nación y los pontífices te han entregado a mí; ¿qué has hecho?". Jesús respondió: "Mi reino no es de este mundo; si de este mundo fuera mi reino, mis ministros habrían luchado para que no fuese entregado a los judíos; pero mi reino no es de aquí"» (Juan 18, 33-36).

Sin embargo, como deja entender San Mateo, las profecías de Isaías y de Zacarías (como Miqueas, por su nacimiento) con relación al «Mesías de Israel» habían sido escrupulosamente respetadas cuando Jesucristo hizo «humilde y pacíficamente» (Zacarías 9, 9) su entrada «mesiánica» en la ciudad santa, subido sobre una burra acompañada por su rucho: «Decid a la hija de Sión: Tu rey viene a ti; modesto, montado en una burra, y un pollino, la cría de una bestia de carga» (Isaías 62, 11).

En los Evangelios, cuando Jesús habla de sí mismo, sólo se califica de «Hijo del hombre» (expresión utilizada por Daniel) y no pretende en ningún momento, explícitamente, ser el Mesías esperado por los judíos, en conformidad con las Escrituras. No obstante, se podría objetar, cuando habla de Dios se sitúa como Hijo suyo, dirigiéndose a él con la expresión «querido Padre» (*abba*, en arameo). Además, declaraba lo siguiente: «(...) Yo soy el Camino, la Verdad y la Vida. Nadie va al Padre si no es por mí. Si me conocéis, conoceréis también a mi Padre (...)» (Juan 14, 6-7). Asimismo, en su «Oración sacerdotal», pronunciada la víspera de su Pasión, Jesús afirma: «(...) La vida eterna es que Te conozcan, a Ti, el único y verdadero Dios, y a Tu enviado Jesucristo (...)».

Si nos remitimos esta vez al Evangelio según San Marcos, es como «Mesías» como parece dirigirse Jesús a los apóstoles (que son doce), responsabilizándolos frente a las doce tribus de Israel, a la hora del Juicio Final: «(...) En verdad os digo, a quienes me habéis seguido, que en la regeneración, cuando el Hijo del hombre esté en su trono de gloria, también vosotros estaréis en doce tronos, para juzgar a las doce tribus de Israel» (Mateo 19, 28).

Esto no impide en absoluto considerar el mensaje evangélico como de vocación universal (*catholicos*); de ahí la conversión de los gentiles (los no judíos). Sin embargo, la buena palabra predicada por Jesucristo introducía una nueva regla fundamental: la ley del Amor, indispensable para alcanzar el Reino de Dios. Esta, que exhortaba a los hombres a perdonar a sus enemigos, sucedía a la ley mosaica del talión, de la reciprocidad de los actos y de la venganza sistemática, respondiendo con violencia a la violencia («ojo por ojo, diente por diente»). De este modo, el mesianismo ejercido por Jesucristo aparecía a la mirada de las reglas impuestas por el judaísmo tradicional como de orden más sacerdotal que real (espiritual más que temporal). Sin embargo, los judíos no reconocieron en absoluto a Jesús (con excepción de sus discípulos) como Mesías, sino solamente como un profeta, o un simple *rabbi*, *rabbuni* («maestro», en arameo), en el origen de una de tantas sectas judías. Los apóstoles, por su parte, después de que su Maestro los dejara y después de haber recibido el Espíritu Santo (Paráclito), el día de Pentecostés, debían esperar, al menos algunos de ellos, la llegada del Reino de Dios en la tierra, como se puede percibir a partir de los Hechos de los Apóstoles... ¡pero en vano! Además, las corrientes «milenaristas», muy influenciadas por el Apocalipsis de San Juan y el Libro de Daniel, esperaron el retorno de Cristo (Parusía) según una perspectiva escatológica: el «Hijo del hombre» debía reinar —literal o simbólicamente— mil años en la tierra, al final de los tiempos, antes del enfrentamiento final entre las fuerzas del bien y las del mal, que se acabaría con la derrota definitiva de Satán que precede al Juicio Final. Esto expresaba, sin ningún género de duda, una nueva forma de mesianismo centrado en la Segunda Llegada del Cristo, en cierto modo la espera de la nueva llegada del «Mesías».

La llegada del Mahdí en el islam

En primer lugar, por lo que respecta al punto anterior, conviene recordar que el Corán reconoce en Jesucristo al auténtico «Mesías de Israel».

Si, en árabe, el término *Mahdí*, aunque el Corán no lo recoja, caracteriza ya «al que está bien guiado»... por Alá, el islam le confiere una connotación más mística todavía, incluso escatológica, a fin de designar al profeta que vendrá al final de los tiempos para purificar a la comunidad musulmana en su integridad y convertir al resto de los hombres al islam, haciendo de ellos «auténticos creyentes» en Dios. Según los hadices del Profeta, repartirá una justicia universal sin fallos. Y siguiendo a uno de ellos, al que hacen referencia algunos musulmanes, el Mahdí no será otro que el mismo Jesús *(Issâ)*. Según la mayoría de los teólogos musulmanes, sin embargo, se trataría de un descendiente de Mahoma.

Hemos visto que, para los chiitas *(véase más arriba)*, había una asimilación entre su último imán, escondido (el «imán oculto»), y el Mahdí que iba a venir; según el contexto que se tenga en cuenta, respectivamente, estaríamos hablando del duodécimo imán para los chiitas duodecimistas y del séptimo imán para los chiitas septimistas. Así pues, por lo que respecta a los chiitas no cabe duda, la alusión del Profeta al Mahdí que debe venir designa el retorno de su «imán oculto», el que permaneció escondido a fin de preparar mejor su misión futura, permaneciendo, aun así, constantemente presente para sus fieles.

No obstante, los chiitas consideran que Jesús *(Issâ)* ocupa un lugar importante en la escatología islámica. Uno de los primeros grandes teólogos duodecimistas, Ibn Bab ya al-Saduq, escribe, en el siglo X, sobre este tema: «Creemos que la prueba de Alá sobre la tierra y su representante *(khalifa)* entre sus esclavos en nuestra época es el defensor *(al-qa'im)* de las leyes de Dios, el Esperado, Muhammad ibn al-Hasan al-'Askari (el duodécimo imán). Son su nombre y su llegada los que han sido anunciados por Dios al Profeta, y es él quien colmará la tierra de justicia y equidad como ahora está llena de opresión y de mal. Es a él a quien Dios hará victorioso en el mundo entero hasta que la llamada a la oración retumbe en todos los lugares y hasta que la religión pertenezca enteramente a Dios, alabado sea. Él es el Mahdí, bien orientado por Dios, sobre quien el profeta anunció que al aparecer Jesús, hijo de María, descendería sobre la tierra y rezaría tras él...» (véase A. Fyzec, *A Shi'ite Creed*, Londres, 1942).

Cabe añadir que, según la secta de los kaisaniya, el Mahdí no sería más que el hijo que Alí habría tenido con una esposa que no era Fátima, Muhammad ibn al-Hanafiya. Este seguiría con vida, pero yacería sobre su tumba en el monte Radwa y esperaría según el designio divino la hora de su regreso, si creemos a sus fieles.

En cualquier caso, la llegada del Mahdí iría precedida de signos del final de los Tiempos: degeneración de los seres humanos, inmortalidad e incredulidad de estos, desaparición de la Kaaba, ejemplares del Corán únicamente con páginas en blanco, asesinato de quien pronuncie el nombre de Alá, etc. Según un hadiz del Profeta: «Al final de los tiempos, habrá un califa que distribuirá los bienes sin contar... Dios enviará a un hombre de mi familia, que llevará mi nombre, y cuyo padre llevará el nombre de mi padre *(Muhammad ibn Abdallah)*... El Mahdí es uno de mis descendientes: tendrá la frente ancha, la nariz aguileña; llenará la tierra de equidad... Reinará siete años y luego morirá». Según otros hadices, reinaría cinco o nueve años, instaurando una era de prosperidad desigual hasta entonces. Luego, asistiríamos a la llegada del *Dajjal* (visión islámica del anticristo). Entonces, prosigue un hadiz, «Alá enviará al Mesías, hijo de María, que descenderá sobre el Minarete Blanco, al este de Damasco... Todo infiel que sea expuesto a su aliento (divino) perecerá». *Issâ* (Jesús) vencerá al *Dajjal* y su reino durará de cuarenta a cuarenta y cinco años, antes de que se desencadenen las fuerzas del mal y llegue el Juicio antes de la Resurrección final. Entre tanto, *Issâ* (Jesús) morirá, y sus restos serán enterrados en Medina, junto a Mahoma. Respecto al «momento» de la llegada de estos acontecimientos escatológicos, algunas versiones del Libro, que poseen un último versículo del Corán, indican que «sólo pertenece a Dios... y sorprenderá de improviso» (sura 2, 287).

Hemos visto *(véase más arriba)* que, a lo largo de la historia del islam chií, algunos jefes en tiempos de crisis política no han dudado en autoproclamarse Mahdí. Fue principalmente el caso, tras el anuncio de su llegada por un tal Abdallah, del cuarto *hujja* («garante») de Salamya, en Siria, Ubayd'Allah, en el año 899 d. de C., que se proclamaba «el imán guiado e impecable» *(al mahdí al ma'-sum)*, descendiente del Profeta por su hija Fátima *(ahl al-bayt)*.

De hecho, fueron sus emisarios quienes, con el apoyo de la poderosa tribu bereber de los kutamas, partieron a la conquista de África del Norte. El Mahdí en cuestión fue proclamado califa del territorio conquistado, en el año 910, inaugurando así la dinastía chií de los fatimíes (descendientes de Fátima), que se perpetuaría hasta 1171.

Asimismo, el sunní Ibn Tumart, proclamado Mahdí, reivindicaba el título de Muhammad ben'Abdallah y fundó la dinastía de los Almohades (1121) en el territorio del Magreb.

Así pues, numerosos jefes políticos y religiosos han intentado obtener el poder proclamándose Mahdí hasta una época relativamente reciente. Este fue el caso de Muhammad Ahmed, originario de Sudán, que con sus derviches venció al ejército anglo-egipcio antes de ser derrotado por las tropas de Lord Kitchener en 1885. Este hombre, considerado providencial por los sudaneses, es considerado todavía hoy un héroe nacional, verdadero modelo político-religioso.

LOS ÁNGELES EN EL JUDAÍSMO, EL CRISTIANISMO Y EL ISLAM

Los ángeles en el judaísmo

Los ángeles son, literalmente, los «enviados de Dios» *(malakhim)*. En la Biblia hebraica, se presentan bajo formas diferentes: los querubines *(kerubim)*, que protegen la entrada al paraíso o jardín del Edén (Génesis 3, 24), y los serafines *(serafim)*, dotados de seis alas, cuya etimología parece indicar que «arden» (de *saraf*, «arder») con el Fuego divino. Estos enviados celestiales abundan en la historia bíblica: tenemos, por ejemplo, los tres visitantes del patriarca Abraham (Génesis 18, 1-10); los que descendían y subían a lo largo de una escalera en Bethel, donde Jacob se había dormido (Génesis 28, 10-22); el ángel que luchó luego con él, probando su fuerza, derrengándolo y dándole el nombre de Israel (Génesis 32, 25-30). Por tanto, son todos mensajeros de Dios, o han recibido de este misiones particulares (Génesis 16, 7; Éxodo 23, 20; Números 22, 22), o se agrupan tal como los vio Jacob en Mahanayim, el «campo de Dios» (Génesis 32, 2) y celebran en cohorte las alabanzas a Dios (Isaías 6, 2-3). En el Libro de Daniel, se hace referencia a «miríadas de miríadas de ángeles» (Daniel 7, 10). Algunos son identificables con el nombre sugerente que les ha sido atribuido, como Gabriel («Dios se ha mostrado fuerte») y Miguel («que es como Dios»).

Paralelamente, aparece Satán —cuyo nombre significa, literalmente en hebreo, «el que se opone a», «el adversario» o, incluso, «el acusador» (Job 1, 6; Zacarías 3, 1)—, que inaugura la lista de demonios, proporcionando pruebas que el santo *(kadosch)* tiene que superar.

En el rito judío del *Yom Kippur*, además, se hace alusión a un «chivo destinado al (demonio) Azazel», que no deja de evocar al animal al que, si creemos lo escrito en el Levítico 17, 1-7, algunos judíos rendían culto. Por otra parte, la Biblia hebraica hace referencia a los demonios en general *(chedim)*, que exigían sacrificios (Éxodo 32, 17; Salmos 106, 37). Además, existe el monstruo serpentiforme, Leviatán, que es evocado varias veces en los Salmos y en el Libro de Job (15, 13; 40; 42, 1-2) y cuya sola visión basta para aterrorizar a las presas. Esta serpiente-dragón recuerda, por supuesto, a la serpiente del Génesis que tentó a Eva en el jardín del Edén.

¿Cómo no considerar, asimismo, a «los hijos de Dios (ángeles) que se unieron a las hijas de los hombres» (Génesis 6, 2) como los «ángeles caídos» que el patriarca del Libro de Henoc (padre del viejo Matusalén) tanto evoca —al igual, por otra parte, que los ángeles buenos— y cuyo texto sería rechazado como apócrifo por el cristianismo? La cábala hebraica se haría con ello y la lista de los ángeles buenos y malos enriquecería su sistema de correspondencias. Ya el Libro del Esplendor *(Sefer ha-Zohar)* mencionaba varias veces el Libro de Henoc. Entre los ángeles buenos se cuenta a Miguel, Gabriel, Uriel, Nuriel, Metatrón (asimilado en ocasiones al propio Henoc) y Rafael, cuyo nombre significa «Dios cura». En realidad, aparecen ya en el Libro de Tobías, aunque este hubiera sido descartado de los textos canónicos hebraicos. Entre los «ángeles caídos» demoniacos, encontramos después de Satán y del Ángel de la Muerte, a Azazel, Samael y el terrible Asmodeo. Demonios hembras persiguen a Lilith, primera mujer de Adán, dando así nacimiento a súcubos que se alimentaban de noche de la simiente de los hombres mientras estos dormían. El Talmud había insistido mucho antes sobre la importancia de los demonios *(chedim, mazziqim*: «seres nocivos») que deambulan por algunos lugares sin luz entregados a actos deshonrosos. Algunos ángeles, al parecer, también tienen como misión hacer que las personas se olviden de sus obligaciones religiosas *(mitswot)*; de ahí una proliferación de conjuros y amuletos de todo tipo para protegerse de ellos. Sin embargo, los filósofos judíos medievales, influenciados por el neoplatonismo, matizaron el espíritu supersticioso que reinaba acerca de estas creencias calificando a los ángeles (buenos o malos) de inteligencias separadas.

La angelología y la demonología, por tanto, desempeñaban un papel nada despreciable en el contexto religioso judaico popular, aunque sin poner en duda el sacrosanto principio del monoteísmo. ¿Y es que acaso no se dice que la noche del sabbat, al regresar de la sinagoga, el fiel vuelve a su casa acompañado por dos ángeles que su familia acoge exclamando alegremente *Chalom alekhem*?

Los ángeles en el cristianismo

De igual modo que en el judaísmo, los ángeles son considerados en el cristianismo «mensajeros divinos» (del griego *aggelos*), seres celestiales de luz, dotados de libre albedrío y susceptibles de revestir apariencia humana, aunque con alas cuando su misión lo impone. Sus funciones son múltiples, como aparecen en el evangelio: alabar a Dios en su santuario; pueden ser asignados a las naciones, así como a los individuos, bajo la forma de «ángeles guardianes»; ayudan o castigan a los hombres acompañándolos hasta el Juicio Final *(véase Apocalipsis de San Juan)*. El cristianismo considera que Lucifer, el ángel rebelde, en un principio «portador de luz» *(lucis fero*, en latín), arrastró a los «ángeles caídos» del paraíso en su caída. Su connotación «anticrística» *(véase Apocalipsis de San Juan)* lo asociaría a Satán (el adversario, el que se opone), al Diablo, y una cohorte de demonios acabaría uniéndose a él, en el contexto medieval. El arcángel Miguel, por oposición, vencería a Satán, en la forma del dragón del Apocalipsis. Y el arcángel Gabriel sería asociado al misterio de la Anunciación de María, habiendo previamente avisado a Zacarías de que Isabel le daría un hijo, Juan Bautista (Lucas 1, 11-20). Los ángeles acompañan la historia santa cristiana: desde el nacimiento de Jesús el Salvador, que revelaron a los pastores (Lucas 2, 8-14), hasta la advertencia a José acerca de las intenciones de Herodes, a fin de favorecer la huida de la Sagrada Familia a Egipto (Mateo 2, 13-15), desde su acompañamiento de Jesús, en la prueba de su ayuno en el desierto (Marcos 1, 13), en su soledad en Getsemaní, en el umbral de su Pasión (Lucas 22, 43), hasta después de su Resurrección, delante del sepulcro vacío (Mateo 28, 2-7).

«(...) Decimos que hay también una multitud de ángeles, ministros, que el creador y demiurgo del mundo, Dios, a través del Verbo que viene de Él, ha repartido y ordenado, para que ocupen los elementos, los cielos, el mundo y lo que está en Él, y su armonía», declara Atenágoras, en el siglo II. El papa León I, en el siglo V, exhorta así a los fieles cristianos: «Consolidad vuestra amistad con los sagrados ángeles». Después de los Padres de la Iglesia, Orígenes, los capadocios Gregorio Nacianceno, Gregorio de Nisa y Basilio de Cesarea, fue San Agustín quien proporcionó un enfoque teológico de la angelología. Sus cimientos, basados en su función intermedia entre lo increado y la luz creada, entre Dios y la humanidad, serían confirmados por Gregorio el Grande e Isidoro de Sevilla. Luego fue el seudo-Dionisio, Dionisio el Areopagita, en su tratado *De la jerarquía celestial* (siglo VI), quien proporcionó una cantidad considerable de información relativa a la angelología y ofreció una clasificación por orden jerárquico creciente, en nueve categorías: los ángeles, los arcángeles, los principados, las potestades, las virtudes, las dominaciones, los tronos, los querubines y los serafines. Según Dionisio el Areopagita, por ejemplo, el nombre de los querubines «enseña el poder de conocer y de ver a Dios, su aptitud para recibir el más alto don de luz y para contemplar en su poder primordial el esplendor teárquico, para colmarse del don que hace sabio y para comunicarlo sin envidia a los espíritus de segundo rango, por efusión de la sabiduría recibida». El nombre de los tronos significa «que su pureza sin mezcla los aleja de toda complacencia por las cosas viles». En cuanto a las dominaciones, «su nombre revelador muestra (...) que se elevan libremente, sin ninguna complacencia, con respecto a lo que está abajo». El nombre de virtudes significa «un coraje viril e inflexible para todas las operaciones por las que las vuelve deiformes». El nombre de potestades «revela su igualdad de rango con las dominaciones y las virtudes, la hermosa ordenación, armoniosa y sin confusión, que les permite acoger los dones divinos». En cuanto a los arcángeles, ocupan el «mismo rango que los principados celestiales; (...) tanto unos como otros forman, en efecto, con los ángeles, sólo una jerarquía y disposición. No obstante, puesto que no hay jerarquía que no comporte virtudes primeras, medianas y últimas, el sagrado orden de los arcángeles, por su situación media en la jerarquía, participa también en los extremos: presenta, en efecto, caracteres comunes a la vez con los tan santos principados y con los santos ángeles». Acerca de los ángeles, «si el nombre de los ángeles les es más conveniente propiamente que a quienes les preceden, lo es en la medida en que su jerarquía se aplica también a lo que se manifiesta y afecta más a las cosas de este mundo». Además, podemos distinguir entre ángeles «anunciadores», especie de «embajadores divinos», como Gabriel; ángeles «curadores», como Rafael; ángeles «protectores», o ángeles guardianes destinados por Dios a cada individuo. Cabe destacar también que la teología escolástica medieval permitirá la asociación de estas entidades espirituales angélicas con el cielo estelar; los ángeles se convierten así en una especie de «rectores» de los astros identificados, o de las estrellas en general. Con el protestantismo y el Siglo de las Luces, todo esto desaparecerá para beneficio del racionalismo naciente, aunque algunas creencias, sin embargo, al haber impregnado el inconsciente colectivo, subsistirían.

Los ángeles en el islam

El Corán nos muestra que los ángeles son también considerados según el islam unos «mensajeros» divinos (del árabe *malak*). Ya presentes en la cultura de la Arabia preislámica, sobre todo con los genios *(véase más arriba)*, los ángeles ocupan un lugar relativamente importante en el Corán, aun ya sólo con el ángel Gabriel *(Jibrail)*, que efectúa la transmisión de la Revelación divina a Mahoma (suras 2, 97; 66, 4). En primer lugar, cabe precisar que la fe en la existencia de los ángeles y en su acción impulsada por Alá es una obligación dogmática indudable, que se deduce del credo islámico *(iman)*, donde aparece en segunda posición, justo después de la creencia en un Dios único *(Allah)* y antes de la creencia en los «Enviados» y los «Libros revelados» *(véase más arriba)*. Los ángeles son seres sobrenaturales, incorpóreos, inmortales, creados —según un hadiz del Profeta— de luz, mientras que los *djinns* son de fuego, y el hombre, de limo. Además, son invisibles a los humanos, excepto para los profetas (o enviados), para quienes constituyen mensajeros divinos. El caso de Satán *(Iblis)*, que se negó a doblegarse a la orden de Alá de inclinarse ante Adán y que desempeña el papel de diablo tentador *(véase más arriba)*, es un poco particular, porque a veces es asimilado a un genio que se deslizaría entre los ángeles.

Los ángeles están organizados en cohortes dotadas de funciones específicas, como los «portadores del trono» *(hamalat al-'arsh)* (sura 49, 17); los «cercanos» *(al-muqarrabun)* (sura 4, 170); los «ángeles de los Siete Cielos», que alaban eternamente a Alá; los «ángeles del paraíso y del infierno»; los «ángeles guardianes» *(hafaza)*, que son dos por cada individuo —según un hadiz— y se encargan de llevar un registro de sus actos, buenos y malos.

El ángel Gabriel, llamado el «Espíritu o Espíritu fiel» *(al-Ruh, al-Ruh al-amin)*, es asimilado al espíritu que inviste a Jesús *(Issâ)*: «Nosotros hemos dado pruebas a Issâ, hijo de Maryam, y lo hemos sustentado de Espíritu Santo» (sura 2, 87), pero también es, principalmente, portador de la Revelación de la Palabra divina transmitida a Mahoma. Además, es el encargado, junto con sus ayudantes *(a'wan)*, de comunicar al mundo la venganza divina (suras 2, 91-92; 26, 193; 46, 4). A la inversa, Miguel *(Mikha'il)* se encarga de repartir la misericordia divina. *Israfil* desempeña la función de ángel de la vida insuflada al ser, así como la de «portador de la trompeta», que sonará el último día, dando así la señal de la Resurrección y del Juicio Final. Azrael *(Azra'il)* es el «ángel de la muerte», encargado de dar fin a la vida de los seres (sura 32, 11). *Munkar* y *Nakir* someten a los muertos a la «prueba de la tumba» *(adhab al-qabr)*. Los ángeles caídos, considerados a veces como genios, o *djinns*, *Harut* y *Marut*, pasan el tiempo sometiendo a los hombres a la tentación de pecados mortales y, además, les enseñan magia negra (sura 2, 96). Asimismo, cabe destacar el sistema gnóstico que hace referencia a las emanaciones angélicas luminosas, del chií sufí Sohrawardi *(véase más arriba)*. Los chiitas y, particularmente, los ismailíes, se preguntan, además, acerca de la superioridad o «excelencia» de los ángeles *(afdaliyya)* por encima de Adán ante quien, sin embargo, Alá les ordenó postrarse. En general, los ángeles, en el islam, están totalmente entregados a la alabanza y la glorificación de Alá (suras 2, 28; 21, 19-20, 27). Además, son los instrumentos perfectos de Dios para su Creación (sura 97, 4).

LAS «TRIBULACIONES APOCALÍPTICAS», EL JUICIO FINAL, EL DEVENIR Y LAS CONDICIONES ÚLTIMAS DEL SER

Visión escatológica judaica

El género literario apocalíptico (de *apocalypsis*, «revelación») es del que depende la escatología en general. Sin embargo, esta literatura religiosa judía recoge en su mayoría textos excluidos de la Biblia hebraica *(véase más arriba)*, con excepción del Libro de Daniel (siglo II a. de C.), aunque es posible que el Talmud los incluya en los «libros exteriores» *(sefarim hitsonim)*, considerados como apócrifos y cuya lectura está prohibida, como el Libro de Tobías, el Libro de Judith, la Sabiduría de Salomón, el Eclesiastés (Sirácidas), Baruch, Macabeos 1 y 2, y los anexos del Libro de Esther y del Libro de Daniel. Y ello a pesar de que todos estos textos fueron integrados en la traducción griega de las *Setenta* y, por tanto, para los judíos de la Antigüedad que hablaban griego.

Veamos la lista (no exhaustiva) del corpus apocalíptico judío:

— Libro I de Henoc, cuya única versión íntegra es etíope; son los escritos apocalípticos judíos más antiguos cuyos fragmentos han sido hallados entre los manuscritos del mar Muerto (encontrados en las once grutas de Qumran);
— Libro de los Jubileos (siglo II a. de C.), inspirado en el anterior;
— Libro de Daniel, que consiste en varios relatos de la época de la revolución de los Macabeos (siglo II a. de C.);
— Oráculos sibilinos, de composición judía y cristiana (siglos I-II d. de C.);
— Testamento de los doce Patriarcas;
— Apocalipsis de Elías;
— La vida de Adán y Eva (entre los años 70 y 135 d. de C.);
— Apocalipsis de Abraham (entre los años 70 y 135 d. de C.);
— Testamento de Abraham (entre los años 70 y 135 d. de C.);
— Libro II de Henoc, o Henoc eslavo (entre los años 70 y 135 d. de C.);
— Libro IV de Esdras (siglo II d. de C.);
— Libro II de Baruch, llamado Baruch sirio (finales del siglo I-principios del II d. de C.).

Para empezar, nos damos cuenta de que el fracaso de la última revuelta judía contra los romanos (en el año 135 d. de C.) marca el final de esta literatura apocalíptica judía seudoepigráfica (los autores utilizan seudónimos prestigiosos). Los temas abordados, que giran alrededor de la revelación del más allá, de visiones divinas, del fin de los tiempos, y que, sobre todo, hacen alusión tanto a la «Jerusalén terrestre», como a la «Jerusalén celestial», no tenían razón de ser después de esta derrota. El judaísmo rabínico mantuvo sólo la esperanza de la redención y se limitó a una interpretación simbólica del Libro de Daniel. Sin embargo, es en esta literatura apocalíptica donde se adivina la noción de «infierno», ausente en la Biblia hebraica. En efecto, esta sólo hace alusión al *Sheol (Cheol)*, que es el lugar subterráneo en el que se reúnen los muertos en la inconsciencia y un eternal silencio: «(...) quien desciende al Sheol no vuelve a subir» (Job 7, 9). Buenos y malos parecen estar sometidos a la misma suerte. Y si el profeta Malaquías predijo un futuro castigo ejemplar con fuego para todos aquellos que se oponen a la voluntad divina (Malaquías 3, 19), con eso no está citando en absoluto al *Sheol*. Hay que volverse hacia la literatura apocalíptica para ver aparecer un lugar «infernal» en el más allá, en el que el ser conocerá la tortura y los suplicios infligidos por el fuego incesante de la gehena (del arameo *gehinnam*). Su origen parece estar vinculado al «valle de Hinnom», cerca de Jerusalén, donde tenían lugar sacrificios humanos en honor al dios Moloch durante el periodo real (Jeremías 32, 35; Isaías 6, 24).

La vocación de la gehena es doble, ya que se ejerce después de la muerte de cada individuo, pero también al final de los tiempos, después de la resurrección de los muertos. En el Talmud se plantean numerosas cuestiones relativas a ella, pero no la de los sufrimientos que impone en función de los seres y de su decadencia. Al no existir la concepción del purgatorio en el judaísmo, todas las expiaciones tienen lugar en el fuego de la gehena. Algunos rabinos, sin embargo, no admiten estas tradiciones, poniendo como pretexto que los textos bíblicos tienen en cuenta castigos post mórtem ejercidos en la tierra o en el aire, o incluso en el fuego —¡no de la gehena, sino del sol!—. A estas críticas rabínicas de los textos apocalípticos se sumarán las de algunos filósofos como Maimónides, quien, en la Edad Media, pretendería que, al ser la gehena en cierto modo el símbolo de la corrupción aristotélica de la materia, no debe ser tomada al pie de la letra. Sin embargo, esto no pondría en absoluto en duda el principio escatológico de la «resurrección futura de los muertos a la vida terrestre» *(tehiyyat ha-mettim)*, tal como es descrita por los profetas (Isaías 26, 19; Ezequiel 37, 5; Oseas 6, 2). Cabe decir que, según la Biblia, ya se habían llevado a cabo resurrecciones, hechas por Elías (1 Reyes 17, 17-24) y su discípulo Eliseo *(véase más arriba)*, que le sucedió (2 Reyes 4, 19-34); el hecho era, por tanto, plausible. Además, el Libro de Daniel, el único Apocalipsis considerado oficialmente en el canon bíblico judío, contiene un versículo elocuente respecto a la «resurrección de los muertos» y la diferente suerte que les es reservada en función de sus méritos o de sus malas acciones: «En aquel tiempo se levantará Miguel, príncipe grande, que es el defensor de los hijos de Tu pueblo. Vendrá un tiempo como nunca se ha visto desde que comenzaron a existir las naciones hasta aquel día. Y en aquel tiempo Tu pueblo será salvado; todo aquel que esté escrito en el Libro. Y muchos de aquellos que duermen en el polvo de la tierra despertarán: unos para la vida eterna y otros para el oprobio, para el horror eterno» (Daniel 12, 1-2). Flavio Josefo, historiador contemporáneo de Cristo, parecía atestiguar en sus *Antigüedades judaicas* que los judíos fariseos creían en la resurrección futura. Sin embargo, los saduceos la rechazaban vehementemente, al igual, por otra parte, que la creencia en la supervivencia del alma humana en el más allá. Numerosas tradiciones talmúdicas se basan en este rechazo de la creencia en la resurrección de una buena cantidad de judíos, a diferencia de la *Mischná*, texto rabínico ineludible, que lo afirma como algo fundamental. Esto generó numerosas preguntas en la literatura talmúdica; los rabinos se interrogaban sobre el hecho de que tal vez sólo los puros *(hassidim) (véase más arriba)* accederían a la resurrección, que no sería sistemática para todos los seres. Por otra parte, ¿ocurriría en tierra de Israel? ¿Y en qué momento? Al parecer, al inicio de la era mesiánica. ¿Sería Dios quien llevaría a cabo la resurrección, o lo haría Elías? En todo caso, no sería el Mesías, cuya función parece más bien temporal. ¡Se llegó incluso a creer en un hueso indestructible del cuerpo humano a partir del cual se realizaría la resurrección!

Cabe destacar, además, que si bien los rabinos reconocieron una suerte distinta del alma y del cuerpo después de la muerte (indudablemente, por influencia helenista), no se plantearon la inmortalidad del alma y su eternidad celestial. Para ellos se trataba de la «resurrección de los cuerpos» y de su retorno a la tierra. Esto, sin embargo, fue ampliamente compensado más tarde por los cabalistas, que introdujeron el principio de la transmigración de las almas según el cual una misma alma puede reencarnarse en varios cuerpos sucesivos, que es algo que el Talmud nunca se había decidido a aceptar. El filósofo judío Maimónides, por su parte, se mostró partidario vigoroso del principio de la inmortalidad del alma, objetivo último de la evolución humana, pero no despreció, al menos oficialmente, el de la resurrección de los cuerpos. Sin embargo, muchos judíos siguieron remitiéndose únicamente, con relación a este tema, a la Biblia hebraica y consideraron que convenía interpretar simbólicamente los textos apocalípticos. Según ellos, sus metáforas designan solamente el renacimiento y la unidad futura del pueblo de Israel.

Visión escatológica cristiana

Las preocupaciones apocalípticas de los judíos del siglo I de nuestra era afectaban también a Jesús de Nazaret y sus apóstoles. Los Evangelios de Mateo y Marcos dicen mucho sobre esto:

«Al salir del Templo, uno de sus discípulos le dijo: "Maestro, ¡mira qué piedras! ¡Qué construcciones!". Y Jesús le dio por respuesta: "¿Ves todos esos magníficos edificios? Pues serán de tal modo destruidos, que no quedará piedra sobre piedra".

»Y estando sentado en el monte de los Olivos, de cara al Templo, Pedro, Santiago, Juan y Andrés le preguntaron: "Dinos, ¿cuándo sucederá eso? ¿Y qué señal habrá de que todas estas cosas están a punto de cumplirse?".

»Entonces Jesús, tomando la palabra, les dijo: "Procurad que nadie os engañe. Porque muchos vendrán en mi nombre, y diciendo "Yo soy" seducirán a muchos. Cuando sintáis alarmas y rumores de guerras, no os turbéis, porque han de suceder estas cosas, pero no habrá llegado aún el fin. Se armarán nación contra nación, y reino contra reino. Y habrá terremotos y hambrunas. Y esto será el principio de los dolores del alumbramiento (...)» (Marcos 13, 1-8).

«(...) Cuando veáis la abominación de la desolación, establecida donde menos debiera [¡que el lector comprenda!], entonces, que los que estén en Judea huyan a los montes; que el que se encuentre en el tejado, que no baje para entrar en su casa y co-

ger sus cosas; y que el que esté en los campos no vuelva atrás para recoger su manto. ¡Pobres las que estén embarazadas o críen esos días! Rezad para que no sucedan estas cosas durante el invierno. Porque serán tales las tribulaciones que no habrá habido nada igual desde el principio de los tiempos, cuando Dios creó el mundo, y no volverá a haberlo jamás. Y si el Señor no hubiese abreviado aquellos días, ninguna vida se habría salvado; pero en gracia de los escogidos que él eligió, abrevió esos días. Así pues, si alguien os dice: "Mirad, aquí está Cristo" o "Mirad, está allá", no lo creáis. Porque se levantarán falsos cristos y falsos profetas, que harán milagros y prodigios para seducir, si fuese posible, a los mismos escogidos. Por tanto, estad sobre aviso; estáis avisados.

»No obstante, aquellos días, después de las tribulaciones, el sol se oscurecerá, la luna perderá su brillo, las estrellas empezarán a caer del cielo y las potestades que están en los cielos se bambolearán. Y entonces se verá llegar al Hijo del hombre entre nubes, con gran majestad y gloria. Y entonces llegarán los ángeles para reunir a los escogidos de las cuatro partes del mundo, de los confines de la Tierra y del cielo.

»Aprended la siguiente parábola de la higuera. Cuando ya sus ramas se vuelven flexibles y sus hojas brotan, uno se da cuenta de que el verano está cerca. Pues así también, cuando vosotros veáis que acontecen estas cosas, sabed que Él está cerca, a la puerta. En verdad os digo que no pasará esta generación que no se hayan cumplido todas estas cosas. El cielo y la tierra pasarán, pero mis palabras no pasarán en absoluto. En cuanto al día o a la hora, nadie los conoce, ni los ángeles del cielo, ni el Hijo, nadie más que el Padre (...).

»(...) En fin, lo que a vosotros os digo, lo digo a todos: ¡velad!» (Marcos 13, 14-32, 37).

Y si, según algunos exegetas, estas tribulaciones consistían tan sólo en el saqueo de Jerusalén y la destrucción del Templo, el texto citado de Mateo no deja lugar a dudas, en nuestra opinión, sobre su vocación escatológica, al menos en lo relativo a los trastornos cósmicos relacionados con la segunda llegada de Jesucristo a la Tierra:

«(...) Y entonces aparecerá en el cielo el signo del Hijo del hombre; y todas las razas de la tierra se golpearán el pecho, y veremos al Hijo del hombre llegar sobre nubes del cielo con majestad y gloria. Y se verán llegar sus ángeles con una trompeta sonora, para reunir a sus elegidos de los cuatro rincones del horizonte, de un extremo de los cielos al otro (...).

»(...) Como los días de Noé, así será la llegada del Hijo del hombre. En esos días que precederán al diluvio, se comía y se bebía, se tomaba esposa y marido, hasta el día en que Noé entró en el arca, y las gentes no temieron nada hasta la llegada del diluvio, que se los llevó a todos. Así será la llegada del Hijo del hombre. Entonces dos hombres estarán en los campos: uno será arrastrado y el otro permanecerá; dos mujeres que estarán moliendo: una será tomada y la otra se quedará» (Mateo 24, 37-41).

El Apocalipsis, atribuido a un tal Juan de Patmos, asimilado tal vez erróneamente a San Juan el Evangelista, por todas las alegorías y metáforas que desarrolla, refleja todavía más la visión escatológica del mensaje cristiano en su totalidad. Esta vez privilegia el devenir del alma en el más allá, la Parusía (regreso de Cristo), la Resurrección de los muertos y el Juicio Final. Tras el Prólogo, especificando que se trata de la «Revelación de Jesucristo» que Dios le dio y por la que envió a su ángel para darlo a conocer a Juan, el texto adopta en cierto modo la forma de una liturgia celestial en la que se procede a la lectura de cartas a las siete Iglesias de Asia, seguida de la visión de Dios, «El que está sentado en el trono», y del «Cordero» (el Cristo), al que entrega el libro de la vida, sellado con siete sellos, en presencia de los veinticuatro ancianos y de los «cuatro vivientes». El Cordero rompe luego el primer sello, que, con ayuda de los «cuatro vivientes», abre la vía a cuatro caballeros que traen sucesivamente las invasiones, la guerra generalizada, el hambre, la peste; y los cinco sellos que se rompen luego aportan las tribulaciones cosmotelúricas que marcan la ira de la Divinidad, antes de que se asista luego al triunfo de los escogidos en el Cielo. A continuación, después de que se rompa el séptimo sello, tienen lugar las visiones de «la Mujer y el Dragón» (este último transmitiendo su poder a «la Bestia», cuyo sirviente es el anticristo), del castigo de Babilonia, «la Prostituida», de la llegada del Caballero («Rey de reyes y Señor de señores»), del encadenamiento de «la Bestia» y del reino de Cristo durante mil años. Satán será luego desencadenado y partirá a seducir a los pueblos («Gog y Magog»), llevándolos a la guerra antes de ser exterminado y de unirse a la «Bestia» y al «anticristo» en un río de azufre agitado. Se procederá entonces a la Resurrección de los muertos y al «Juicio Final» de toda la humanidad. Luego vendrá «un cielo nuevo, una tierra nueva» y mesiánica donde reinarán «Dios y el Cordero», que desciende del cielo en una suntuosa descripción, adornada con una multitud de símbolos.

El Apocalipsis de Juan da lugar a numerosas interpretaciones alegóricas, por lo que surgieron controversias acerca del milenio (quiliasmo o mileniarismo), que, si se toma al pie de la letra, indica el reino de Cristo en la tierra durante mil años. San Ireneo de Lyon (siglo II d. de C.), por ejemplo, era partidario de ello. A partir de San Agustín (siglo IV), la Iglesia católica, que ya no esperaba un retorno inminente de Cristo como San Pablo esperaba, relativiza esta creencia, que, sin embargo, perdurará paralelamente a la corriente oficial de la Iglesia.

En la actualidad, prácticamente sólo las Iglesias vinculadas a la corriente adventista, creada en América en el siglo XIX por el pastor baptista William Miller, se afirman como «milenaristas». Sin embargo, varias sectas que se pretenden cristianas también lo son.

El cristianismo considera que «los infiernos» (de *inferum*, «lo que está abajo») designan al *Sheol* (*véase más arriba*), donde se alojan los muertos —hasta Jesucristo descendió allí tras su muerte, antes de su Resurrección, tres días más tarde (*véase credo*)—, y que «el infierno» constituye el lugar de aflicción y condenación eterna (cuya raíz latina significa «privación», por renunciar a Dios), donde las almas son incesantemente torturadas moral y sensitivamente. En los Evangelios, Jesucristo suele hacer alusión al «fuego de gehena», inextinguible (Mateo 13, 41-42; 25, 41).

Pero los teólogos se han planteado la cuestión de los remordimientos sin esperanza alguna de arrepentimiento. Así, en los siglos II-III, Clemente de Alejandría, Orígenes y San Gregorio de Nisa sugirieron que una «Salvación Universal» acabaría permitiendo a las almas condenadas, después de su purificación, volver a entrar en el Reino divino. Es el concepto teológico de la apocatástasis (regreso a la condición primera), que se vio posteriormente atacada por San

Agustín, condenado como hereje en el Concilio de Constantinopla, en el año 543 d. de C. No obstante, siguió en vigor entre los anabaptistas y algunos protestantes. De hecho, se trataba nada menos que de considerar el infierno como un lugar que permitiría a las almas purgar allí sus pecados. Fue por esta necesidad claramente descubierta de perfeccionamiento de las almas post mórtem por lo que aparecería en la Edad Media la noción de purgatorio, progresivamente desarrollada desde Beda el Venerable (673-735) hasta ser oficialmente definida en el siglo XIII.[16] El dogma, sin embargo, no fue retenido por Marín Lutero y la tradición protestante.

El libre albedrío del ser humano para hacer el bien o el mal, para darse cuenta del alcance de sus actos y asumirlos por una purgación de sus pecados en la tierra y luego en el fuego del purgatorio *(ignis purgationis)*, esperando evitar el infierno y, tal vez, entrar en el paraíso, iba a constituir la esencia básica de la moral cristiana.

El paraíso (del persa *pairi-daeza*, «jardín») designa, en el Antiguo Testamento, y concretamente en el Génesis (2, 28), el jardín del Edén (*édén*, «delicias») en el que Adán y Eva habían sido colocados por Dios para regentar su Creación. Era, en cierto modo, el «paraíso terrestre» del que fueron expulsados después de haber cometido el pecado original, distinto del paraíso que acoge en el Cielo a las almas de los santos, de los justos, de los bienaventurados y de todos los que han sido purificados de sus pecados. El Nuevo Testamento evoca en contadas ocasiones el paraíso (Lucas 23, 43; 2 Corintios 12, 4; Apocalipsis 2, 7). Sin embargo, la liturgia cristiana lo presenta a menudo como el lugar de la felicidad y la paz eternas donde los elegidos podrán encontrarse con Dios al final de los tiempos.

Visión escatológica islámica

En el Corán, como en los Apocalipsis judeocristianos, se hace alusión ampliamente a las tribulaciones del fin de los tiempos: «Cuando la tierra tiemble con un violento temblor» (sura 99, 1); «Llegará el día en que las gentes serán como mariposas desparramadas, y las montañas, como la lana cardada...» (sura 101, 4-5); «Cuando suene la corneta, entonces ese día será un día difícil, nada fácil para los infieles...» (sura 74, 8-10); «El hombre pregunta: "¿Cuándo vendrá el día de la Resurrección?". Cuando quede cegada la vista, y la luna se eclipse, y el sol y la luna se unan, ese día el hombre dirá: "¿Hacia dónde puedo huir?". ¡No! ¡No habrá refugio! Ese día el retorno será hacia el Señor...» (sura 75, 6-12).

Luego la humanidad será aniquilada, con excepción de los seres elegidos por Alá, antes de que se proceda a la «Resurrección de los muertos», ya prefigurada por la resurrección de los «siete durmientes, de la Caverna» (sura 18, 9-26), así como su «Juicio Final»:

> «El día en que (la tierra) tiemble (al primer son de corneta) inmediatamente seguido del segundo. Ese día, habrá corazones que se sentirán agitados de pavor, y sus mi-

---

16. Véase P. Rivière, *Réflexions sur la mort* (obra colectiva), Éditions De Vecchi, 2002.

radas descenderán. Dicen: "¡Cómo! ¿Seremos llevados a nuestra vida privada cuando seamos osamentas podridas?". Dicen: "¡Habrá un retorno ruinoso!". No habrá más que una conminación, y estarán sobre la tierra [resucitados]» (sura 79, 6-14).

«*(...) Ese día se producirá entonces el Acontecimiento, y el cielo se abrirá y será frágil, ese día. Y a sus lados (se hallarán) los ángeles, mientras que ocho, ese día, llevarán por encima de ellos el Trono de tu Señor*» (sura 69, 15-17).

Los hadices establecen que todo esto, por supuesto, habrá sido precedido por la llegada del Mahdí y de numerosos indicios precursores, como hemos dicho anteriormente.

Se procederá al «Juicio Final» pesando, con ayuda de la balanza *(mawazin)*, las buenas y las malas acciones cometidas por los difuntos resucitados: «Ese día, las gentes saldrán por separado para que se les muestren sus obras. Quien haga un bien aunque sea del peso de un átomo lo verá, y quien haga un mal aunque sea del peso de un átomo también lo verá» (sura 99, 6-8).

En general, las faltas o pecados *(ma'siyat)* cometidos durante la vida del individuo pueden llevarlo al infierno. Sin embargo, Alá, en su gran mansedumbre, puede perdonar de igual modo que castigar, sobre todo si el individuo ha manifestado un sincero arrepentimiento *(tawba)* estando vivo. No obstante, de cara a la comunidad musulmana, la falta sigue estando ahí, y el Corán prevé algunos castigos *(hudud)* corporales, como los siguientes: la mano cortada para un ladrón (sura 5, 35), lapidación de una mujer adúltera, cien latigazos por la fornicación (sura 2, 4), etc., que están todavía en vigor en algunos países musulmanes. La más grave de estas faltas es la «infidelidad» politeísta, que va contra el dogma de la unicidad de Dios y que lleva directamente al infierno.

La concepción islámica del infierno coincide con la judeo-cristiana, en que el fuego de gehena *(jahannam)* quema y consume a los impíos (sura 2, 24), sin brillar, manteniéndolos así en las tinieblas. Están condenados a beber agua hirviendo, a comer espinas y a ser encadenados y torturados por los ángeles. Además, deben alimentarse de frutos del árbol Zakkum, que les causan unas quemaduras insoportables: «Sin duda, el árbol Zakkum será el alimento del gran pecador. Como metal en fusión, borboteará en los vientres como el borboteo del agua sobrecalentada» (sura 44, 43-46). Quienes no han creído en Alá, considerados como «gentes de la Hoguera» (sura 67, 10-11), son condenados a permanecer allí eternamente.

La noción de purgatorio no existe en el islam, si no se tiene en cuenta la noción de muralla *(a'râf)* que separa el paraíso del infierno y en la que se alojan los individuos a la espera de la suerte que se les ha reservado (suras 7, 46; 57, 13). Además, si, por lo general, quienes descienden al infierno deben permanecer allí eternamente («mientras existan el Cielo y la Tierra»), unos versículos del Corán indican que, una vez más, la voluntad divina puede intervenir y suspender la pena perpetua para algunos seres: «(...) Él les dirá: "El infierno es vuestra morada eterna, salvo si Alá decide de otro modo" (...)» (sura 6, 128); «Quienes son condenados entran en el Fuego, donde suspirarán y sollozarán. Y permanecerán allí eternamente mientras duren los Cielos y la Tierra —a menos que tu Señor decida de otro modo—, porque tu Señor hace absolutamente lo que quiere» (sura 11, 106-107).

EL LIBRO DE LAS RELIGIONES MONOTEÍSTAS

En el Corán, se hace alusión a la suerte que Alá reserva a los judíos y a los cristianos, el día del Juicio Final. Este parece sibilino, si no contradictorio, si nos basamos en los versículos siguientes:

«Es cierto que quienes han creído, quienes se judaizaron, los nazarenos y los sabeos, todo aquel de entre estos que ha creído en Alá, en el día último, y ha realizado buenas acciones, será recompensado por su Señor; no sentirá ningún temor y no se sentirá jamás afligido» (sura 2, 62); *«(...) Hemos maldecido a las gentes del Sabbat (que lo han transgredido). Porque el mandamiento de Alá es siempre ejecutado. Sin duda Alá no perdona que se Le asocie algo. Aparte de eso, Él perdona a quien quiere. Pero todo aquel que dé a Alá un asociado comete un enorme pecado»* (sura 4, 47-48).

Este último versículo expresa la crítica del dogma de la Trinidad divina en los cristianos.

El paraíso, en el islam, designa un amplio jardín *(al-Janna, firdawa)* reservado a los Escogidos, así como «la casa de la paz» *(dar al-salam)* de los bienaventurados, que permanecen en una beatitud infinita. A los escogidos les esperan incontables dichas: «(...) habrá arroyos de agua siempre cristalina, y arroyos de leche de un gusto inalterable, y arroyos de un vino delicioso, así como arroyos de una miel purificada (...)» (sura 47, 15); «Reconocerás en sus rostros el brillo de la felicidad. Se les servirá un néctar (vino) puro, en botellas lacradas, con un sabor a almizcle (...)» (sura 83, 24-26); «Los píos estarán en los jardines y entre los arroyos, en una morada de verdad, junto a un Soberano Omnipotente» (sura 54, 55); «"Esto es lo que os ha sido prometido, (así como) a todo hombre lleno de arrepentimiento y respetuoso (de los preceptos divinos), que teme al Clemente aunque no Lo vea, y que viene (hacia Él) con un corazón que lo empuja a la obediencia. Entrad tranquilos". ¡Ese será el día de la eternidad!» (sura 50, 32-34).

Mujeres jóvenes (las *huris*), eternamente jóvenes, esperarán a los Escogidos. Se las reconoce por sus «miradas castas» prodigadas por sus «grandes ojos» (sura 37, 48). Según un hadiz del Profeta, una visión beatífica resplandeciente les hará ver a Dios como se ve «la Luna, la noche que brilla con todo su esplendor».

¿Enfrentamiento religioso o reconocimiento mutuo?

HACIA UN ECUMENISMO UTÓPICO O UNA RECONCILIACIÓN REAL DE LAS TRES RELIGIONES DEL LIBRO...

Relaciones judeo-cristiano-musulmanas a través de la historia

Relaciones entre cristianismo e islam

En el Corán, la sura «La mesa servida» deja entrever la tonalidad positiva de los sentimientos que los musulmanes dedican a los cristianos de la época: «(...) Y sin duda descubrirás que los más dispuestos a amar a los creyentes (los musulmanes) son los que dicen: "Somos cristianos". Y es que hay entre ellos sacerdotes y monjes, que no se inflan de orgullo. Y cuando escuchan lo que ha ocurrido al Mesías (Mahoma) pueden verse sus ojos rebosantes de lágrimas, porque han reconocido la verdad. Dicen: "¡Oh, Señor nuestro! Nosotros creemos: inscríbenos por tanto entre los que atestiguan [la veracidad del Corán]"» (sura 5, 82-83).

No obstante, en la misma sura, el Corán hace alusión a los «malos cristianos», que han hecho de la «Trinidad» su dogma —¿significaría esto que los primeros aludidos eran «arrianos», «ebionitas» *(véase más arriba)* o, cuando menos, se tomaban libertades de cara a la ortodoxia cristiana?

En cuanto a los «malos cristianos»: «Sin duda son infieles, quienes dicen: "En verdad, Alá es el tercero de tres". ¡Cuando en realidad no hay más divinidad que Una Divinidad Única! Y si no dejan de decirlo, sin duda un castigo doloroso caerá entre los infieles» (sura 5, 73).

Según los musulmanes, la mayoría de los cristianos han traicionado el auténtico mensaje de Jesús, el Mesías de Israel, y, de este modo, no son fundamentalmente monoteístas. Para ellos, la enseñanza original del cristianismo fue totalmente deformada después de su desaparición.

Así, cuando los cristianos de Siria, sometidos al Imperio bizantino, fueron invadidos por los ejércitos árabes (en el siglo VII), fueron intimidados por los musulmanes (en conformidad con los principios de la «guerra santa», *yihad*, dictados por el Corán): tenían que convertirse, capitular o luchar. Sin embargo, una vez establecida la victoria de los musulmanes, como cristianos —por tanto, «gentes del Libro» (al igual que los judíos)—, al no estar en absoluto obligados a convertirse al islam, pudieron gozar del estatus privilegiado de «protegidos» *(dhimmi)* por la comunidad *(ummah)*, que consistía en el libre ejercicio de su culto, por medio de la simple contrapartida del pago de un impuesto de capitación *(gaziya)*.

Desde el punto de vista cristiano, el islam era considerado una «herejía cristiana» por el Padre de la Iglesia Juan Damasceno, que estaba en Siria en el momento de la invasión por los árabes y que llevó a cabo discusiones sobre el tema, de tipo teológico, con los musulmanes. Sin duda, pensaba que Mahoma había fraguado su opinión sobre «Jesús y su mensaje» a partir de la herejía arria o de las sectas gnósticas cristianas, o incluso de Evangelios apócrifos como el de Bernabé y otros. En todo caso, el teólogo Juan Damasceno pudo expresar libremente su opinión en cuanto al «origen del mal» y al «libre albedrío», iniciando una polémica entre la visión cristiana y la del islam sobre este tema *(véase más arriba)*.

Debiendo hacer frente a la invasión árabe, el Occidente cristiano topó con los musulmanes. En Francia, los sarracenos fueron detenidos en Poitiers, en el año 732, por Carlos Martel, que los obligó a retroceder hasta el otro lado de los Pirineos. En cambio, la península Ibérica cayó bajo su dominio y, poco a poco, se desencadenaron intercambios culturales, a lo largo de los siglos, entre cristianos y musulmanes, sobre todo bajo las dinastías almorávides y almohades. En el Oriente Próximo, con Jerusalén bajo dominio musulmán (desde el año 638), se erigieron, a partir del siglo VII, la Cúpula de la Roca y la mezquita al-Aqsa, pero la situación con los cristianos de Tierra Santa era relativamente tranquila, aunque los musulmanes consideraran Jerusalén la tercera ciudad santa del islam, después de La Meca y Medina.

En cambio, en la corriente del siglo siguiente, la situación se degradó: algunos cristianos, sintiéndose aislados, acabaron convirtiéndose al islam. No obstante, Pipino el Breve y, más tarde, Carlomagno iniciaron conversaciones y negociaciones con los califas hasta obtener una especie de protectorado en Jerusalén. Se concedieron donativos a los cristianos con los que pudieron restaurar los lugares santos y acudieron numerosos monjes latinos a establecerse en la zona, rompiendo así el aislamiento de los cristianos.

Sin embargo, el statu quo no duró, y los cristianos acabaron siendo perseguidos. El califa fatimí al-Hakim, venerado por los drusos *(véase más arriba)*, decidió destruir el Santo Sepulcro (1009). Luego, los propios musulmanes se entregaron a violentas disensiones internas, entre los fatimíes de Egipto y los turcos selyúcidas que se hicieron con la ciudad santa, en el año 1070. Ante todos estos conflictos, el Occidente cristiano reaccionó, y el papa Urbano II lanzó la Primera Cruzada, en 1095, para «liberar la tumba de Cristo». Cuatro años más tarde, la ciudad santa de Jerusalén había sido tomada por los cruzados comandados por Godofredo de Bouillon. Su hermano Balduino dirigió desde ese momento el nuevo reino cristiano de Jerusalén. Puesto que esta larga epopeya de las Cruzadas ha sido descrita en una obra anterior,[17] retengamos simplemente aquí que después de haberse impuesto en Egipto, y luego en Siria, Saladino arrebataría Jerusalén a los cruzados, en octubre de 1187, instaurando de nuevo el dominio musulmán. Las Cruzadas, por el odio y la violencia que comportaban, contribuyeron indudablemente a ampliar la brecha entre cristianos y musulmanes.

En Europa, principalmente en Sicilia y, sobre todo, en España, donde se llevaron a cabo numerosos debates teológicos arbitrados por califas abasíes, los contactos culturales entre cristianos y musulmanes permitían efectuar traducciones del árabe al latín. Por otra parte, se hizo un esfuerzo real de conocimiento del islam a partir del Corán y de los textos con los hadices bajo la dirección del benedictino Pedro el Venerable, a principios del siglo XII. Un siglo y medio más tarde, fue el «bienaventurado Ramón Llull», catalán de la tercera orden franciscana, quien profundizó en este estudio, con la intención, en las mejores condiciones, de convertir al cristianismo, a fuerza de justificaciones teológicas, al máximo número posible de musulmanes. A medio plazo, tras pasar un tiempo en la corte del rey de Sicilia, se conformó con entablar diálogos con ellos y organizar, con ayuda de Federico II y el sultán de Túnez, una conferencia interreligiosa «ecuménica» *(avant la lettre)*. Por desgracia, murió de camino, apedreado en Bugía, en la actual Argelia, en su octogésimo año de vida (1315).

En Andalucía, la ciudad de Córdoba conoció su «edad de oro» del siglo X al XIII, cuando coexistieron judíos, cristianos y musulmanes. Las filosofías neoplatónica y aristotélica, revisadas por los pensadores musulmanes al-Farabi, Avicena, Averroes e Ibn Arabi, fomentaron intercambios culturales de una gran riqueza intelectual, impregnados de respeto y tolerancia mutuos por parte de cada facción religiosa.

Sin embargo, la Iglesia en su globalidad siguió viendo en Mahoma a un impostor, además de un usurpador. Con la amenaza de la invasión turca durante el siglo XVI Martín Lutero también la tomaría con el islam. Luego, más tarde, la expansión misionera católica en África, la colonización de los países del Magreb y, después, la descolonización en el siglo XX, seguida de una oleada de inmigración a Europa, no han hecho más que acentuar el vacío entre la religión cristiana y la musulmana.

Actualmente, por tanto, el problema consiste en integrar realmente en nuestra sociedad occidental los valores cultuales y culturales del islam. Desde Louis Massignon, numerosos intelectuales y religiosos actúan en esta dirección «ecuménica». Por otra parte, el Concilio Vaticano II exhortó a cristianos y musulmanes a trascender las disensiones del pasado, en el respeto mutuo de las religiones, haciendo prevalecer los valores morales, así como la paz y la libertad de los pueblos, y homenajeando así los valores positivos del islam (constitución *Dignitatis humanae, 3*). El encuentro de agosto de 1985 entre el papa Juan Pablo II y el rey de Marruecos Hasán II, Comandante de los creyentes, es una prueba, asimismo, de una voluntad de diálogo entre ambas religiones. Igualmente, los primeros encuentros multirreligiosos y confesionales de Asís, organizados por el ac-

---

17. Patrick Rivière, *Les Templiers et leurs mystères*, Éditions De Vecchi, 2002.

tual papa Juan Pablo II en 1986, a los que se suman todas sus intervenciones públicas ante la escena internacional, van, de hecho, en el mismo sentido de respeto mutuo de las religiones. Unos comités permanentes para el diálogo interreligioso fueron creados en 1995 y en 1998 entre la Santa Sede, las organizaciones musulmanas internacionales y la universidad Al-Azhar de El Cairo. Con su viaje a Siria, en mayo de 2001, Juan Pablo II se convirtió en el primer Papa de la historia que ha visitado un lugar de culto musulmán, la gran Mezquita de los Omeyas, en Damasco. Por último, no hace mucho que se han reunido el cardenal Poupard, cuyas declaraciones podemos leer en *Le Spectacle du Monde*, de enero de 2000, algunos católicos integristas y, desde los trágicos acontecimientos del 11 de septiembre de 2001 perpetrados por terroristas «islamistas», algunos elementos aislados surgidos de algunas Iglesias evangelistas reformadas, sobre todo en Estados Unidos, para examinar una real amenaza del islam para los cristianos del mundo occidental.

Relaciones entre judaísmo y cristianismo

Es evidente que, para los cristianos, los judíos fueron durante mucho tiempo responsables de la muerte de Jesucristo y, por ello, eran considerados como el pueblo elegido convertido así en «deicida». De ahí al antisemitismo no había más que un paso que algunos de ellos se atrevieron a dar.

Sin embargo, ¿qué ocurrió en Jerusalén en el momento de la Pasión de Jesús? Judea estaba bajo jurisdicción romana, de modo que es indudable que fueron los romanos quienes lo condenaron a muerte y lo crucificaron. Por otra parte, tras la desaparición de Cristo, los primeros cristianos, como se dice en el Evangelio según San Mateo, no deseaban romper en absoluto con el judaísmo oficial (*véase más arriba*), según atestigua la Iglesia de Jerusalén por la conducta de Pedro y Santiago, hermano de Jesús. Sus contactos con el Templo, así como las predicaciones que efectuaban, lo atestiguan ampliamente, al igual que el mantenimiento del rito judío de la circuncisión. Es con la llegada de Pablo, el «apóstol de los gentiles» (los no judíos, o paganos), cuando el cristianismo emprende realmente su proceso universal (*catholicos*). No obstante, la pregunta sigue siendo: ¿deseaba con ello Pablo romper deliberadamente con el judaísmo oficial, que, a fin de cuentas, consideraba al principio al cristianismo una simple secta judía, como cualquier otra? Algunos Padres de la Iglesia no dudaron luego en mostrar su antisemitismo, principalmente San Juan Crisóstomo. En la Edad Media, poco antes de la Primera Cruzada, los judíos del valle del Rin fueron masacrados. Más tarde, a la Inquisición no le molestó en absoluto tomar el relevo y hostigarlos, o incluso perseguirlos. Además del hecho de ser calificados de «deicidas», para ser considerados responsables de la muerte del Hijo de Dios, segunda hipóstasis de la Trinidad, se les reprochaba también que se entregaran a la práctica del préstamo usurario (con intereses) que practicaban sólo los judíos y los banqueros lombardos de la época. Asimismo, se les acusaba de homicidios rituales de niños de corta edad y de utilizar chivos expiatorios en caso de epidemias, como la peste negra u otro tipo de calamidades. Así fue como nació, por otra parte, el mito popular del «judío errante» y como empezaron a organizarse guetos en Europa, como el de Praga, en la actual República Checa, y pogromos y persecuciones más tarde en Rusia y Europa central.

Sin embargo, la Iglesia no fue totalmente responsable de las persecuciones hechas a los judíos —la población cristiana se encargaba de ellas ampliamente—, porque no sostenía en absoluto su eliminación, ni mucho menos su exterminio. En efecto, consideraba que los judíos, aunque se mantenían obstinadamente en su error de no haber reconocido al verdadero «Mesías de Israel», constituían el «pueblo testigo» de la Revelación divina; su supervivencia resultaba en este sentido totalmente indispensable.

El sentimiento de la Iglesia con respecto a los judíos derivaba, por tanto, más del desprecio que del odio. El mismo que sintieron más tarde por ellos en Alemania los nazis, bajo la férula de Hitler, que decidió «la solución final», esto es, el exterminio de todos los judíos de Europa, empezando por la gran Alemania. Sin embargo, el papa Pío XI no dudó en dirigir antes al mundo entero este elocuente mensaje: «¡Espiritualmente, todos somos semitas!».

Desde el fin de la guerra y la horrible acta de la Shoah, se realizaron muchos esfuerzos para conseguir un acercamiento espiritual judeo-cristiano: la conferencia de Seelisberg celebrada en 1947, la preocupación de todos los países occidentales y principalmente de Estados Unidos por la creación del Estado de Israel (1948), la fundación de las asociaciones Amistad Judeo-Cristiana y, sobre todo, las iniciativas de apertura de cara al judaísmo por parte del Concilio Vaticano II, los primeros encuentros interreligiosos de Asís en 1986 y la visita del Papa ese mismo año a la gran sinagoga de Roma, coronados por la declaración, en 1997, de sincero «arrepentimiento» de Juan Pablo II, de parte de la Iglesia y de todos los cristianos por todas las generaciones pasadas.

Relaciones entre judaísmo e islam

Recordemos que, en la historia del islam *(véase más arriba)*, Mahoma había firmado una carta con los judíos por la cual se comprometía a no convertirlos por la fuerza —como «gentes del Libro» y, por tanto, protegidos *(dhimmi)*—, así como a mantenerlos en la comunidad medinesa. Sin embargo, a medida que pasaba el tiempo, los judíos empezaron a criticar cada vez más los relatos bíblicos evocados en el Corán, que consideraban deformados de su sentido original. Teniendo que hacer frente a la amenaza de los mecanos, los musulmanes observaron a los judíos y los consideraron sospechosos de traición contra ellos. Esto comportaría progresivamente, después de las batallas de Badr, en el año 624, y Uhud, al año siguiente, la expulsión respectiva de dos tribus judías de Medina, con la confiscación de sus bienes. Luego, tras la última batalla contra los mecanos, Mahoma mandaría finalmente masacrar a la última de las tribus judías que quedaba en Medina, también acusada de traición.

Sin embargo, a su llegada a Medina, Mahoma confiaba en los judíos, que en su mayoría lo habían acogido bien, y por ello son bien considerados en los textos coránicos del periodo mecano, lo que no ocurrirá ya luego en las suras reveladas después de la estancia en La Meca. De ahí el cambio de orientación de la oración *(qibla)*, al inicio hacia Jerusalén y luego hacia La Meca. No obstante, siempre fueron considerados «gentes del Libro», y por ello pudieron ser aceptados en las ciudades de mayoría musulmana e, incluso, acceder a altos cargos y grandes responsabilidades. El Imperio otomano, a lo largo de la historia, integró particularmente bien a los judíos en su población.

De cualquier modo, se produjeron persecuciones contra los judíos en Egipto, bajo la dinastía de los Fatimíes, así como en Andalucía, bajo la de los Almohades. Sin embargo, en España, en la Edad Media, sobre todo en Toledo, asistimos al mismo fenómeno cultural que se produjo con los musulmanes de cara a los cristianos en Andalucía *(véase más arriba)*. A partir del siglo XI, podemos citar los nombres de los filósofos judíos Salomon ibn Gabirol, Bahya ibn Paquda y Judah Halevi, seducidos por la filosofía árabe impregnada de aristotelismo y de platonismo. El gran Maimónides (siglo XII), autor, entre otras obras, de *Mishné Thora*, produjo sus textos filosóficos y científicos en lengua árabe, igual que muchos poetas y sabios de la época.

Por otra parte, esta efervescencia cultural no se limitaba a reunir a judíos y musulmanes, sino también a cristianos. No obstante, Maimónides no pudo resistir ante las persecuciones de los Almohades de las que eran objeto los judíos en Córdoba y acabó dejando la ciudad ibérica, punto de confrontación de las religiones monoteístas.

La poesía impregnada de cultura hebraica y árabe dio origen a la obra del poeta Moises ibn Ezra, así como a la gramática hebraica, bajo el impulso de Ibn Djanah, de Abraham ibn Ezra. Este fue el punto de partida de la redacción de los códigos halájicos (de *halakha*, ley judía), como los *Hilkhot ha-Rif* del rabino Ithsaq al-Fasi.

Por desgracia, la Reconquista cristiana en España y la expulsión de los judíos, en 1492, de la península Ibérica interrumpieron brutalmente esta impregnación cultural y espiritual mutua judeo-islámica. Además, se organizaron persecuciones contra judíos convertidos oficialmente al catolicismo que practicaban secretamente su religión: los marranos. Algunos de ellos emigraron al suroeste de Francia, que contaba ya con israelitas, sobre todo en París, Lyon y Rouen.

Más tarde, los judíos sefardíes —así es como se los denomina—, refugiados primero en Portugal, hasta que fueron también expulsados en 1496, marcharon hacia el Magreb y Turquía, donde fueron acogidos. Se integraron bien en el conjunto de la población, puesto que los musulmanes aceptaron sus diferencias culturales y no los sometieron a ninguna vejación humillante. Así ocurrió principalmente en Fez y, sobre todo, en el puerto de Essauira, en Marruecos. Por otra parte, una cultura judeo-árabe arraigó en África del Norte con el tiempo, hasta dar nacimiento a dialectos en parte hebraizantes y en parte árabes, así como a traducciones de la Biblia judaica y de textos rabínicos, como *Las máximas de los Padres*, a esta lengua híbrida.

Después de la Shoah, que se traduce en la deportación y, posteriormente, la exterminación de seis millones de judíos por los nazis durante la segunda guerra mundial, se planteó el retorno de los supervivientes a Israel, creando el Estado de Israel independiente (1947-1948). Sin embargo, Palestina estaba ocupada por cristianos y, sobre todo, por musulmanes. Los conflictos patrióticos del territorio sobre fondos religiosos opuestos no tardaron en estallar.

La cuestión de Jerusalén, la ciudad santa, corazón de las tres religiones del Libro

Antes de abordar el problema político-religioso correspondiente a Jerusalén y a los territorios palestinos, conviene hablar sucintamente del actual reparto de los israelitas en el mundo, donde se encuentran en una cantidad global de trece millones. La mayor comunidad está en Estados Unidos, que cuenta aproximadamente con unos seis millones. Luego viene el Estado de Israel, con unos cinco millones de israelíes. En Rusia hay unos dos millones, tras la inmigración de un tercio de ellos a Estados Unidos. Los pogromos de Europa central habían llevado ya a algunos, llamados judíos asquenazíes, a emigrar a Francia, antes de la segunda guerra mundial. La comunidad israelita en este país es actualmente de unos 750.000 individuos (el 60 % en la capital y alrededores); la cifra se duplicó tras la llegada de poblaciones repatriadas de los países de África del Norte, cuando obtuvieron su independencia.

Teniendo en cuenta que cerca de la mitad de los judíos son israelíes desde la creación del Estado de Israel, en 1947-1948, donde residen desde entonces, la cuestión de la ocupación de territorios sobre los que estaban instalados desde hacía generaciones los palestinos de confesión musulmana, y principalmente la parte de la ciudad santa de Jerusalén en sí, plantea graves problemas, no sólo para las poblaciones implicadas, sino también para el equilibrio del mundo judeo-islámico a escala mundial, porque la violencia reina localmente desde hace ya dos décadas.

Si, para los cristianos, Jerusalén y su región (la iglesia de la Natividad en Belén) constituyen el marco en el que Jesucristo ejerció su misión divina durante su vida y en el que veneran los lugares santos y efectúan peregrinajes (el Santo Sepulcro, la «vía dolorosa»...), Jerusalén reviste para los judíos, incluso para los de la diáspora, un carácter de principal importancia con el emplazamiento del Templo del rey Salomón, reconstruido por Herodes el Grande, y su último vestigio, «el Muro de las Lamentaciones», al que acuden a orar a diario. Además, la esperanza mesiánica los lleva a plantearse una futura restauración del Templo en Tierra Santa de Israel *(Erentz Israel)*.

Para los musulmanes, Jerusalén, como tercera ciudad santa del islam, dotada de la Cúpula de la Roca y de la mezquita al-Aqsa, simboliza en cierto modo la relación entre las tres religiones monoteístas, asumiendo así la filiación de Abraham, pasando por su hijo Ismael, Moisés y Jesús, para llegar a su Profeta Mahoma, cumpliendo el *Mi-raj*. Por otra parte, la proximidad de la ciudad de Hebrón reviste para ellos una gran importancia, puesto que se supone que alberga la «tumba de los Patriarcas» en la mezquita donde reposarían Abraham, su esposa Sara y los patriarcas. En todo momento, las tres comunidades, judía, cristiana y musulmana, tuvieron que cohabitar, enfrentándose a menudo a numerosos actos de violencia, tanto de una parte, como de otra, en los que la política dominaba por encima de la religión (ganando terreno).

La antigua comunidad judía *(Ichuv)* comprendía indiferentemente a asquenazíes y sefardíes *(véase más arriba)*, aunque el gran rabino de Jerusalén es en concreto el jefe religioso de estos últimos. Con el movimiento de emigración de judíos de Europa hacia Palestina, desde finales del siglo XIX hasta 1930, y, sobre todo, de asquenazíes «sionistas» procedentes de Rusia y de Europa del Este, partidarios de la creación de un Estado-nación independiente de Israel, se efectuó netamente una separación cultual entre los dos elementos de esta comunidad religiosa.

Fue el periodista vienés Theodor Herzl, fuertemente impresionado por el asunto Dreyfus en Francia, quien desarrolló, en 1896, la idea del sionismo ante los occidentales de la época. En 1917, el ministro inglés Balfour hizo la declaración según la cual el Reino Unido consideraba «favorablemente el establecimiento en Palestina de una nación para el pueblo judío». En 1904 había llegado a Jaffa, en Palestina, el rabino Rav Kook, el propagandista más notorio del sionismo religioso. Al final de la primera guerra mundial (1914-1918), los ingleses, detentando el mandato de Palestina (tras suceder a los otomanos), confiaron el rabinato de Jerusalén al rabino Kook. Sin embargo, todo esto desencadenó violentos enfrentamientos entre árabes y judíos a partir de 1921, que se perpetuaron hasta finales del mandato británico, en 1948. Ya sabemos lo que ocurrió en ese momento. Después de haber considerado la Shoah (*véase más arriba*), las Naciones Unidas votaron, el 29 de noviembre de 1947, la división de Palestina en dos Estados, uno judío y otro árabe, con una separación planteada para la ciudad de Jerusalén. Hubo entonces un clamor de indignación por parte de los palestinos y de los Estados árabes vecinos. El Estado de Israel proclamó su independencia el 14 de mayo de 1948. Como consecuencia inmediata de esta proclamación solemne, los ejércitos árabes invadieron Israel. La guerra duró un año; luego Israel firmó un armisticio con los países árabes, y empezó entonces el espinoso problema de los refugiados palestinos en Siria, Jordania y Líbano, donde de hecho moraban numerosos cristianos.

En esta situación en la que, una vez más, la política vence ampliamente a la religión, conviene destacar, sin embargo, un determinado número de puntos en relación directa con este último contexto.

En el terreno estrictamente religioso judío, cabe decir que el judaísmo goza de un estatus privilegiado y protegido por parte del Estado de Israel, que, si bien es democrático, no es laico, y la influencia de las religiones es enorme en el terreno político, ya que crece día a día. Distinguimos a los judíos ortodoxos, que cuentan, entre otros, con los «hombres píos» o *hassidim*, y los «temerosos de Dios» o *haredim*. Y no importa que no todos los israelíes sean favorables a los religiosos, porque, desde hace unos años, asistimos al aumento de la influencia de la ortodoxia religiosa en el campo político, en las filas de agrupaciones diversas: sionistas a menudo mesianistas del Mafdal, el Partido Nacional Religioso; ultra-ortodoxos sefardíes del partido Chas; asquenazíes del judaísmo unificado de la Torá; el movimiento ortodoxo Bloque de la Fe (Guch Emunim), que, por otro lado, ha desempeñado un papel decisivo en la implantación de las colonias judías en Judea y Samaria... El propósito de la mayoría de estos partidos político-religiosos consiste en hacer de Israel un Estado según la Torá: el «Gran Israel». Además, se oponen fuertemente a las reivindicaciones palestinas, así como a las pretensiones árabes en general.

¿Qué ha sido de los Acuerdos de Oslo, firmados el 13 de septiembre de 1993, declaración de reconocimiento mutuo del Estado de Israel, cuyo primer ministro era entonces Isaac Rabin, y la organización palestina representativa dirigida por Yasser Arafat, la OLP, que lanzaba un proceso de paz entre las dos naciones? Después de aquella fecha, Isaac Rabin fue asesinado por un estudiante extremista judío, y las negociaciones de paz entre las dos facciones no han hecho más que estancarse cada vez más, como la actualidad no deja de demostrarnos a diario. Las acciones terroristas de kamikazes palestinos comprometidos con la *yihad*, reivindicadas con frecuencia por las brigadas Ezzedine al-Qassam (el brazo armado de Hamas), y las de los «mártires de al-Aqsa» son seguidas por represalias sangrientas por parte de los israelíes. La visita del primer ministro Ariel Sharon a la explanada de las Mezquitas en Jerusalén, en septiembre de 2000, fue percibida como una «afrenta religiosa» por parte de los palestinos, que iniciaron la segunda Intifada (alzamiento de la población con piedras contra el ejército israelí). La cuestión palestina es un caramelo para las organizaciones terroristas integristas «islámicas», que abogan por la generalización de la *yihad* contra Estados Unidos, país acusado de sostener demasiado abiertamente los intereses de Israel, y todos sus aliados del mundo occidental.

Lo cierto es que siguen vigentes las cuestiones planteadas sobre los territorios ocupados por las colonias judías en Cisjordania y en la franja de Gaza, y por la división eventual de la ciudad de Jerusalén en dos partes: una judía (o judeocristiana) y otra árabe, pero ¿será esto posible? La armonización de los dos pueblos y de sus religiones sería, sin ninguna duda, más deseable que su división. ¿No se parece la raíz semítica *salem* a *shalom*, en hebreo, y a *salam*, en árabe, palabras que significan —las dos— «paz»? Además de que el padre emblemático del monoteísmo, Abraham, había sido visitado por el misterioso sacerdote del Altísimo, Melquisedec —que representaba al Mesías—, rey de Shalem (de *shalom*: «paz»), identificada con Jerusalén, quien había ofrecido al Patriarca su bendición (Génesis 14, 17-20)...

No nos equivoquemos: el auténtico debate depende mucho más de lo político que de lo religioso, sobre todo cuando algunos pretenden lo contrario con objeto de crear conflicto. Por tanto, no demos la razón a Samuel Huttington, cuando escribe: «La religión es la diferencia entre los pueblos, la más profunda». Por el contrario, recordemos las palabras del gran escritor Julien Green, halladas en su diario: «Así pues, ¿cuándo se convertirán al fin las religiones en lazos entre los seres y dejarán de ser justificaciones suplementarias para exterminarse?». Tanto más —nos veríamos tentados a añadir— cuando veneran al mismo Dios.

«*¡Escucha, Israel: Único es Yahvé, Yahvé, nuestro Dios!*». (Deuteronomio 4, 4)
«*Dios Uno,*
el Padre, origen de todo,
hacia Él nos dirigimos». (Pablo, Carta primera a los Corintios 8, 6)
«*En el nombre de Alá, el Clemente, el Misericordioso,*
di: Él es Alá, Uno.
Alá, el impenetrable». (Sura 112)

De raíces judías, cristianas o musulmanas, ¿acaso no somos todos, por tanto, «hijos de Abraham», alimentados con la creencia en un mismo Dios, que no se ha dado a conocer por una sola religión, sino por tres? Tal vez este sea también el simbolismo que emana de la hospitalidad ofrecida por Abraham a sus tres misteriosos visitadores angélicos aparecidos en Mambré (Génesis 18, 1-15). Reivindiquemos esta misma paternidad y este mismo fondo cultural procedente de tiempos bíblicos, ¡lo cual contravendría de hecho nuevamente al análisis de Samuel Huttington, que no ve en el fondo de todo esto más que un vulgar «choque entre culturas y civilizaciones»! Saludemos asimismo los esfuerzos de todos estos, como P. Claude Geffré, especialista en diálogo interreligioso, que se planteaban el futuro de Europa bajo el ángulo de las tres grandes religiones monoteístas presentes en su suelo, considerando que hay aquí una oportunidad histórica que no podemos perder; o los de P. Pierre-Marie Delfieux, fundador de las Fraternidades de Jerusalén, comprometido desde hace más de veinte años con el diálogo interreligioso por medio de la Fraternidad de Abraham: «Reúne una vez al trimestre a judíos, musulmanes y cristianos en nuestra comunidad de Magdala (Loir-et-Cher). Estas confrontaciones interreligiosas nos ayudan a dirigirnos, no hacia nuestras respectivas verdades, sino hacia El que detenta la única verdad...», según cuenta el propio P. Pierre-Marie Delfieux. Por su parte, el rabino Korsia, director del gabinete del gran Rabino de Francia, afirma: «Cada confesión, por sí sola, debe poder afirmar dónde está su verdad. Lo único que rechazamos es que se desee imponer la verdad de uno a los demás». De igual modo, el rector de la gran Mezquita de París, el Dr. Dahil Boubakeur, se compromete en un mismo espíritu de tolerancia religiosa.

Por último, diría que, si existiera una quintaesencia de sabiduría que extraer del mensaje revelado por el monoteísmo —procurando previamente relativizar el contexto en el que los textos sagrados han sido redactados—, sin duda sería una paz benévola y tolerante, sin duda «profunda e interior» para el creyente, pero también «exterior» y visible para todos los pueblos, tanto en sus convicciones religiosas y filosóficas, como —¿por qué no?— ateas o agnósticas.

BIBLIOGRAFÍA

ALBRIGHT, W. F., *Le Monothéisme et son évolution historique*, Payot, 1951.
ARNALDEZ, R., *Jésus dans la pensée musulmane*, Desclée de Brouwer, 1980.
— *Trois messagers pour un seul Dieu*, Albin Michel, 1983.
BASSET, J. C., *El diálogo interreligioso: oportunidad para la fe o decadencia de la misma*, Desclée de Brouwer, 1999.
BAUBÉROT, J., *Histoire du protestantisme*, PUF, 1987.
BIRMELÉ, A., *Le Salut en Jésus-Christ dans les dialogues oecuméniques*, Éditions du Cerf, Labor et Fides, 1986.
BORGEAUD, Ph., *Aux origines de l'histoire des religions*, Éditions du Seuil, 2004.
CHAUVIN, G., *L'Islam*, Pardès, 2000.
— *Le Soufisme*, Pardès, 2001.
CHAVOT, P., *Le Dictionnaire de Dieu*, Éditions de La Martinière, 2003.
CLÉMENT, O., *L'Essor du christianisme oriental*, PUF, 1964.
— *La iglesia ortodoxa*, Publicaciones Claretianas, 1990.
CORBIN, H., *Face de Dieu, face de l'homme*, Flammarion, 1983.
— traducción de Sohrawardi, *Kitab Hikmat al-Ishraq* («Le livre de la sagesse orientale»), Verdier, 1987.
— *La imaginación creadora en el sufismo de Ibn'Arabi*, Ediciones Destino, 1993.
— *El hombre de luz en el sufismo iranio*, Ediciones Siruela, 2000.
— *Historia de la filosofía islámica*, Trotta, 2000.
— *La paradoja del monoteísmo*, Losada, 2003.
DE VARINE, B. (dir.), *Qui est-il ton Dieu? Des juifs et des chrétiens s'interrogent sur l'Alliance*, Desclée de Brouwer, 2003.
DELUMEAU, J., *Guetter l'aurore*, Grasset, 2003.
DUPUIS, J., *Hacia una teología cristiana del pluralismo religioso*, Sal Terrae, 2002.
ELIADE, M., *Historia de las creencias y de las ideas religiosas*, tomos II-III, Ediciones Paidós Ibérica, 1999.

ELIADE, M. y COULIANO, I. P., *Diccionario de las religiones*, Ediciones Paidós Ibérica, 1999.
HERTZBERG, A. (Rabino), *Le Judaïsme*, Éditions George Braziller, Inc.
KAUFMANN, F. y EISENBERG, J., «Le judaïsme», en *Les Religions*, Marabout Université.
PAUL, A., *Le Judaïsme ancien et la Bible*, Desclée de Brouwer, 1987.
POTIN, J. y ZUBER, V. (dir.), *Dictionnaire des monothéismes*, Bayard, 2003.
RIVIÈRE, P., *Le Graal: histoire et symboles*, Éditions du Rocher, 1990.
— *Dictionnaire critique de l'ésoterisme* (obra colectiva), PUF, 1998.
— *Histoire comparative des religions et des mythes*, Éditions Ramuel, 1999.
— *La Religion des Celtes*, Éditions De Vecchi, 2000.
— *Réflexions sur la mort* (obra colectiva), Éditions De Vecchi, 2002.
— *El gran libro de las civilizaciones antiguas*, De Vecchi, 2004.
SCHOLEM, G. G., *Le Messianisme Juif*, Éditions Calmann-Lévy, 1974.
— *La cábala y su simbolismo*, Siglo XXI de España, 1985.
— *Las grandes tendencias de la mística judía*, Ediciones Siruela, 1996.
SÉROUYA, H., *La Kabbale*, PUF, 1967.
— *La Kabbale. Ses origines, sa psychologie mystique, sa métaphysique*, Grasset.
VARINE, B. (dir.), *Qui est-il ton Dieu? Des juifs et des chrétiens s'interrogent sur l'Alliance*, Desclée de Brouwer, 2003.

www.ingramcontent.com/pod-product-compliance
Lightning Source LLC
Chambersburg PA
CBHW081848170426
43199CB00018B/2848